Criticism
of
Consumption Alienation

Western Perspective and Chinese Idea

浙江省哲学社会科学规划课题青年项目"西方马克思主义对消费异化的多维批判及其中国启示"（21NDQN236YB）

国家社会科学基金艺术学青年项目"基于乡愁记忆的农村公共文化空间修复及功能提升研究"（20CH194）

浙江理工大学校级课题"西方马克思主义的消费异化批判及其中国意义"

浙江理工大学横向课题"企业党建文化建设"

浙江理工大学学术著作出版资金资助（2022 年度）

浙江省习近平新时代中国特色社会主义思想研究中心浙江理工大学研究基地资助

吕夏颖

——

著

消费异化批判

西方视角与中国理念

ZHEJIANG UNIVERSITY PRESS
浙江大学出版社
· 杭州 ·

图书在版编目（CIP）数据

消费异化批判：西方视角与中国理念/吕夏颖
著. —杭州：浙江大学出版社，2022.9
ISBN 978-7-308-22992-0

Ⅰ. ①消… Ⅱ. ①吕… Ⅲ. ①消费－社会问题－研究
Ⅳ. ①C913.3

中国版本图书馆CIP数据核字(2022)第159320号

消费异化批判：西方视角与中国理念

XIAOFEI YIHUA PIPAN XIFANG SHIJIAO YU ZHONGGUO LINIAN

吕夏颖　著

策划编辑	吴伟伟
责任编辑	陈　翮
责任校对	丁沛岚
责任印制	范洪法
封面设计	米　兰
出版发行	浙江大学出版社
	（杭州市天目山路148号　邮政编码　310007）
	（网址：http://www.zjupress.com）
排　版	杭州林智广告有限公司
印　刷	杭州钱江彩色印务有限公司
开　本	710mm×1000mm　1/16
印　张	14.25
字　数	205千
版 印 次	2022年9月第1版　2022年9月第1次印刷
书　号	ISBN 978-7-308-22992-0
定　价	68.00元

浙江大学出版社市场运营中心联系方式：0571-88925591；http://zjdxcbs.tmall.com

　　战后西方马克思主义对消费异化的批判，继承和发展了马克思对劳动异化的批判理论，旨在通过诸种批判来揭示消费异化的诸种危害以实现人性的再解放和自由。鉴于其批判理论存在诸多代表人物、理论流派与迥异的着眼点，本书以人的存在为基点，将之归纳为三重关系上的异化批判及其演进，即从人与自我的关系异化批判，到人与社会的关系异化批判，再到人与自然的关系异化批判。由此，通过心理视角、文化视角和生态视角来系统把握西方马克思主义消费异化批判的整体性与发展逻辑，并呈现出当今资本主义社会消费异化现象的新变化与新特点。

　　心理视角下的法兰克福学派主要聚焦于人与自我的关系来进行消费异化批判，其主要代表人物包括赫伯特·马尔库塞（Herbert Marcuse）和埃里希·弗洛姆（Erich Fromm）。法兰克福学派重在批判消费异化给人的心理造成的伤害，批判人们在"虚假需求"的推动下过着物质充裕但精神痛苦的生活，更甚的是在消费中丧失了作为人的创造性和主体性的基本体验。然而，法兰克福学派基于心理视角的批判没能深入分析消费异化产生的社会根源，自然也没能提出切实可行的克服消费异化的现实路径，并且表现为批判有余而建构不足。

　　文化视角下的后现代马克思主义学派主要聚焦于人与社会的关系来进行消费异化批判，其主要代表人物包括亨利·列斐伏尔（Henri Lefebvre）和让·鲍德里亚（Jean Baudrillard）。后现代马克思主义学派重在批判消费异化所造成的社会不平等，依据对商品消费的符号化理解，批判了消费中人与人之间借由符号所形成的社会身份差别与地位等级划分。但是，后现代马克思主义学派基于文化视角的符号批判夸大了商品消费的社会符号功能，忽视了商品消费的物质属性和使用价值，从而滑向了符号唯心主义的陷阱。

生态视角下的生态学马克思主义学派主要聚焦于人与自然的关系来进行消费异化批判，其主要代表人物包括威廉·莱斯（William Leiss）、本·阿格尔（Ben Agger）和安德烈·高兹（Andre Gorz）。生态学马克思主义学派重在批判消费异化所造成的环境破坏对人的生存与发展带来的根本威胁，痛斥资本主义制度为了获取高额利润诱使社会过度消费，导致了资源极大浪费、生态失衡等严重后果。不过，生态学马克思主义学派基于生态视角的批判有夸大资本主义社会的生态危机以至于淡化其经济危机的嫌疑，因而其提出的消除消费异化的对策难免流于生态乌托邦。

总之，西方马克思主义的上述三种消费异化批判视角各有其所见也各有其所蔽，分别而论都不能揭示消费异化的本质和全貌，故而本书试图从人的存在的三大关系维度，借鉴"有机思维"来对消费异化展开整体性批判，这就需要进行视角融合。

本书认为，西方马克思主义的消费异化批判揭示出战后资本主义社会消费异化的背后是资本主义的一种新型控制，即从资本主义私有制到资本逻辑的控制，其剥削和压迫也从无产阶级扩展到整个人类甚至泛化到自然生态。显然，上述西方马克思主义学派及其思想家对发达资本主义国家的消费异化批判，对于在全球化条件下我国应对当代社会中出现的消费问题不无启示。

绪 论

消 费 异 化 批 判 : 西 方 视 角 与 中 国 理 念

一、选题缘起与意义

（一）选题缘起

消费是人类生活不可或缺的组成部分，人类的生存与发展都离不开消费。自从有了人类就有了消费，有关消费的问题随着人类社会形态的演进而不断变换主题。现代社会之前，消费问题主要体现在如何满足人们的基本生活需要，生存是前现代社会人们消费的主要目的。进入现代社会，尤其是在资本主义工业化大生产的推动下，生产力水平得到了极大的提高，满足人们基本生存的消费本已不成问题，但事实并非如此。在资本主义社会，人们的消费仅仅是服务于资本增值逻辑的手段。资本主义现代社会早期，资本家对工人阶级的极度剥削致使广大工人阶级一度处于匮乏的消费状态中。与此相反，二战后的资本主义社会呈现出大众消费一派繁荣的表象，尤其表现在消费领域中商品的极大丰富与琳琅满目，人们看似可以自由消费。表面看来，二战后资本主义社会工人阶级的收入和生活消费水平都有了显著提升，仿佛这时资本主义社会的劳动剥削与异化现象被逐渐淡化、消解了。但事实上，资本主义制度的本质并没有改变，资本主义社会的异化现象也不可能淡化、消解，只不过异化的显著表现形式发生了变化。究竟如何看待二战后资本主义社会的异化现象由显著的劳动异化向显著的消费异化之转向，关系到对当今资本主义制度的再认识和对马克思主义异化理论的再认识。西方马克思主义者敏锐地洞察到二战后资本主义社会消费繁荣表象背后的消费异化实质，认为资本主义社会异化的显著表现形式只不过是从劳动领域转移到了消费领域。二战后资本主义社会这一以大众过度消费为表现的消费异化现象引起了西方马克思主义学者的广泛关注与研究热情，他们在分析基于过度消费的消费异化产生的原因及造成的不良后果的基础上提出了相应的解决措施与方案。

消费在现代社会更发挥着促进经济发展、提高民众生活水平、丰富民众日常生活的重要作用。然而，伴随现代社会的发展与资本逻辑的作用，消费逐渐背离了它本身的功能，不再仅仅扮演服务于人类生活的角色。消费在资本逻辑的推动下发展出不符合其本质的功用，并由此引发了一系列不良后果，致使人与自我、人与社会、人与自然之间的良性互动关系受损，由此导致了消费异化。消费异化的产生与资本逻辑的发展密不可分，伴随着西方资本主义社会的产生而产生，并随着资本主义在全球的扩张而扩张。直至今日，西方资本主义国家依旧呈现出消费异化的社会现状，表现在人们为追求更多的财富与物质资源而不惜以损害他人和自然为代价，其自我本身也在这一过程中痛苦挣扎。人的心理精神危机、人与人之间的信任危机、人与自然之间的生态危机成为现代人必须面对与反思的生存与发展困境。如何看待二战前后资本主义社会消费政策与消费环境的变化，如何认识二战后资本主义社会推行大量消费政策的原因，以及如何全方位把握现代社会消费异化造成的不良后果并积极探寻应对之道，这些问题是本书探讨西方马克思主义消费异化批判理论所要重点解决的。

（二）理论意义

马克思最早从批判劳动异化着手来批判资本主义私有制。劳动异化是马克思社会批判理论的切入点，劳动异化是在资本主义条件下劳动者同他的劳动产品、劳动活动、类本质和他人之间关系的对立与分离。劳动异化的根源在于资本主义私有制。西方马克思主义消费异化批判理论的诞生可以追溯到马克思的劳动异化批判理论。马克思早在《1844 年经济学哲学手稿》中就对劳动异化进行了深入的批判，并在随后的《资本论》中进一步批判了资本主义社会的生产方式，为西方马克思主义进行消费异化批判奠定了理论基础。西方马克思主义在继承马克思劳动异化批判理论的基础上根据资本主义社会的新变化发展出消费异化批判理论，这是对马克思主义的丰富。对于这一批判理论的研究有利于系统把握西方马克思主义消费异化批判理论的整体理论面貌，厘清其与马克思的劳动异化批判理论之间的联系与区别。

消费异化批判理论是西方马克思主义理论的重要组成部分，西方马克思主义在马克思劳动异化批判理论的基础上，根据二战后西方资本主义消费社会的生成，提出了基于大众过度消费的消费异化批判理论，将批判资本主义社会的重心由生产领域转向消费领域。基于过度消费的消费异化批判理论始于西方，从早期以赫伯特·马尔库塞、艾瑞克·弗洛姆等为代表的法兰克福学派对消费异化现象从心理视角着手的人道主义批判，到后现代马克思主义学派以亨利·列斐伏尔、让·鲍德里亚等为代表的从符号文化消费视角对消费异化的社会批判，再到生态学马克思主义学派以威廉·莱斯、本·阿格尔、安德烈·高兹等为代表的从生态视角对消费异化导致生态危机的生态批判，可以看出西方马克思主义对于以过度消费为表现形式的消费异化批判呈现出多重视角。对西方马克思主义消费异化批判理论的研究有利于进一步把握西方马克思主义理论的发展动态，厘清西方马克思主义对消费异化问题批判的发展脉络及其成绩与局限。

（三）现实意义

对西方马克思主义消费异化批判理论的研究有利于了解西方资本主义社会在二战后的新变化。二战后，资本主义社会产生了一个新变化，那就是继马克思批判劳动异化之后，资本主义社会的异化现象更为突出地表现在消费领域，以过度消费为特征的消费异化现象成为异化在资本主义社会的显著表现形式。这一时期的消费异化在本质上发挥着维护资本主义制度、延缓资本主义消亡的作用。对西方马克思主义消费异化批判理论的研究有利于把握当今资本主义社会统治手段的新变化，掌握资本主义社会异化现象发展的新特点。

当今，消费作为拉动经济增长的三驾马车之一，发挥着重要的经济与社会功能。消费不单单是对物质商品的消耗问题，还关系到人的生存、如何与他人相处、如何与自然相处，是一个关乎人的生命存在样态的综合性问题。然而不容否认的是，攀比消费、奢侈消费等消费问题对当今社会的发展具有很大的负面效应。我国自改革开放以来，经济建设取得了巨大的进步，人民的物质生活水平得到了极大的提升，而在这一过程中人们的物质消费欲望被极大激发，表现出一系列的消费问题与困境，迫切需要理论指导并提出相应的策略。我国出现的消费问题尽管同西方的消费异化问题具有本质性的区别，但近些年出现的一些过度消费问题与西方基于过度消费的消费异化表现存在相似之处。马克思主义中国化的发展需要批判地吸收与借鉴各种理论资源，从当代国外马克思主义的理论思潮中，我们可以获取与借鉴丰富的理论资源与思想支持，努力使马克思主义中国化的理论发展同我国当代社会实践的发展齐头并进，用发展中的马克思主义中国化理论有效指导与支持我国社会主义实践的不断推进。

如此，系统研究与梳理西方马克思主义的消费异化批判理论并根据我国的实际情况进行创造性转化，进而分析我国存在的消费问题，是必要与迫切的。对西方马克思主义消费异化批判理论的研究可以启示我们思考如何应对在发展过程中出现的消费问题。深入研究西方马克思主义的消费异化批判理论，批判借鉴他们对消费异化的根源及其解决路径的探索，对于我国应对消费领域面临的问题不无启示。尤其是在迈入社会主义新时代、处于社会主义现代化建设关键时期的当下，要处理好生产与消费的关系，妥善应对当今社会出现的一系列消费问题，更好地引导大众消费为社会主义现代化建设服务，满足人民群众日益增长的对美好生活的需要。从西方马克思主义学者对消费异化的批判与研究中，我们可以获得一些有益的启示。

二、文献回顾与研究方法

（一）文献回顾

1. 国内研究现状

国内学者围绕国外马克思主义的消费异化批判理论，分别从不同的学科视角、问题视角着手，并结合我国的消费现状与问题，对国外马克思主义的消费异化批判理论进行了多角度、多层面的研究与探讨。国内目前研究国外马克思主义消费异化批判理论的专著较少，具有代表性的有莫少群的《20世纪西方消费社会理论研究》（2006），其对西方消费社会理论进行了历史的梳理与逻辑的把握，以及闫方洁的《西方新马克思主义的消费社会理论研究》（2012），其对西方新马克思主义的消费社会整体理论图式进行了勾勒，揭示了西方新马克思主义消费社会的演变轨迹。关于国外马克思主义中单个思想家的消费异化批判理论和国外马克思主义中某个流派的消费异化批判理论，国内研究著作较为丰富，主要包括：陈学明等《痛苦中的安乐：马尔库塞、弗洛姆论消费主义》（1998）、刘怀玉《现代性的平庸与神奇——列斐伏尔日常生活批判哲学的文本学解读》（2006）、夏莹《消费社会理论及其方法论导论——基于早期鲍德里亚的一种批判理论建构》（2007）、吴宁《日常生活批判——列斐伏尔哲学思想研究》（2007）、孔明安等《鲍德里亚与消费社会》（2008）、王雨辰《生态批判与绿色乌托邦：生态学马克思主义理论研究》（2009）、宋德孝《符号政治经济学批判——鲍德里亚早期思想研究》（2016）等。此外，在有关西方马克思主义的整体性研究著作中，也有许多著作涉及消费异化批判理论，比较具有代表性的有：徐崇温《"西方马克思主义"论丛》（1989）、俞吾金《现代性现象学——与西方马克思主义者的对话》（2002）、张一兵和胡大平《西方马克思主义哲学的历史逻辑》（2003）等。

从发表的期刊论文来看，对国外马克思主义消费异化批判的研究主要包括：①对某一思想家或某一流派的消费异化批判理论的探讨。如对马尔库塞、弗洛姆、莱斯、阿格尔、高兹、列斐伏尔及鲍德里亚等进行单个人物的消费异化批判思想研究，对法兰克福学派、生态马克思主义学派等进行单个流派的消费异化批判思想研究。郑春生等剖析了马尔库塞对消费社会的批判与对未来社会的建构设想，并阐释了其对消费社会批判的现实意义（郑春生等《论马尔库塞对消费社会的批判》）。②对某几位思想家的消费异化批判理论进行对比。郇庆治对消费异化由法兰克福学派的政治文化批判转向生态马克思主义的政治生态学批判做了梳理与分析，论述了马尔库塞与早期生态马克思主义者之间关于消费异化批判的学术联系（郇庆治《从批判理论到生态马克思主义：对马尔库塞、莱斯和阿格尔的分析》）。③对西方马克思主义的消费异化批判理论进行总体的评价分析。宋德孝分析了西方马克思主义学者基于精神分析学、符号学和生态主义三个不同角度展开的对消费异化的研究，指出不同视角之理论的时代价值及其存在的问题（宋德孝《西方马克思主义消费异化批判的三个维度解析》）。④用消费异化批判理论具体分析社会现象。如用消费异化批判理论分析大学生的消费问题、网络消费问题、旅游消费问题、信用卡消费问题等。⑤分析西方马克思主义的消费异化批判理论对我国的启示意义。如蔡陈聪论述了马尔库塞、弗洛姆、阿格尔等西方马克思主义者的消费异化批判理论的基本思想，旨在为应对我国的如面子消费、时尚消费等病态消费现象提供启示，以利于我国健康消费模式的构建（蔡陈聪《西方马克思主义消费异化理论的启示》）。

2. 国外研究现状

消费异化批判理论是法兰克福学派、后现代马克思主义学派以及生态学马克思主义学派等西方马克思主义的诸多理论批判维度中的一维。对消费异化现象最早进行重点批判的西方马克思主义学派是法兰克福学派，其代表人物有马尔库塞和弗洛姆。之后，后现代马克思主义学派与生态学马克思主义学派继法兰克福学派对消费异化批判道路的开创之后分别拓展了对消费异化的社会维度与生态维度的批判。其中，后现代马克思主义学派的主要代表人物有列斐伏尔和鲍德里亚，生态学马克思主义学派的主要代表人物有莱斯、阿格尔和高兹。

国外学者对国外马克思主义的消费异化批判理论少有专门的著作进行系统论述，他们的研究散见于对相关国外马克思主义学者的研究中。其中，比较有代表性的学者包括道格拉斯·凯尔纳（Douglas Kellner），他在《赫伯特·马尔库塞和马克思主义的危机》（*Herbert Marcuse and the Crisis of Marxism*）中对法兰克福学派马尔库塞的先进工业社会与消费社会的批判思想进行了梳理。莱斯利·斯克莱尔（Leslie Sklair）基于马尔库塞的虚假需求理论批判了资本主义国家通过向全球传输消费主义价值观来实现自身统治之目的。劳伦斯·威尔德（Lawrence Wilde）在《埃里希·弗洛姆及对团结的诉求》（*Erich Fomm and the Quest for Unity*）一书中涉及对消费异化问题的探讨。乔治·瑞泽尔（George Ritzer）在《后现代社会理论》（*Postmodern Social Theory*）中研究了鲍德里亚的消费社会理论，他认为鲍德里亚的早期作品受到马克思主义哲学的影响，但是与马克思主义注重生产不同，鲍德里亚致力于对消费的研究，且其研究侧重文化分析，即人们消费的目的不是获得特定的物品，而是寻求不同，也就是借由不同来达到获取社会地位与社会意义之目的。这种具有文化意义的消费就是符号消费，这里的消费具有了语言符号的作用，通过消费就可以直观地传达出消费者所要表达的意义。

总之，国内外学者从多侧面、多角度对国外马克思主义的消费异化批判理论进行了深入研究，他们丰富的理论成果为笔者继续研究这一问题奠定了坚实的基础。但在西方马克思主义关于消费异化批判理论的系统研究上还存在一定的理论研究空间，进而在梳理与建构西方马克思主义关于消费异化批判理论的体系及探讨其对中国的启示意义上还有继续研究的必要。

（二）研究方法

1. 文献研究法

从国外马克思主义的相关著作及文献着手，梳理国外马克思主义有关消费异化批判理论的发展历程及其实质内容，重点考察其每一发展阶段的逻辑演进与问题视角。基于国外马克思主义关于消费异化批判理论的三种问题视角，溯源马克思的经典著作，厘清马克思劳动异化批判理论与国外马克思主义诸流派的消费异化批判理论的源流关系。需重点研读的主要文本包括：《1844 年经济学哲学手稿》《1857—1858 年经济学手稿》《马克思恩格斯选集》《单向度的人：发达工业社会意识形态研究》《健全的社会》《西方马克思主义概论》《自然的控制》《满足的极限》《经济理性批判》《日常生活批判》《现代世界中的日常生活》《物体系》《消费社会》《符号政治经济学批判》等。

2. 历史与逻辑相统一的方法

国外马克思主义是在应对时代问题的基础上产生的，它遵循着马克思主义理论发展的历史与逻辑，需要从其在马克思主义理论发展的谱系当中加以定位和认识。消费异化批判理论的发展也是一个历史发展的动态过程，还需要对国外马克思主义消费异化批判理论之前的马克思主义劳动异化批判理论进行系统的考察与分析。历史的分析还需要依赖逻辑分析的方法，即用概念、范畴、理论等思维形式反映其演变的规律。从理论结果分析演变过程，从后往前看；同时，运用历史叙述的方法，从前往后看，并将二者结合起来，研究国外马克思主义消费异化批判理论的理论渊源、理论内涵和现实意义。

3. 分析比较的方法

马克思主义自诞生以来，根据时代的发展演化出众多的理论流派，各有其理论侧重与实践导向，它们在看待消费异化问题上也各有见解。尤其是自法兰克福学派开创消费异化批判理论之后，生态学马克思主义学派和后现代马克思主义学派又进一步分别从不同视角对消费异化批判理论进行了发展。因此，比较不同时代的国外马克思主义流派对消费异化问题的分析与论述，厘清西方马克思主义不同学派批判消费异化的异同点，对于揭示国外马克思主义不同学派对消费异化批判的理论特色具有重要的作用。

4. 理论与实际相结合的方法

深入研究国外马克思主义消费异化批判理论的一个最重要的目的，就是揭示其对我国应对消费问题的理论和实践意义，启发我国应对消费问题的思路，提醒我国在发展过程中警惕过度消费可能造成的不良后果。以国外马克思主义的消费异化批判理论为参照，可以探寻当今中国社会的消费现状与存在的问题，有助于更好地推动中国特色社会主义现代化建设和生态文明建设，对于我国的可持续发展、社会的繁荣稳定、经济发展与生态环保的统筹具有重要的借鉴意义。

三、核心概念界定

（一）本书所论"西方马克思主义"

西方马克思主义诞生于 20 世纪 20 年代，是以乔治·卢卡奇（Georg Lukacs）为创始人，通过黑格尔主义的人本主义来对马克思主义进行补充和革新，并致力于对资本主义制度进行批判的社会思潮。从历史的角度考察西方马克思主义的产生，它"是第一次世界大战后欧洲资本主义先进地区无产阶级革命失败的产物，它是在社会主义理论和工人阶级实践之间愈益分离的情况下发展起来的"①。西方马克思主义在肯定马克思关于资本主义社会基本矛盾判断的基础上，根据时代的新情况、新变化提出资本主义社会基本矛盾造成的显著危机表现形式与马克思所处的时代有所不同。如果说马克思所批判的资本主义社会的主要危机形式是经济危机，那么西方马克思主义所批判的资本主义社会的主要危机则拓展到人的精神危机、文化危机及生态危机等方面。

但是，对西方马克思主义下一个明确的定义是有困难的，学界目前还没有形成对西方马克思主义公认的定义。这是由于西方马克思主义不具备统一的理论形态，因此，我们只能从西方马克思主义与经典马克思主义的比较及其产生的源头上来把握西方马克思主义的性质及其核心问题。从西方马克思主义与经典马克思主义的比较中，可以将西方马克思主义定位为有别于经典马克思主义的"另类"见解；从西方马克思主义的起源看，自卢卡奇开创西方马克思主义的理论流派后，在此基础上又逐渐衍生出众多的理论流派。这就使西方马克思主义表现为一种缺乏共同纲领、并不具有共同理论目标的理论派别。西方马克思主义内部可以分为众多理论流派，各个理论流派之间秉持不同的理论信仰与诉求，可以说是纷繁复杂、枝蔓丛生。借用维特根斯坦的"家族相似"理论，"西方马克思主义作为一个不够统一的理论思潮无疑也是一个家族相似"②。但这并不意味着西方马克思主义是一盘散沙，在这个"家族相似"的理论体系中一脉相传地延续着以卢卡奇为代表的早期西方马克思主义者的理论内核。正是基于这一理论内核，才使得这一理论获得了统一的称谓——西方马克思主义。③

基于对西方马克思主义与经典马克思主义的比较及对西方马克思主义产生起源的分析，本书所论述的西方马克思主义就囊括了有别于经典马克思主

---

① ［英］佩里·安德森：《西方马克思主义探讨》，高铦等译，北京：人民出版社，1981年版，第117页。
② 刘同舫：《西方马克思主义的理论性质与中国意义》，《中国社会科学》，2010年第5期，第47页。
③ 刘同舫：《西方马克思主义的理论性质与中国意义》，《中国社会科学》，2010年第5期，第48页。

义的、从卢卡奇起始并基于以卢卡奇为代表的早期学者的理论内核所衍生出的众多理论流派。基于这一界定，我们可以看出，西方马克思主义是一个开放的理论体系，这一理论体系会随着时间的推移、新的时代问题的凸显和实践的发展而不断衍生出更多的代表人物、理论流派。

（二）"消费异化"及其发展阶段

对"现实的人"的关注是马克思主义研究的出发点和显著特征，马克思主义内含着对"现实的人"之异化的分析与批判。异化的本质在于其不仅与人相对立，而且其对立物就是人创造的。马克思指出，生产劳动的正常状态应该是我们每个人在自己的生产过程中就双重地肯定了自己和另一个人。既然劳动的正常状态是对自己和另一个人的双重肯定，那么不能肯定自己和另一个人的劳动就是劳动的异化状态。但是，人的异化不仅限于马克思所着重批判的劳动异化，还表现在其他方面。消费异化正是异化的另一种显著表现形式。

"'消费'，就其本性而言，从来都不是一种可以脱离人及其社会关系而独立存在的纯粹的经济行为。"① 消费首先是为了满足人类生存的需要，没有消费人类就无法生存。消费的首要作用是不断生产出活生生的人本身。"消费直接也是生产，正如在自然界中元素和化学物质的消费是植物的生产一样。例如，在吃喝这一种消费形式中，人生产自己的身体，这是明显的事。而对于以这种或那种方式从某一方面来生产人的其他任何消费方式也都可以这样说。消费的生产。"② 消费的过程即是"物的人化"的过程。通过消费，人的生命及人的一切社会关系才能得以维系，没有消费就不能维系人的生存与发展，更不用说社会的存在与发展。"消费与生产一样，本质上都是人的生命的生产和再生产活动。"③ 但在资本主义社会，生产资料与生活资料都成为

---

① 夏莹：《拜物教的幽灵——当代西方马克思主义社会批判的隐性逻辑》，南京：江苏人民出版社，2014 年版，第117 页。

② 《马克思恩格斯全集》（第 30 卷），北京：人民出版社，1995 年版，第 31—32 页。

③ 胡贤鑫：《资本与消费异化——论马克思的消费异化理论》，《哲学动态》，2013 年第 9 期，第 16 页。

资本，消费也不再仅仅是为了人生命的生产与再生产，而成为资本增值的工具，受控于资本。这时，消费就发生了异化。消费异化的本质在于消费成为资本无限增值的工具，即消费不是为了人本身而是为了资本而存在。

同时，消费不单单指简单地对物质的使用价值的消耗，更内含着人在消费中的精神性满足与社会性关系的形成。消费是发生在特定社会关系中的人的精神和物质的双重满足活动，消费更为本质的体现是一种社会关系。正如生产劳动应当双重肯定自己和另一个人，消费也应是双重肯定自己和"他者"（社会和自然）的活动。在消费过程中人应该能够健康地满足自我的身心需要，融入社会并与自然和谐相处。与此相反，消费异化就是人在消费中不能肯定自我的健康与建立和谐的社会与自然关系，而被迫屈从于资本掌控的状态。

资本主义社会的消费是典型的异化的消费。具体说来，资本主义社会的消费异化按其时间发展的先后表现为两种基本类型，即匮乏消费和过度消费。这两种消费类型都没有在消费中满足人自我的身心健康需要，也没有通过消费建立起人与社会和自然的和谐良性互动关系。马克思批判了自由资本主义时期基于匮乏消费的消费异化。这种匮乏消费将人贬低到动物层面，只为了资本增值而维持工人作为劳动力的生命存在，完全无视工人的身心健康需要及消费在人与社会和自然关系层面的作用。西方马克思主义者则在马克思对匮乏消费的消费异化批判基础之上根据时代的新变化，批判了二战后垄断资本主义时期过度消费的消费异化。这种过度消费看似把工人从贬低到动物层面的匮乏消费中解救了出来，但实质上还没有实现人的正常消费。因为这种过度消费将人的精神需要与社会连接的需要完全诱导到物质消费上，并且无视人的过度消费对自我、社会和自然产生的不良后果。因而才产生了西方马克思主义理论对这种过度消费的心理层面、文化层面和生态层面的批判。

具体说来，在心理层面，过度消费被资产阶级利用，将人的需要错误地引诱到对物质商品的过度满足上，忽视人的心理需要而损害人的心理健康；在文化层面，过度消费被用来彰显人的身份地位，使人在消费中丧失了真实平等的人际互动关系；在生态层面，过度消费透支自然资源、污染环境，背离了人与自然之间的和谐发展。总之，马克思对消费异化的批判是基于劳动异化所造成的以匮乏消费为表现的消费异化批判。而西方马克思主义根据资本主义社会发展的新变化，将对消费异化的批判提升到异化批判的首要位置，重在批判以过度消费为表现的消费异化，并分别从人与自我关系的心理视角、人与社会关系的文化视角、人与自然关系的生态视角拓展了马克思对消费异化的批判视域。本书中的消费异化在没有强调是马克思所批判的基于匮乏消费的消费异化的情况下，都特指西方马克思主义者所批判的基于过度消费的消费异化。

（三）"多重视角"及其逻辑关联

"多重视角"是指西方马克思主义不同理论流派在批判消费异化上所显示出的不同批判视角，总体上可以归纳为基于人与自我关系的心理视角批判、基于人与社会关系的文化视角批判和基于人与自然关系的生态视角批判。对这三大批判视角基于"有机思维"的有机整合就构成了西方马克思主义对消费异化批判的完整体系，从而可以全面地体现出消费异化对人的存在的三大关系领域所造成的全方位损害。可以说，把握了这三重视角对消费异化批判的逻辑，也就把握了西方马克思主义批判消费异化的整体视域。

聚焦于消费异化对人与自我的关系所造成的伤害，是法兰克福学派消费异化批判的显著特征。这一学派虽然没有对消费异化进行明确的界定，但从其描述中我们可以将其对消费异化的理解概括为：大众在资产阶级所灌输的"虚假需求"的心理驱使下而致力于获得商品，进而导致人的心理与精神被商品所奴役的现象。大众的过度消费不但有利于资产阶级顺利出售商品以实现对广大工人阶级剩余价值的剥削，还有利于资产阶级麻痹与掌控大众，从而稳固其统治、输出其文化价值观。如果说马克思的劳动异化理论重点批判了资本主义制度下资产阶级残酷剥削工人的剩余价值、仅维持工人作为劳动力的生命存在而给工人阶级造成物质贫困的后果，那么法兰克福学派对消费异化的批判则侧重在资本主义制度下资产阶级为了实现剩余价值而将工人变为消费的工具，进而给工人阶级造成心理与精神贫困的后果。聚焦于对消费异化的批判，法兰克福学派的杰出代表人物主要有马尔库塞和弗洛姆。马尔库塞所理解的消费异化就是广大无产阶级在资产阶级的诱导下，基于"虚假需求"心理而致力于获取商品的现象。弗洛姆将弗洛伊德的精神分析方法与马克思主义相结合，对消费异化现象重点进行人本主义的心理学视角批判。弗洛姆所理解的消费异化就是人在消费中丧失了本应具有的创造性和主体性的人性体验而被消费支配的状态。总之，法兰克福学派重在批判消费异化对人的心理与精神造成的压抑与损害，积极寻求人摆脱消费异化而重获自主自由的路径。

后现代马克思主义在继承法兰克福学派对消费异化批判的基础上，更新了对消费异化对象的理解，从全新的符号视角对消费异化进行了社会维度的批判，其主要代表人物是列斐伏尔和鲍德里亚。在列斐伏尔和鲍德里亚看来，现代资本主义社会的消费对象不再是实物商品，而是表征社会等级地位的符号商品，消费成为展示社会地位的手段。鲍德里亚所理解的消费是一种"符号的系统化操控活动"，是基于符号价值的虚拟符号游戏。如果说法兰克福学派对消费异化的批判主要集中在其对人与自我的心理所造成的戕害上，那么后现代马克思主义对消费异化的批判则借由符号视角主要集中体现在其对人与人之间的社会阶层划分而导致的社会不平等这一社会维度的批判上。列斐伏尔开辟了符号消费异化批判的新视角，并对日常生活中的消费异化现象进行了全方位的批判，鲍德里亚则在列斐伏尔的基础上，通过提出物体系与"符号价值"等新概念，拓展了对符号消费异化批判的深度。后现代马克思主义通过符号视角，看到了借由消费所表现出的社会等级划分与社会不平等现象，并期望通过对符号消费的批判实现社会平等。

　　生态学马克思主义在继承法兰克福学派消费异化批判理论的基础上，基于生态视角对消费异化的批判从人与自然的关系维度进行了拓展。生态学马克思主义者敏锐地洞察到资本主义社会对大众消费的过度普遍倡导会造成人与自然之间关系的恶化、诱发生态危机以致威胁人类的生存与发展。因而他们从资本主义社会所倡导与推行的消费主义政策对自然生态环境所造成的破坏性视角出发，对消费异化进行了生态维度的批判，开创了消费异化批判的生态视角。莱斯、阿格尔和高兹是生态学马克思主义学派中就消费异化问题进行深入研究与批判的主要代表人物。莱斯对消费异化的理解是：人基于永无止境的"双重性需要"，在控制自然的观念支配下而进行的高消费行为。阿格尔对消费异化的理解是：人们通过大量消费商品而为自己在备受压抑、难以发挥主观能动性的异化劳动寻找发泄口的现象。高兹所理解的消费异化是：人们在资本主义社会经济理性的指导下而不断追求高消费的行为。不论哪一种对消费异化的理解，生态学马克思主义者最终都将过度消费的这种消费异化给自然生态造成的破坏性后果作为批判的重点，并期望克服消费异化，恢复人与自然生态的和谐。

四、研究思路与结构

　　"人类，本质上是生产动物。但是，马克思认为，在资本主义制度下，他们是以不人道的方式进行生产的。"[①] 资本主义社会最显著的特征是资本主导一切的社会制度。资本的本质在于雇佣劳动，没有雇佣劳动就没有资本；资本的唯一目的就在于剥削工人阶级的剩余价值从而赚取利润，资本的逻辑是盈利的逻辑。资本主义社会的目的与落脚点从来不是人本身，而是资本增

---

① ［英］乔纳森·沃尔夫：《21世纪，重读马克思》，范元伟译，北京：清华大学出版社，2015年版，第31页。

值。如此，资本主义社会中人的一切活动都成为服务于资本增值的手段与工具。马克思正是从资本支配下的雇佣劳动入手着重批判了资本主义社会的劳动异化，批判作为人之根本特征的劳动成为不被人掌控反而服从于资本增值的工具。"马克思认为，我们在资本主义制度下的劳动，存在四种异化方式：异化于产品；异化于生产活动；异化于我们物种本质；异化于其他人类。但是，这些异化并没有停止脚步。"① 作为人生存所必需的消费活动在资本主义社会也必然服务于资本增值的逻辑而被异化。

鉴于雇佣劳动成为资本主义社会中的人们用来满足自我需要并与社会建立连接的唯一方式，人们就必然被迫服从资本主义社会制度。其间，尽管广大工人阶级通过雇佣劳动能换取一定的工资报酬，但是工人丧失了其自主性和独立性，除了通过雇佣劳动来换取工资报酬以维持生存之外工人一无所有，工资是工人用以维系生存的唯一来源。这就是说，工资是工人维系生存而可用于消费的唯一来源。在马克思所处的自由资本主义时期，为了使剩余价值最大化，作为资本人格化代表的资本家所采取的手段是尽可能压低工人的工资水平，以最大化对工人剩余价值的占有。由此导致工人可用于消费的工资收入入不敷出，工人的消费水平只能勉强维持工人及其家庭最基本的生存所需。长此以往，广大工人阶级消费动力的匮乏造成了大量商品的积压，致使资本家所占有的剩余价值难以通过出售而有效转换，由此导致经济危机的不断爆发。

经济危机爆发的直接原因在于生活资料消费的增长赶不上生产资料消费的增长。就生活资料消费来看，广大无产阶级是生活资料消费的主体，资产阶级相对于无产阶级数量极少，因而不论其消费如何奢侈，相对于广大无产阶级整体的消费而言所占比例极小。同时，资产阶级为了追求剩余价值的最大化，会将绝大多数剩余价值重新投入生产，即用于生产资料的消费，而生

---

① ［英］乔纳森·沃尔夫：《21世纪，重读马克思》，范元伟译，北京：清华大学出版社，2015年版，第36页。

产资料的消费最终还是为了顺利出售商品以获取更大的剩余价值。而更大剩余价值的获取归根结底要依赖广大无产阶级的生活资料消费。没有广大无产阶级生活资料消费的拉动，资产阶级所攫取的剩余价值就不可能顺利通过出售而实现，资本增值的目的就会受阻。由此，经历了 1929—1933 年经济大萧条和二战洗礼的资本主义社会改变了消费政策，通过提高工人工资待遇，刺激大量消费的消费社会时代到来了。迈入资本主义消费社会，资本增值的逻辑在一定程度上就表现为消费扩大化的逻辑。同理，全球化在很大程度上也是消费主义文化的全球化，消费主义就是全球化的文化动力。面对二战后消费的繁荣景象，西方马克思主义学者敏锐地洞察到其背后存在的消费异化问题，在马克思批判工人阶级劳动异化与消费匮乏的消费异化的基础上提出了基于过度消费的消费异化概念，进而对消费异化现象进行了多视角多层次的批判，开创了对资本主义过度消费的消费异化批判理论。

西方马克思主义对消费异化的批判可以分为三大流派、三种视角，分别是法兰克福学派基于实体商品消费之人的内在向度批判、后现代马克思主义学派基于虚拟符号消费之人与社会的社会向度批判，以及生态学马克思主义学派基于实体—文化商品消费之人与自然的生态向度批判。最后，本书基于"有机思维"对西方马克思主义的消费异化批判理论进行了整合。

全书共分七部分来展开梳理西方马克思主义的消费异化批判理论，其中第一部分是绪论，包括研究意义、文献回顾、研究方法和论文结构安排。第一章从历史与逻辑相结合的视角梳理西方马克思主义对消费异化批判的来龙去脉，包括西方马克思主义消费异化批判产生的历史背景、理论渊源和批判向度。第二章聚焦法兰克福学派，以代表人物马尔库塞和弗洛姆为重点，论述法兰克福学派对消费异化批判的人与自我关系视角。第三章聚焦后现代马克思主义学派，以代表人物列斐伏尔和鲍德里亚为重点，论述后现代马克思主义学派对消费异化批判的人与社会关系视角。第四章聚焦生态学马克思主义学派，以代表人物莱斯、阿格尔和高兹为重点、论述生态学马克思主义学派对消费异化批判的人与自然关系视角。这三章从时间顺序的角度分析，法兰克福学派是源头，后现代马克思主义学派和生态学马克思主义学派是派生，总体呈现出"一源二流"的时间发展顺序架构（见图0-1）；从逻辑的演进角度分析，法兰克福学派立足于对人本身的批判，后现代马克思主义从人出发进而拓展到对人与社会关系的批判，生态学马克思主义从社会出发进而拓展到对人与自然关系的批判，体现出对消费异化批判视域的层层拓展（见图0-2）。第五章聚焦于"有机思维"，从整体性的角度融合西方马克思主义对消费异化的三大视角批判，并展望西方马克思主义的消费异化批判理论为我国应对所出现的消费问题可能提供的启示。最后是结语，从马克思主义的立场对西方马克思主义的消费异化批判理论进行评价。

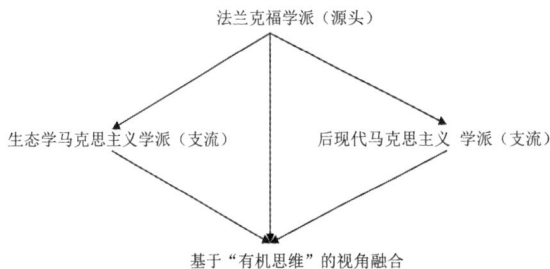

图0-1　西方马克思主义消费异化批判的历史沿革

图0-2　西方马克思主义消费异化批判的视域结构

第一章

**西方马克思主义
消费异化批判的发展脉络**

消 费 异 化 批 判 ： 西 方 视 角 与 中 国 理 念

在马克思所批判的工人消费匮乏的消费异化时代，工人的消费实质上是为资本家重新生产劳动力的过程，在资本家眼中，工人只是资本增值过程中的一个要素。资本主义的生产不是为了满足社会的需要，而是取决于资本增值的需要，也即资本利润最大化的需要。生产的过剩或不足的判别标准不是以是否满足人们需要为准的，而是以利润是否能顺利实现为准的。工人的消费不单是为了满足其自我生存的目的，更是资本家用以服务于资本利润最大化的工具。在马克思所处的自由资本主义时代，资本利润的最大化是通过极度压榨工人阶级的剩余价值而获得的。"生活资料和现有的人口相比不是生产得太多了。正好相反，要使大量人口能够体面地、像人一样地生活，生活资料还是生产得太少了。"[①] 如此，马克思指出备受资本剥削的工人阶级必然会奋起反抗资本家的统治。资本主义社会基于资本无限增值的要求而无限度压低工人工资的做法，最终必然导致社会购买力的下降、商品的大量堆积与浪费，使资本家不得不销毁一定的生产力，进而导致工人大量失业，诱发经济危机的光顾，威胁资本主义的统治。工人阶级与资产阶级之间的尖锐矛盾必然会导致的工人阶级奋起反抗直到结束资产阶级的统治这一局面之所以还迟迟没有出现，原因在于资产阶级在一次次的经济危机与工人的反抗运动的发展过程中受到了沉重打击，进而对其统治政策进行了相应调整。

---

① 《资本论》（第 3 卷），北京：人民出版社，2004 年版，第 287 页。

19世纪末20世纪初，资本主义从自由竞争阶段逐渐发展到垄断阶段，垄断资本主义取代了自由资本主义而在世界范围内不断扩张。加之20世纪后，随着两次科技革命对生产力的极大促进，资本主义社会的生产能力得到大幅度提升，与此相对，社会消费能力却显著滞后，造成了生产相对过剩与消费需求乏力的矛盾对立。这一矛盾直接导致了1929—1933年资本主义世界性经济危机的爆发。为应对这一突如其来的经济危机，资本主义社会转变了经济策略，开始提高工人待遇、推行刺激消费的政策，并取得了显著成效，成为拉动经济增长的强劲动力。自此，无产阶级与资产阶级之间的矛盾至少在表面上看已经削弱了，资本主义的发展呈现出新特点。资本主义社会普遍提高工人待遇、大力促进消费的政策给工人阶级提供了足以养活自己及其家庭的丰富商品，工人的基本生存得到了满足，相应地，其革命性也暂时被弱化。正如卢卡奇在《历史与阶级意识》中所分析的那样，欧洲工人阶级由于缺乏足够的理论指导，忘记了自己的阶级使命、淡化了自身的阶级意识，造成了无产阶级革命暂时停滞不前的结果。可见，资本主义社会不是静态的，它也不断变化，"资本主义是一种适应性体系，它会随着环境的改变而不断变化和发展，当这一体系受到深刻危机的严重威胁时，便会演变为一种更适应新环境的新形式，以替代原有的形式"①。经济大萧条与二战后的资本主义消费社会的到来就是资本主义为适应新环境所发展出的新形式，是资本主义为了维系自身运行而进行的被迫调整。

"统治阶级的思想家或多或少有意识地从理论上把它们（统治阶级的思想）变成某种独立自在的东西……统治阶级为了反对被压迫阶级的个人，把它们提出来作为生活准则，一则是作为对自己统治的粉饰或意识，一则是作为这种统治的道德手段"②，过度消费的消费主义意识形态就是统治阶级用于

---

① ［英］阿纳托莱·卡列茨基：《资本主义4.0：一种新经济的诞生》，胡晓娇等译，北京：中信出版社，2011年版，"序言"第XI页。

② 《德意志意识形态》，北京：人民出版社，1961年版，第482页。

维系统治的手段。西方马克思主义学者根据时代条件的新变化，在马克思的劳动异化理论和商品拜物教理论以及卢卡奇的物化理论基础上，开启了对二战后资本主义社会消费异化的批判。这一批判从法兰克福学派以马尔库塞和弗洛姆为代表的心理视角起始，进而分化出后现代马克思主义以列斐伏尔和鲍德里亚为代表的文化视角和生态学马克思主义以莱斯、阿格尔、高兹为代表的生态视角两种不同的批判进路。由此，西方马克思主义对消费异化的批判大体形成了从批判人与自我的关系、人与社会的关系到人与自然的关系的层层递进式的批判理论体系。

一、西方马克思主义消费异化批判的历史背景

资本主义社会诞生之初，资产阶级为了资本原始积累并在日益激烈的竞争中获胜，一方面，不断降低生产成本、提高劳动生产率，以期生产出尽可能多的商品，如此就加强对工人剩余价值的剥削；另一方面，资产阶级又要为生产的商品寻求出路从而继续扩大再生产，赚取更多的利润。在提高工人劳动生产率方面，工业革命发挥了决定性的作用。尤其是以电的发现和应用为代表的第二次工业革命极大地提高了资本主义国家的劳动生产率，使资本主义国家进入了一个更高的发展阶段。20世纪20年代的美国呈现出一片繁荣景象，史称"柯立芝繁荣"。与此同时，资本主义国家不断扩张商品市场，在全世界进行资本投资与竞争。第二次工业革命带来生产力的极大提升，迫切要求消费的同步扩大，但现实社会中消费的增长难以满足生产增长的迫切需要，以至于1929—1933年资本主义世界的经济危机大爆发。此次经济危机凸显了资本主义社会生产与消费间严重的不平衡状态，甚至是促成二战灾难性后果的原因之一。二战后，资产阶级改变了统治策略，提高了工人的工资待遇，鼓励消费，致使大众消费时代到来。

（一）"柯立芝繁荣"与经济大萧条：大众消费兴起的前奏

自由资本主义时期，与资产阶级对工人阶级的残酷剥削相伴随的，是资本在全球范围的扩张，因为资产阶级要为通过剥削工人阶级而创造的大量商品寻找买主，世界地理大发现正是在资本全球扩张以推销其商品的过程中完成的。当全球市场被瓜分殆尽后，消费动力不足的问题日益显著化，以致资产阶级不得不通过销毁生产出的商品来应对愈益频繁的经济危机，生产资料的私有制与生产的社会化之间的矛盾愈益凸显。一方面，备受压迫的工人阶级的反抗运动此起彼伏；另一方面，消费跟不上生产的步伐导致周期性生产相对过剩，进而造成经济危机，这一局面循环上演。1929—1933 年爆发的资本主义世界经济大危机，以及随之而来的第二次世界大战，给资本主义国家以沉重的打击。二战后，资产阶级开始寻找缓和阶级矛盾、解决消费动力不足问题与应对经济危机的新策略。这一新策略就是提高工人阶级的工资待遇，并将工人在生产之余引向消费。如此一来，资产阶级不仅成功缓和了阶级矛盾，也为资本主义生产的持续运转提供了消费保障，可谓"一箭双雕"。

一战结束后，美国对外实行扩张政策，凭借在战争中扩张的经济实力大肆争夺海外市场，进行资本和商品输出。在欧洲发达的资本主义国家，美国借口帮助恢复战争破坏为由推行"金元外交"；在拉丁美洲和加拿大，美国排挤欧洲国家资本，挤占新的投资场所。在国内，美国也开始扩大市场，利用广告宣传和信贷等手段刺激日常生活必需品的消费。正是在这一时期，传统的家庭、社区、宗教等社会调节机制和文化形态逐渐让位给市场调节机制和消费文化，有关商品消费的交流逐渐成为人们日常话语的主体内容。"大众消费开始于 20 世纪 20 年代，使之成为可能的是技术革命……和三项社会变革：产品在流水线上大量生产；市场的发展让确定不同购买群体和刺激消费欲望的手段合理化；分期付款购物的普及。"[①] 这期间，广告与信贷对推进战

[①] ［美］丹尼尔·贝尔：《资本主义文化矛盾》，严蓓雯译，南京：江苏人民出版社，2012 年版，第 68 页。

后消费繁荣的作用可圈可点，社会大部分消费都是由广告和信贷推动的。

起初，关于消费的广告还是以文字的形式通过报纸进行传播的，随后，彩色插图、杂志、广播、电视也都加入了广告的行列，使得 20 世纪 20 年代成为"被图像充斥的社会"（an image-saturated society）。① 同时，广告中的商品信息也越来越丰富和复杂，人们对商品信息的准确理解也愈加困难。由此，广告除了推销商品的功能外还增加了教育和引导消费者如何消费的功能，如用文字来解释广告中的图像信息。广告变得如同空气般无所不在，时刻教育着人们应该如何欲求，灌输何种商品对人们的生活是重要而不可或缺的。当然，广告所给出的答案永远是消费、消费、再消费。显然，单纯的商品消费不能给人以持久的快乐与幸福，为了刺激人们持久消费，广告开始将商品与亲密关系、成功、爱等能够给人持久幸福想象的意象联系在一起，由此增加人们对商品的持久欲求。广告将人们所想要的一切通过与特定商品的连接来达到将商品销售给消费者的目的。广告的图像诱惑着我们的愿望与想象，让我们通过广告意象获得快乐与满足而不断消费。你想成为广告中那样的幸福吗？那你就要先拥有广告中所宣传的商品。

信贷政策的推行，则在全社会范围内倡导透支消费，表现在大到国家层面的大量发行货币与运用财政赤字政策来刺激经济，小到个人层面的信用卡业务和按揭贷款业务的普及，这一切都便利了人们进行超前的大量消费，从而加速了商品的流通与再生产速率。透支消费在本质上是为了让资本家由剥削工人阶级而积累的剩余价值尽快实现，用大众未来的消费力填补现在大众消费力的不足。这一方法虽然不可能从根源上解决资本主义制度下生产与需求的矛盾对立，但相比销毁相对过剩商品的方法能在尽可能小地破坏生产力的前提下缓解资本主义制度固有的矛盾。广告业与信贷政策就犹如鸟之双翼，

---

① Sut Jhally, Image-based culture: Advertising and popular culture, from *The World and I* <http://www.worldandlibrary.com> article 17591(July 1990).

携手缔造了美国 20 世纪 20 年代的繁荣景象，这时正值约翰·卡尔文·柯立芝（John C. Coolidge）任总统时期，因而史称"柯立芝繁荣"。

然而，"柯立芝繁荣"的背后隐藏着资本主义制度固有的矛盾，繁荣的背后危机重重，过度放任的自由资本主义制度下暗藏着巨大的隐患。这一时期的繁荣不是全面均衡的繁荣，而是以汽车、建筑和电器为代表的工业生产的繁荣，这与美国一战期间扩充的军工生产和重工生产所奠定的物质基础关系密切。相较之下农业生产却一直处于慢性危机之中，繁荣呈现出局部相对性和不稳定性，并且，这一繁荣是属于资产阶级的繁荣，广大无产阶级尤其是农民依然生活在贫困之中，相比资产阶级所拥抱的一片繁荣态势，广大无产阶级并没有享受到多少繁荣带来的好处。最终，各种矛盾的积累导致了1929—1933 年资本主义世界经济大危机。1929 年，美国股票价格暴跌，波及世界的经济危机随之而来，源于美国的这次大萧条无论在破坏强度还是时间长度上都是空前的。经济危机的爆发造成了严重的社会问题，由工人大量失业所导致的社会动荡异常惨烈。究其原因，主要是消费跟不上生产发展的步伐、资本积累盈利乏力。

1929 年美国经济危机爆发前，美国政府施行自由放任的经济政策，认为市场作为"看不见的手"能够自动调节市场经济，因而并没有大规模地通过消费来调控经济活动。但 1929 年经济危机的爆发，倒逼美国政府反思自由放任的经济政策，迫使其动用国家力量对经济进行宏观调控。凯恩斯（John M. Keynes）对这次经济危机进行了深入思考，提出资本主义社会出现经济危机是由有效需求不足所造成的，并于 1936 年出版了《就业、利息和货币通论》一书，创立了现代宏观经济学的理论体系。罗斯福（Freanklin D. Roosevelt）继任总统后，采纳了凯恩斯对危机爆发的有效需求不足这一根源的分析，开始推行国家干预市场的宏观经济调控新政，通过消费调控对经济进行大规模干预，逐渐使美国从危机中摆脱出来。自此，通过消费对经济进行调控成为美国经济体制调节中的重要手段。

（二）泰勒制与福特制：大众消费兴起的制度基础

长期以来，生产一直是经济生活中的中心议题，而消费总处于相对于生产的从属地位。勤俭节约更是自古以来的价值标准，直至资本主义社会早期，清教徒式的禁欲主义消费观还占据着统治地位。德国社会学家马克斯·韦伯（Max Weber）在其经典名著《新教伦理与资本主义精神》中就重点论述了以节俭为代表的禁欲主义式的清教徒精神与资本主义兴起之间的关系。到19世纪末20世纪初，生产占主导而消费被抑制的现状开始发生变化，工业化和机械化的发展以及泰勒制的出现使得商品极大丰富起来。工人在生产中愈益被纳入单调乏味的机械化过程，转而从消费中寻求满足，以致早先清教徒式的工作伦理受到挑战。此后，消费在资本主义社会中逐渐摆脱了生产的从属地位，成为拉动生产、保持经济持续发展的重要动力，在社会经济、政治和文化中的作用日益增强，成为社会经济发展的晴雨表、政治稳定的奠基石和文化倡导的主旋律。从19世纪迈入20世纪，消费文化发生了翻天覆地的变化，总体表现为由勤俭节约的新教伦理式的价值观转向了消费至上的新型消费主义价值观。在这一过程中，泰勒制和福特制的出现起到了重要作用。

19世纪末，以工程师弗雷德里克·泰勒（Frederick W. Taylor）命名的一套精确计算工人特定工作时间的工作量并将工人工作量与工资挂钩的制度即泰勒制诞生，也称"科学管理理论体系"。资本主义国家通过泰勒制的施行极大地提高了工人的劳动生产率。随后，福特对泰勒制进行了改进与完善，使生产迈入标准化和规模化的新阶段，并使大规模生产与大众消费结合起来，实现了社会经济由生产主导向消费主导的转换。可以说，以美国汽车生产先驱亨利·福特（Henry Ford）命名的福特制推动了大众消费时代的到来。福特制借鉴了泰勒制的管理方式，是"大型的统一公司从事的大规模、标准化生产的一种工业体系。每一个公司都是由许多不同的专业部门组成，且每一项产品的组件都是由流水线最终装配完成"[1]，如此就极大地提高了生产效率，降低了生产成本。同时，福特首创的"每天工作 8 小时，付 5 美元工资"的工作制度提高了工人的工资待遇，给工人生产之余更多的空闲时间。这样，工人在生产之余就有时间和金钱进行消费活动，从而缓解了生产与消费之间的不平衡状态。"工资的增长和更便宜、标准化商品的增多意味着规模生产将逐步导致大众消费时代的来临。"[2] 人们在休闲时间进行的大量消费也促进了第三产业的兴旺，进而营造出浓郁的消费氛围。

福特制提高工人工资待遇并非基于慈善的考虑或出于对穷人的怜悯，这一制度的实行是为了通过提高工人的消费水平而使商品销售更为顺畅，增加商品的销量，进而获取更大的利润。福特制堪称战后消费社会形成的里程碑式事件，实现了通过标准化的流水线作业大规模生产出同质的产品，使消费满足大众化的需求。可以说已经"没有什么严重的障碍能够阻挡福特模式向社会的每一个缝隙和角落扩散"[3]。二战后，福特制开始从美国扩展到其他资本主义国家，成为世界上占主导地位的生产形式。同时，美国的信贷消费迅速发展，极大促进了大众消费量的增加。总之，泰勒的科学管理体制和福特的流水线生产在提高生产效率、普及大众消费方面起到了重要作用。

大众消费的产生使得工人阶级的生活质量得到了很大程度的提升，普通工人得以消费从前只是资产阶级富裕阶层才能享受的消费耐用品和奢侈品。这和马克思所批判的工人阶级处于普遍匮乏的资本主义社会初期相比确实是很大的进步。在这种消费繁荣之下隐藏着不容忽视的问题，那就是过度消费所导致的人的异化程度的加深。究其根本，福特制是资产阶级用以顺利实现资本获利、维持资本主义制度的产物，其大肆攫取自然资源来维持生产的方

---

① ［英］罗宾·科恩、保罗·肯尼迪：《全球社会学》，文军等译，北京：社会科学文献出版社，2001 年版，第 92 页。
② ［英］罗宾·科恩、保罗·肯尼迪：《全球社会学》，文军等译，北京：社会科学文献出版社，2001 年版，第 95 页。
③ ［英］齐格蒙特·鲍曼：《流动的现代性》，欧阳景根译，上海：上海三联书店，2002 年版，第 88 页。

式凸显了严重的生态破坏后果。从法兰克福学派起始的西方马克思主义理论家从消费繁荣中看到了其背后的消费异化，进而开辟了对资本主义社会消费异化批判的新视域。

二、西方马克思主义消费异化批判的理论渊源

马克思从剩余价值产生的生产领域着手，认为生产领域的矛盾是无产阶级与资产阶级对抗的核心地带，一旦无产阶级领悟了自身剩余价值被剥削、被压榨的现实，就会奋起反抗并夺回本属于自己的利益。然而自西方马克思主义的创始人卢卡奇始，西方马克思主义者透过无产阶级革命失败的惨痛经历，意识到无产阶级本身被剥削与压迫的处境使得他们天然具有革命性是一回事，而真正激励他们去主动反抗又是另外一回事。无产阶级革命的必然性和主动性之间的脱节是革命屡遭失败的原因所在。卢卡奇认为工人阶级革命的主动性在"物化"的资本世界受到干扰，因而必须通过对资本主义社会全方位的社会批判而激发无产阶级的阶级意识，使无产阶级真正成为积极主动的革命主体。继卢卡奇开创西方马克思主义理论后，后续的西方马克思主义者就无产阶级革命的必然性与主动性问题进行了多领域、多视角的深入分析与探讨。他们普遍认为，无产阶级与资产阶级之间的矛盾不仅呈现于生产劳动领域，还广泛表现在更为分散的交换、分配、消费、文化等领域。二战结束后，消费领域的作用在资本主义社会中凸显出来。西方马克思主义者敏锐地洞察到消费领域的异化现象，认为消费异化成为资本主义社会各种异化的突出症结所在。也正是借由战后形成的丰裕的消费社会，资产阶级才可能利用消费麻痹无产阶级的阶级意识，使消费成为资产阶级用以维护统治的工具。

在《1844年经济学哲学手稿》中，马克思指出异化是由私有制和分工所导致的；在《德意志意识形态》中，马克思进一步指出异化的私有制和固定化分工根源。分工是人类社会发展的必然结果，分工能体现生产力的发展水

平，但由于强制性社会分工的出现，尤其是资本主义私有制下资产阶级对无产阶级的强制，无产阶级被迫在特定的社会条件下从事劳动活动，从而导致了其片面化的发展，产生人的异化。马克思指出，异化的直接原因是分工，根源则在于私有制。分工是生产力的视角，私有制是生产关系的视角，"分工和私有制是两个同义语，讲的是同一件事情，一个是就活动而言，另一个是就活动的产品而言"①。人的异化表现为人被对象奴役从而丧失人的主体性、被外物所支配，并且这种现象就是人造成的。不论何种形式的异化，其主体必然是人，如人的劳动异化、消费异化等。从理论渊源上看，西方马克思主义的消费异化批判理论继承了马克思的劳动异化批判理论、商品拜物教批判理论以及卢卡奇的物化理论。

（一）马克思的劳动异化与消费异化批判理论

作为哲学概念的异化首创于黑格尔、继承于费尔巴哈、完成于马克思，这一概念的内涵也在发展的过程中逐渐明晰。综合黑格尔、费尔巴哈尤其是马克思关于异化的论述，王若水先生将异化的概念概括为："主体由于自身矛盾的发展而产生自己的对立面，产生客体，而这个客体又作为一种外在的、异己的力量而凌驾于主体之上，转过来束缚主体，压制主体，这就是'异化'。"② 在这一定义中，对主体理解的不同就成为区分唯心主义、机械唯物主义和辩证唯物主义的关键。马克思在扬弃了黑格尔对异化主体的唯心主义定位与费尔巴哈对异化主体的机械唯物主义定位后，将异化主体置于实践的唯物主义视域下，指出实践的人才是异化的真正主体。对资本主义社会异化的批判，马克思是从劳动异化着手的。资本主义社会的异化是全方位的异化，劳动异化是这一过程的起点。

---

① 《德意志意识形态》，北京：人民出版社，1961 年版，第 27 页。
② 王若水：《"异化"这个译名》，《学术界（双月刊）》，2000 年第 3 期，第 49 页。

1. 马克思基于雇佣劳动对劳动异化的批判

劳动异化是人的异化之根源，也是其他一切形式的异化之根源。基于劳动异化在人的异化中的根源地位，马克思看到了劳动异化背后的人的异化，重点批判了人的劳动异化，即人的劳动本身及劳动产品都不属于自身而属于他人，并且自身的劳动产品反过来奴役与压迫自己。从根本上说，统治人的异己力量也只可能是人自身而已，这统治人的人在资本主义社会就是资产阶级。

马克思明确指出，生产劳动的正常状态应该是"我们每个人在自己的生产过程中就双重地肯定了自己和另一个人"①，既双重地肯定了自己又双重地肯定了另一个人。所谓双重地肯定了自己，是指自我在劳动过程中发挥了自身的本质力量，使自身的能动性得到创造性释放，从而实现了自我价值与存在意义。同时，自我也知晓自己的劳动产品将会满足他人的需要，因而自我在生产过程中不但能发挥自我的价值而且能体现出自我的社会价值。所谓双重地肯定了另一个人，是指另一个人在消费我的创造物的过程中得到了享受和满足。同时，通过消费我的创造物，另一个人又能再创造出属于他的能动性与本质力量。而在资本主义社会，这种"双重肯定自我和另一个人的劳动"不再是自我生命本质力量的体现，而成为为了生存而不得已为之的劳役，劳动异化现象由此出现。

马克思异化理论的核心是对劳动异化的分析。他认为劳动异化根源于资本主义私有制，具体表现为相互联系的四个方面，即工人与其劳动产品相异化、与其劳动活动相异化、与其类本质相异化、与他人相异化。首先，基于资本主义私有制，工人所创造的劳动产品不是为工人自身服务的，而是为资本家赚取利润服务的，工人所创造的劳动产品不属于他自己。"劳动所生产的对象，即劳动的产品，作为一种异己的存在物，作为不依赖于生产者

---

① 《1844年经济学哲学手稿》，北京：人民出版社，2000年版，第183—184页。

的力量，同劳动相对立。"① 工人的劳动产品完全与工人相脱节了、毫不相干了，而本质上劳动产品应当是反映劳动者本质的镜子。② 其次，"异化不仅表现在结果上，而且表现在生产行为中，表现在生产活动本身中"③。劳动本应是拥有主观能动性的人自我决定与创造的过程，是人的本质在自我选择过程中的体现。而在资本主义制度下，工人的劳动过程完全不在自己的掌控中，而受制于外在的资本的强制力量。再次，人与动物的区别在于人是有意识的存在，正是有意识的主观能动性决定了"人才是类存在物"④，人可以通过创造性的实践活动改造世界。然而，资本主义社会造成的异化现象割裂了作为"类存在物"的人的自由自觉的生产活动，使人的"类本质"受制于资本，"把人的类生活变成维持人的肉体生存的手段"⑤，人的"类本质"不掌握在自己手中，而成为资本逻辑运作下的傀儡。最后，"当人同自身相对立的时候，他也同他人相对立"⑥。人的本质体现于人自由自觉的实践活动之中，同时又离不开社会环境的载体，进而表现于人与人的关系之中。"人的异化，一般地说，人对自身的任何关系，只有通过人对他人的关系才得到实现和表现。在异化劳动的条件下，每个人都按照他自己作为工人所具有的那种尺度和关系来观察他人。"⑦ 在自我异化的情况下，工人必然戴着异化的眼镜来看待他人，看到的也无疑是异化的他人与异化的世界。

资本主义社会中的劳动不是劳动者真正本质力量得到发挥的内在的劳动，而成为仅仅为了获取工资的外在的劳动。碎片化与机械化的劳动使得劳动者根本不知道劳动产品的用途与去向，而只是在作为消费者进行消费时才能看到他们劳动的成果。因而给多少工资就干多少活成为雇佣劳动在现实生

---

① 《1844 年经济学哲学手稿》，北京：人民出版社，2000 年版，第 52 页。
② 《1844 年经济学哲学手稿》，北京：人民出版社，2000 年版，第 184 页。
③ 《1844 年经济学哲学手稿》，北京：人民出版社，2000 年版，第 54 页。
④ 《1844 年经济学哲学手稿》，北京：人民出版社，2000 年版，第 57 页。
⑤ 《1844 年经济学哲学手稿》，北京：人民出版社，2000 年版，第 58 页。
⑥ 《1844 年经济学哲学手稿》，北京：人民出版社，2000 年版，第 59 页。
⑦ 《1844 年经济学哲学手稿》，北京：人民出版社，2000 年版，第 59 页。

活中的真实写照，工人阶级的劳动价值被抽象化为冷冰冰的工资数目，劳动失去了其作为人的本质的创造性发挥过程与这一过程中人的本质力量实现的幸福感与满足感。资本主义制度下的雇佣劳动仅仅是劳动者被迫换取工资的工具，其本质就表现为劳动异化。

2. 马克思基于匮乏消费对消费异化的批判

"私有财产的运动——生产和消费——是迄今为止全部生产的运动的感性展现，就是说，是人的实现或人的现实。"[①] 马克思对资本主义私有制所导致的异化批判不但包括对劳动异化的批判，还涉及对消费异化的批判。马克思对消费异化的批判并非马克思异化理论的批判重点，而是从属于对劳动异化的批判。

二战前的资本主义社会，工人的生活消费成为手段服从于资本逻辑运作下的生产消费，"工人往往被迫把自己的个人消费变成生产过程的纯粹附带的事情"[②]。工人阶级的个人消费只是将资本家支付的仅够维持生活的工资再次转化为可供资本家重新剥削的劳动力的过程，也就是把工人本身的个人消费重新转化成为资本家盈利服务的生产消费的过程。工人阶级的个人消费是服从于资本生产与再生产的最低限度的消费。工人的个人消费成为维系自身劳动力的运转进而保障生产持续运行的手段，工人的个人消费与机器需要上油一样是服从于生产需要的。个人消费服从于资本逻辑，消费异化在所难免。

马克思所批判的消费异化是受资本积累逻辑支配的仅能维持工人劳动力再生产的匮乏消费。在资本积累逻辑的支配下，资产阶级为了资本积累往往最大限度地榨取工人阶级的剩余价值，仅支付工人得以维系生命之最低消费水平的报酬。这种匮乏消费仅能满足工人最基本的生存需要，将工人的消

---

① 《1844年经济学哲学手稿》，北京：人民出版社，2000年版，第82页。
② 《资本论》（第1卷），北京：人民出版社，2004年版，第659页。

费下降到动物的消费层面。"吃、喝、生殖等等，固然也是真正的人的机能。但是，如果加以抽象，使这些机能脱离人的其他活动领域并成为最后的和唯一的终极目的，那它们就是动物的机能。"① 这种将人贬低到仅能如动物般消费的匮乏的消费异化是显而易见的，必然导致工人阶级的普遍抗争。

同时，工人可以分为某个特定资本家的工人和全体资本家的工人。作为某个资本家的工人，其消费必然受到限制，因为其所属的资本家要追求剩余价值的最大化就必然将工人的消费维持在恰好能够使其劳动力再生产的最低水平。然而，作为全体资本家的工人，资本家又必然要求工人能扩大消费，从而促进整个资本循环的顺畅运行。如此，作为某个特定资本家的工人和作为全体资本家的工人在限制消费与扩大消费上表现出矛盾与对立。特定资本家对工人的剥削导致工人的消费力不足，从而与整个资本的逻辑运作产生矛盾，导致消费限制生产的结果。

（二）马克思的商品拜物教批判理论

在对劳动异化批判的基础上，马克思进一步批判了商品拜物教。"作为资本主义社会的典型症候，商品拜物教具有二重结构：作为一种社会存在，它指的是社会关系的物化；作为一种社会意识，它指的是认识的错位。"② 商品的本质是人的劳动产品，但是一旦这一产品在资本主义社会作为商品而存在，它就成为脱离了其背后人的劳动的看似独立的存在物了。如此便导致人与人之间的关系被物与物之间的关系所取代，这种人越来越依赖于商品的现象就是商品拜物教。商品拜物教的实质是掩盖了真实的社会关系后对虚幻的商品所代表的社会意义的崇拜。商品拜物教对人与物关系颠倒的观点就如同认为"一个人长得漂亮是环境造成的，会写字念书是天生的本领"③ 一样荒

---

① 《1844 年经济学哲学手稿》，北京：人民出版社，2000 年版，第 55 页。
② 项荣建等：《马克思对商品拜物教的批判及其当代启示——对〈商品的拜物教性质及其秘密〉的文本学再解读》，《学习与探索》，2016 年第 8 期，第 37 页。
③ 《资本论》（第 1 卷），北京：人民出版社，2004 年版，第 102 页。

谬可笑。之所以造成物的关系对人的关系的掩盖，原因在于资本主义社会中人们看到的只是各式各样的商品而无法看到商品背后的生产者与劳动，生产过程和劳动过程被掩盖。人与人之间不再需要直接的面对面的关系了，人与人之间的一切关系都通过商品来传达，商品由此被推上了神坛，资本主义社会商品经济统治的强大力量塑造了物的至高无上地位，拜物教也由此形成。"拜物教只是异化现象的一种类型，一种'人与人的社会关系'异化为'物与物的关系'的现象。"[1]

"劳动产品一旦作为商品来生产，就带上拜物教性质，因此拜物教是同商品生产分不开的。"[2] 拜物教的出现与商品密不可分，但却不是一有了商品就有了拜物教。奴隶社会和封建社会已有商品出现，但这时并没有产生拜物教现象，因为这时的剥削阶级与被剥削阶级之间的关系不是建立在商品交换关系的基础上的，这时的商品生产和交换没有形成一种独立的生产方式和生产关系体系，社会并不依赖商品进行运转，统治阶级和被统治阶级之间还是以人的依赖关系为表征。在资本主义社会，物化的人遵循商品世界的规律，按照商品运行的规则行事。人作为劳动力从其整体的人的存在中分离出来被当作商品进行交换，人沦为可以被买卖的商品。这时的人虽然摆脱了前资本主义社会人的依赖性的社会生存条件，但又落入以物的依赖性为基础的人的独立性，人成为独立的可供买卖的劳动力商品。商品而非真实的人是资本主义社会运行的基本主体，资本主义社会是商品经济的社会。相比资本主义社会之前的剥削社会，劳动力沦为商品的雇佣工人与资本家之间看似在进行"等价交换"，雇佣工人的剩余劳动被巧妙地包裹进有偿的工资劳动中而被遮蔽，使得表面看来工人的一切劳动都获得了应有的报酬。这时的社会生产方式和生产关系都以商品作为中介，人与人之间直接的关系被物与物之间的关

---

① 刘召峰：《拜物教批判理论与整体马克思》，杭州：浙江大学出版社，2013 年版，第 19 页。
② 《资本论》（第 1 卷），北京：人民出版社，2004 年版，第 90 页。

系所取代，"拜物教"由此形成并起到了掩盖剥削的作用。

"商品拜物教，不只是对商品的简单跪拜，而是对商品社会的跪拜。在资本主义社会，这种拜物教构成了一种普遍化的意识形态，它从日常生活的无意识层面一直上升到思想观念中的形而上层面。"[1] 商品拜物教实质上是用物的关系遮蔽了人的关系，是人与人之间的真实的社会关系通过物与物之间的虚幻的关系形式呈现出来，是物对人的驾驭与支配。商品拜物教就是资本主义社会对商品的推崇达到绝对化与神秘化的程度，使商品成为社会的统治力量。商品拜物教根源于"生产商品的劳动所特有的社会性质"[2]。随着货币的产生，商品拜物教延伸为货币拜物教，进而发展为资本拜物教，将资本增值看作物本身的一种能力。不论是商品拜物教、货币拜物教还是资本拜物教，它们都将人与物之间的关系颠倒，将商品、货币、资本凌驾于人之上，成为人的主宰与崇拜的对象。商品拜物教、货币拜物教与资本拜物教都是资本主义私有制条件下的产物，都是异化的具体表现。

（三）卢卡奇的物化理论

卢卡奇继承并发展了马克思的拜物教理论，他在《历史与阶级意识》的"新版序言"中指出，"人的异化是我们时代的关键问题，并且无论资产阶级还是无产阶级的思想家，无论政治上和社会上的右派还是左派思想家都看到和承认这一点"[3]。卢卡奇的物化理论与马克思的商品拜物教理论一脉相承，具有内在关联，同时也拓展了异化批判的领域，即由对政治经济学领域的批判拓展到对文化—社会领域的批判。卢卡奇认为，正是商品拜物教导致了物化现象。物化在资本主义社会是普遍的现象，是所有人难以逃脱的宿命。

卢卡奇将韦伯的合理化批判思想和马克思的商品拜物教批判思想有机糅合起来，创造性地提出了物化批判理论。商品形式的普遍性是资本主义社会

---

[1] 仰海峰：《商品拜物教：从日常生活到形而上学》，《马克思主义与现实》，2014年第2期，第16页。
[2] 《资本论》（第1卷），北京：人民出版社，2004年版，第90页。
[3] ［匈］卢卡奇：《历史与阶级意识》，杜章智等译，北京：商务印书馆，1999年版，第17页。

区别于前资本主义社会的根本点。在资本主义社会，人与人之间的社会关系本身具有了物的性质而被认为是合理的。人在生产商品的过程中所进行的劳动是被分工发展所肢解的局部劳动、抽象劳动，人的劳动对象的局部化也就意味着人的劳动变得越来越专业化、机械化，也就是人在劳动过程中只知部分而不知整体，只见树木而不见森林。人在劳动的过程中不再需要创造性，而只需要按照可被计算的具有形式统一性的劳动流程来进行劳动。人的生产劳动成为自动的合规律的过程，人的因素在这一个生产系统当中不能再起任何作用，即人服从于机器。如此，人成为自动的合规律的生产系统当中的一个个孤立化的原子，人与人之间的关系被染上了物的规定性，如同物与物之间的关系，被看作自律的和合理的。这种人际关系的机械合规律化，就是物化现象的基本规定性。

人与人之间的社会关系被资本主义自动合理化的生产过程所主宰，人与人之间自主而丰富的社会关系由此变得被动与单一，人与人之间的社会关系服从于资本主义社会的自动合理化生产。在机械的可计算的生产劳动条件下，人与人之间的物化关系必然成为资本主义社会当中人的普遍命运。因为人与人之间的关系是以劳动为根本中介的关系，一旦劳动关系被物化，那么人与人之间必然形成物化的社会关系。同时，物化的社会现实还培育出人们的物化意识，即用物化的意识来进行思考和行动，反过来人的物化意识又加剧了人的物化现实。最后，卢卡奇得出结论，看似以合理化原则为标准的资本主义社会，在实质上却完全是非理性的社会。资本主义社会只是一个局部被合理化的系统。合理化的资本主义系统实际上是机械的合理化，而非人的合理化，即这一合理化系统是为了商品生产的合理化而不是为了人的生活的合理化。

"劳动过程越来越被分解为一些抽象合理的局部操作，以至于工人同作为整体的产品的联系被切断，他的工作也被简化为一种机械性重复的专门职能"①，劳动在资本主义社会已经不是一个完整的过程了：如马克思所分析的，劳动是为资本增值服务的异化的劳动；又如卢卡奇所批判的，劳动过程变得碎片化和单一化，即工人不再掌控全部的劳动过程，而囿于劳动过程的一个环节，因而被劳动过程所掌控。生产劳动的环节被分割也意味着劳动主体的被分割，作为主体的工人只能被安置到一个个具体单一的劳动环节中，如此，工人就在工作中逐渐失去自我的主观能动性和意志，而对工作采取一种直观的态度。工人与工人之间也没有了质的差别，而只有工作时间上的量的差别，每个工人在同等工作时间中是等值的。如此，对待工作时间可以完全像对待空间一样进行量的划分与测算，时间的空间化是工人劳动的客观现实。在资本主义合规律的社会，时间的空间化意味着时间仅仅被当作度量工人劳动效率的工具，事实上时间代表的是生命，时间有其固有的生命价值，时间的开展在不同的个体身上应该发挥不同的生命创造力，而不应该仅仅被当做用来度量生产的单位。

基于片面、机械的劳动，人的意识也逐渐片面化、机械化，只能意识到自己所在的片面、机械的社会现实，"无所作为地看着他自己的现存在成为孤立的分子，被加到异己的系统中去"②，丧失了从全面发展的角度认识世界的意识。人不再是自己劳动的真正主人，而成为这一合规律系统中的机械组成部分，只有能被纳入这一合规律系统中的部分才能得到承认、得到计算，而不能被纳入这一系统中的部分则被无视。这意味着人作为人的丰富性在这一合规律的系统中被"漂洗"为单一的可计算部分，人与人之间的不同被完全掩盖，一个人与另一个人在这一合规律系统中失去了质的区别，成为同质的物的存在。人只需要围绕着合规律系统的安排进行劳动运转，就像一颗螺丝钉一样，不同的螺丝钉可以相互替代，不同的人同样可以相互替代，不同人之间的替代就像不同螺丝钉之间的替代一样，对这一合规律系统不产生任

---

① ［匈］卢卡奇：《历史与阶级意识》，杜章智等译，北京：商务印书馆，1999 年版，第 152 页。
② ［匈］卢卡奇：《历史与阶级意识》，杜章智等译，北京：商务印书馆，1999 年版，第 155 页。

何区别。人在劳动过程中根本不以自己的意识为转移，其劳动成为客观的物的东西。

但是，在卢卡奇的代表作《历史与阶级意识》中，物化与异化在同一意义上使用而并没有做出区别，且他批判的重点在于人的主体地位和自由意志在物化条件下的丧失。这些都说明卢卡奇对马克思理论的理解由政治经济学的视角转向了人本主义的视角而与马克思主义相去甚远。马克思的劳动异化之落脚点在于揭示资本主义社会人与人之间的剥削关系，而卢卡奇的物化理论之落脚点在于揭示人与人之间的物化，尤其是人的意识的物化而导致的无产阶级革命意识之不足，过分强调了人的意识能动性。同时，马克思对异化的扬弃路径寄希望于在生产力高度发达的基础上通过阶级斗争来消灭资本主义私有制，卢卡奇侧重通过无产阶级意识形态的觉醒进而通过革命实践来克服资本主义的物化。

既然资本主义社会中的人们产生了物化意识，他们对于资本主义制度只是采取直观的态度，这就大大削弱了工人阶级的革命意识。"在资本主义发展过程中，物化结构越来越深入地、注定地、决定性地沉浸入人的意识里"[①]，对无产阶级来说，其"物化意识"磨灭了革命意识，以致造成无产阶级革命的失败，因而卢卡奇强调对无产阶级自我意识的复归，扬弃无产阶级的"物化意识"。卢卡奇的物化理论尤其是其对"物化意识"的分析启发了法兰克福学派及其后续的西方马克思主义学派对消费异化的批判，催生了其消费主义意识形态批判理论。自法兰克福学派后的一些西方马克思主义学者认为，无产阶级丧失革命意识的原因不但在于无产阶级"物化意识"的产生，还在于与此相应的资产阶级所培养出的无产阶级的"消费意识"的蔓延。

---

① ［匈］卢卡奇：《历史与阶级意识》，杜章智等译，北京：商务印书馆，1999 年版，第 159 页。

三、西方马克思主义消费异化批判的演变过程

卢卡奇在 1967 年的《历史与阶级意识》的"新版序言"中明确指出，"人的异化问题是我们时代的关键问题"[①]。沿着西方马克思主义学派的创始人卢卡奇对人的异化问题的关注，后续的西方马克思主义思想学派从不同的侧面分别探究了资本主义社会中人的种种异化状态。其中，消费异化作为二战后人的异化的突出表现形式引起了法兰克福学派及其后续的西方马克思主义学派思想家的探讨与批判。

消费本是人类正常的需求，人要生存下去就必须进行消费。"人们为了能够'创造历史'，必须能够生活。但是为了生活，首先就需求吃喝住穿以及其他一切东西。"[②] 为了能够消费，人必须进行劳动生产，同时也正是通过消费，生产才变得有意义。"生产直接是消费，消费直接是生产"[③]，二者都是为了人本身而服务的。然而，在资本主义工业社会，消费不是为了人服务，反而是人为了消费服务，人通过消费为资本增值服务，仿佛只有通过消费才能显示一个人的存在价值。资本主义的生产归根结底是为了通过消费赚取更多的利润，因为通过剥削广大工人阶级在生产过程中产生的剩余价值也只有通过顺利出售商品而消费才能最终得到实现。资本主义的生产不会关心人们是否真正需要它所生产出来的商品，就是关心也是在为了能够出售这一层面的关心，一切生产的创新只为了一个目的，那就是大量销售、顺利实现剩余价值。能够把人们所不需要的东西销售给人们，这才是最高明而富有成效的销售，如此就不难理解资产阶级为何在商品宣传、广告、创意等方面大费周章而不遗余力。

马克思认为，真正的劳动是人自由而幸福的劳动，人在劳动生产过程中充分发挥人的类本质，进而在消费中收获作为人的物质层面与精神层面的双

---

① ［匈］卢卡奇:《历史与阶级意识》，杜章智等译，北京: 商务印书馆，1999 年版，第 17 页。
② 《马克思恩格斯选集》(第 1 卷)，北京: 人民出版社，2012 年版，第 158 页。
③ 《马克思恩格斯选集》(第 2 卷)，北京: 人民出版社，2012 年版，第 691 页。

重满足。然而在资本主义社会，基于资本逻辑的统治，人的劳动是被迫而痛苦的。在资本控制人的劳动生产中，人的劳动异化了，进而导致了人的消费也从属于资本的逻辑发生异化。但基于马克思所处的时代条件，消费异化还主要表现为匮乏的消费异化，即工人受制于生产主导的资本积累方式，而仅能维持动物生存层面的消费；随着时代的变化，消费异化在二战后表现为主要依靠大众的个人消费来拉动资本积累，这时消费异化表现为过度的消费异化，即诱导大众的大量消费。这一转变的原因在于资本逻辑不断增值的要求在匮乏的消费限制下受到了阻碍。具体而言，随着资本生产的扩大，一方面，剩余价值不断累积；另一方面，剩余价值的实现由于消费的显著不足而受到限制。匮乏的消费使得社会消费力显著不足，不能吸纳资本逻辑增值所创造出的越来越多的剩余价值，造成剩余价值的生产与实现剩余价值的消费之间的矛盾，如此，生产相对过剩的经济危机在所难免。为了使资本增值的逻辑顺畅运转，二战后资本主义国家开始提高工人待遇，鼓励大量消费，以期实现不断增长的剩余价值，保障资本不断增值的逻辑运转。由此，消费异化的表现形式从马克思所批判的匮乏的消费异化转向过度的消费异化。

西方马克思主义者注意到资本主义社会的这一新变化，即异化的突出表现形式不再是马克思所着重批判的劳动异化而是过度的消费异化。由此，西方马克思主义者开辟了对资本主义社会进行消费异化批判的新视域，即资产阶级用以麻痹广大工人阶级而维护其统治的基于过度消费的消费异化批判。西方马克思主义的法兰克福学派在二战后开启对过度消费的消费异化批判后，生态学马克思主义学派和后现代马克思主义学派都分别从不同视角深化了对消费异化的批判。尽管西方马克思主义的各个学派及其代表人物对消费异化的本质、根源及对策的分析不尽相同，但他们对消费异化表现为大量的过度消费这一现象的认识是一致的。这种基于过度消费的消费异化往往比基于匮乏消费的消费异化更为隐蔽而不易被识别，因而会麻痹工人阶级对异化的体察，消磨其阶级抗争意识。正因如此，西方马克思主义一代代的学者对基于过度消费的消费异化的持续批判才显得尤为可贵。

此外，马克思和恩格斯也意识到在广大工人阶级普遍被剥削的情况下，但凡工人的工作待遇能满足基本的生活消费，工人的革命意识就会被削弱。马克思在《商业繁荣的政治后果》中明确指出，"人民群众有足够的工作，并且生活也比较有保障，当然贫民（他们的存在与不列颠的繁荣是不可分的）除外；因此在目前人民是不大听信政治鼓动的"①。恩格斯在《去年十二月法国无产者相对消极的真正原因》中也指出这一现象，即"如果能够充分保证工人们有工可做并能得到较高的劳动报酬，那就不会发生骚动，更不要说革命了"②。可见，马克思和恩格斯已经意识到保证工人阶级充足的消费会对工人阶级推翻资本主义的革命性造成消极后果。因为在消费领域，资产阶级和工人阶级的关系表现为销售者和购买者的关系，资本雇佣与雇佣劳动之间的关系被遮蔽了，资产阶级与无产阶级之间的剥削与被剥削关系被隐入幕后，呈现在人们面前的恰是"公平"的买卖关系。但是，资本主义社会这一虚假的公平买卖关系是不可能持久的，它总会因经济危机的周期性爆发而被打断，由此资本主义消费社会的表面丰裕与繁荣终将被打破，资产阶级利用诱导大众过度消费来维系资本主义制度的做法终究不可持续，由过度消费所造成的人与自我、人与社会、人与自然之间的不良后果最终还是要通过马克思所指明的对资本主义社会的变革来加以解决。

---

① 《马克思恩格斯全集》（第 8 卷），北京：人民出版社，1961 年版，第 425 页。
② 《马克思恩格斯全集》（第 8 卷），北京：人民出版社，1961 年版，第 247 页。

第二章

心理视角：法兰克福学派
立足人与自我的关系批判消费异化

消 费 异 化 批 判 ： 西 方 视 角 与 中 国 理 念

一、法兰克福学派及其消费异化批判概况

法兰克福学派（Frankfurt School）在西方马克思主义中的地位可谓举足轻重，不论是从持续时间还是从影响力来看，其都是西方马克思主义中不容忽视的重要流派。法兰克福学派得名于其在德国莱茵河畔的法兰克福市这一活动中心，主要代表人物有霍克海默（Max Horkheimer）、阿多诺（Theodor W. Adorno）、马尔库塞、弗洛姆、哈贝马斯（Jürgen Habermas）等。20世纪30—40年代开创的法兰克福学派以社会批判理论著称，坚持人本主义的立场，继承了马克思主义的批判精神，着眼于社会现实问题，对当代资本主义社会进行了全方位的批判，主张跳出资本主义的社会限制来重新审视其社会基本矛盾。以马克思对资本主义社会劳动异化的批判为根基，法兰克福学派根据时代的最新发展拓展了马克思的异化批判理论。法兰克福学派批判当代资本主义社会的种种异化现象，如科技异化、大众文化异化、消费异化和个人心理异化等。

在对消费异化的批判上，法兰克福学派开启了对二战后资本主义社会以过度消费为表征的消费异化现象的批判。聚焦于消费异化在资产阶级的掌控下而对人本身的心理所造成的伤害，是法兰克福学派消费异化批判的显著特征。这一学派虽然没有对消费异化进行明确的界定，但从其描述中我们可以将其对消费异化的理解概括为：大众在资产阶级所灌输的"虚假需求"的心理驱使下而致力于获得商品，进而导致人与自我的关系被商品物质消费所奴

役的现象。大众的过度消费不但有利于资产阶级顺利出售商品以实现对广大工人阶级剩余价值的剥削，还有利于资产阶级麻痹与掌控大众，从而稳固其统治、输出其文化价值观。玛丽·道格拉斯（Mary Douglas）也有相似的论述，即"对消费者自身来说，消费不太像是自我的满足，反而像是令人愉快地履行社会责任"①，履行社会责任倒是确实的，而消费结果却不见得会让人真正感到愉快。

二战后，资本主义国家的整体消费水平相比二战前得到了较大的提升，社会经济发展繁荣，据此，一些西方学者认为二战后的资本主义社会已经迈入消除阶级对立的"福利国家"时代。法兰克福学派的学者却不这样认为，他们通过研究揭示出战后资本主义社会在消费的繁荣表象背后的消费异化现象。在消费的一片繁荣表象的背后，是资产阶级的有意引诱与大众基于引诱的被动消费。人们看似自主的消费行为其实是资产阶级操作下的被动行为，消费并非出自人们的真实需要，人们实际上过着物质充裕而精神痛苦的生活，人们的存在只是为了使大量生产出的商品得到消费。消费异化使人沉迷于物质商品的占有而忽视了自我的精神文化生活，造成人精神上的空虚与痛苦。在这一过程中人完全丧失了自我的精神追求、自身的主观能动性与创造性，而沦为商品消费的机器与奴隶，成为彻头彻尾的"单向度"的"消费人"。人们的消费行为与人们的真实需要同对商品的实际使用之间脱节了，是为了满足资本主义社会的需要而非自身的需要。消费不再是满足人的需要的手段，它使人成为手段而服务于消费，消费与人之间的关系由服务于人的手段反转为其目的本身。聚焦于对消费异化的批判，法兰克福学派的杰出代表人物主要有马尔库塞和弗洛姆。

尽管法兰克福学派的其他人物也有涉及对消费异化的批判，但他们的批判不是以消费异化为主体。例如，霍克海默和阿多诺主要从"文化工业"的

---

① ［英］迈克·费瑟斯通：《消费文化与后现代主义》，刘精明译，南京：译林出版社，2000 年版，第 172 页。

角度分析消费主义价值观何以流行。他们批判了商品逻辑对文化领域的摧残，以致文化被当作商品而批量生产，造成"文化工业"这一不良后果。"文化工业"以现代科学技术为基础，将文化视为通过标准化、大规模生产与复制的产品工业体系。这种文化工业体系所制造出的文化产品不过是资产阶级传播意识形态与消费主义价值观的工具，已经背离了文化的原初内涵，文化艺术的内在创造性被批量化的大众文化消费所掩盖。"文化工业"所生产的文化产品是单纯为了盈利的商品，它使"个人生活转变为闲暇，闲暇转变为连最细微的细节也受到了管理的常规程序，转变为棒球和电影、畅销书和收音机所带来的快感，这一切导致了内心生活的消失"①。对此，马尔库塞也批判了消费异化给文化造成的不良后果。他将文化分为高级文化和大众文化两大类，认为高级文化是理性的具有批判社会现实能力的文化，而大众文化是纳入资本逻辑的、丧失了其批判能力的单向度的文化。霍克海默和阿多诺对"文化工业"的批判与马尔库塞对大众文化的批判可谓殊途同归。总之，就对消费异化的批判来审视，马尔库塞和弗洛姆在法兰克福学派中是最具代表性的人物，他们对消费异化的批判可以反映出法兰克福学派对消费异化批判的整体理论高度。如果说马克思的劳动异化重点批判了资本主义制度给工人阶级造成的物质贫困后果，那么法兰克福学派对消费异化的批判则侧重资本主义制度给工人阶级造成的精神贫困后果。法兰克福学派对人与自我关系的批判，尤其是对人的心理在过度消费过程中的异化与人的自我沦丧的批判拓展了马克思主义异化批判的新视角，具有重要的理论与现实意义。

二、赫伯特·马尔库塞对于"虚假需求"心理的消费异化批判

马尔库塞（Herbert Marcuse，1898—1979）是美籍犹太裔哲学家、思想家，法兰克福学派的主要代表人物之一，被西方社会誉为"新左派哲学家"。

---

① ［德］霍克海默：《霍克海默集》，曹卫东编选，渠东等译，上海：上海远东出版社，2004年版，第216页。

他将战后的资本主义社会，尤其是以美国为代表的社会界定为"富裕社会"，并认为其典型标志是：基于工业技术的发展，社会生产力得以大部分被用于日常用品的生产和消费，也就是用于非生产性的商品和服务行业上，由此带来无产阶级生活水平的相应提高。同时，这一变化的背后是政府（即资产阶级）对人们经济生活组织干预的愈益加强，是政府为了商业和政治的目的，利用科学和伪科学的研究而在工作与休闲时间上加强对个人和集团的控制与操纵。[①] 这表明"富裕社会"是一个人们在消费领域被资产阶级所控制与操纵的异化社会。这一异化现象在消费领域的表现从马克思所批判的匮乏消费转向了"富裕社会"的过度消费。马尔库塞认为这一新变化的实质是在资产阶级所灌输的"虚假需求"的心理作用下肇始的，是异化现象在战后资本主义社会的显著表现形式。"因为在'发达的工业社会'中，由于实行国家干预经济和高生产、高消费政策，统治者对工人阶级的压制和统治，不再是经济的，而已转为意识形态的或心理的了。"[②] 马尔库塞所理解的消费异化就是广大无产阶级在资产阶级的诱导下，基于"虚假需求"心理而致力于获取商品的现象。

（一）"虚假需求"：消费异化的心理起点

马尔库塞是从"虚假需求"着手对资本主义社会中的消费异化现象展开批判的。他指出人的需求除了最基本的维持生命的生物性需求之外，其他的一切需求都是社会历史性的，在不同的社会历史阶段，人类的需求是不尽相同的。"在超出动物的水准上，一个自由而合理的社会中的生活必需品，也不同于一个不合理不自由的社会中的生活必需品，不同于为了该社会而生产的生活必需品。"[③] 正如原始社会由于低下的生产力制约，人们的需求仅限于

[①] ［美］赫伯特·马尔库塞：《工业社会和新左派》，任立编译，北京：商务印书馆，1982年版，第1页。

[②] 夏基松：《现代西方哲学》，上海：上海人民出版社，2009年版，第379页。

[③] ［美］赫伯特·马尔库塞：《单向度的人：发达工业社会意识形态研究》，刘继译，上海：上海译文出版社，2014年版，第202页。

最基本的生存需求的满足，而之后的奴隶社会、封建社会和资本主义社会在生产力不断提高的基础上，产生了阶级并使得统治阶级萌生出享受的需求，以至于发展到二战后资本主义社会所表现出的全社会之享受性需求的显现。这足见人类的需求不是抽象的，而是和人类社会的物质生产发展水平息息相关的。"人类的需求，除生物性的需求外，其强度、满足程度乃至特征，总是受先决条件制约的。对某种事情是做还是不做，是赞赏还是破坏，是拥有还是拒斥，其可能性是否会成为一种需求，都取决于这样做对现行的社会制度和利益是否可取和必要。在这个意义上，人类的需求是历史性的需求。"[1]

实际上，人的需求作为人的心理活动离不开社会历史条件的限制，甚至人的生物性需求也离不开社会历史条件的限制，这正是人区别于动物之所在。"只有那些无条件地要求满足的需求，才是生命攸关的需求——在可达到的物质水平上的衣、食、住。对这些需求的满足，是实现包括粗俗需求和高尚需求在内的一切需求的先决条件。"[2]人存在的前提必然是生物性需求的满足，然而生物性需求满足的手段与条件却是社会历史性的，例如人是通过茹毛饮血而得以饱腹还是通过面包牛奶而得以饱腹，是由社会历史发展决定的。如果说动物的需求是纯粹自然的生物性需求，那么人的需求就是基于劳动的社会历史性的生物性需求，也就是说人的需求是生物性需求和社会性需求的综合体，不存在单独的生物性需求，反之亦然。正如个体和社会的划分只是为了研究的方便，不存在离开社会的个体和离开个体的社会；同理，不存在人的离开社会性需求的生物性需求和离开生物性需求的社会性需求，只不过在不同的社会历史发展阶段，人的生物性需求和社会性需求的表现不尽相同罢了。

① ［美］赫伯特·马尔库塞：《单向度的人：发达工业社会意识形态研究》，刘继译，上海：上海译文出版社，2014年版，第6页。
② ［美］赫伯特·马尔库塞：《单向度的人：发达工业社会意识形态研究》，刘继译，上海：上海译文出版社，2014年版，第6页。

在资本主义社会，人的需求在很大程度上表现为"虚假需求"。所谓"虚假需求"，就是并非人们真实的需求而是被外界所灌输的需求，即"为了特定的社会利益而从外部强加在个人身上的那些需求，使艰辛、侵略、痛苦和非正义永恒化的需求，是'虚假的'需求"①。换言之，"虚假需求"是资产阶级基于科技进步而制造、灌输给大众的一种物欲化需求，目的在于引诱大众为追求物质财富而不断消费。"虚假需求"的本质是社会性需求对人的生物性需求的绑架，是社会灌输、支配给个人的需求，即社会需求的强势个体化。资本主义社会成功将"虚假需求"灌输给个体，使个体认同这样的需求。"虚假需求"实质上是资产阶级推行的社会产物，并非个体根据社会历史发展所内在生发的需求，而是被灌输的需求，是为了资产阶级的利益而对人内心贪欲的激发。

如此，到底什么才是人的真实需求呢？马尔库塞并没有给出明确的定义，他认为这只能由各人自己来回答，但前提是这个人自己必须是在没有受到社会等一切外力的灌输和干扰的前提下做出的回答。显然这一前提在共产主义之前的社会形态下都是不可能满足的，因为人的本质是一切社会关系的总和，其不可能不受到社会环境的影响，而阶级社会中的人们总会受到统治阶级的统治与观念灌输，只有共产主义社会真正实现人的解放和自由全面的发展后才能让每个人在不受外力灌输和干扰的前提下回答自己的真实需求。这就意味着，在共产主义社会到来之前，人的真实需求是难以被界定的。如果非要在马尔库塞所处的资本主义语境下对"真实需求"进行界定，那么"真实需求"应当是在社会发展的相应水平下，个体为了自身利益而从个人自身所生发出的需求，包括物质性需求和精神性需求两部分。与资本主义制度下的"虚假需求"相对，现阶段有望推崇的"真实需求"是不被物化的需

---

① ［美］赫伯特·马尔库塞：《单向度的人：发达工业社会意识形态研究》，刘继译，上海：上海译文出版社，2014 年版，第6页。

求、不被资产阶级从外部所灌输与控制的需求，是真正体现人的自主能动本质的需求，是适度的物质需求和更为崇高的精神需求。

资本主义社会中的大众所面对的真实情况是，被资产阶级所灌输的"虚假需求"蒙在鼓里，错以为是自己的"真实需求"，被其所欺骗而浑然不觉。"虚假需求"遮蔽了人们的"真实需求"，在"虚假需求"的驱动下，人们就如同被引到了一条没有出路的死循环中，不断为满足自身的"虚假需求"而消费。在这一过程中非但得不到真实的满足，反而只能一次次在"虚假需求"所导致的消费异化之泥潭中沉沦。在"虚假需求"的引导下，人们得到的也必然只是一种"虚假满足"。自以为得到丰富的物质享受就能得到全部满足，可事实上再多的物质享受也难以弥补人们精神的空虚。基于"虚假需求"的大量消费带给人们的只能是消费过后的虚假满足，只有"真实需求"的填补才会产生人们真实的满足，从而跳出基于"虚假需求"的消费异化状态。总之，由资产阶级所灌输的"虚假需求"导致了人们为获得"虚假满足"的大量消费行为，这一基于"虚假需求"的消费就是消费异化的心理依据。值得注意的是，马尔库塞对战后资本主义社会出现的消费异化现象进行的"虚假需求"这一心理分析在极具批判力的同时也存在着理论缺陷。从外部强加给个人的需求都是会给人造成侵略、压迫的"虚假需求"吗？果真如此，人们为何还会沉迷于"虚假需求"呢？这说明从另一个侧面看，"虚假需求"还给人们带来物质上的享受和生活水平上的提高，不然人们不可能自觉接受"虚假需求"的支配。

"如果工人和他的老板享受同样的电视节目并漫游同样的游乐胜地，如果打字员打扮得同她雇主的女儿一样漂亮，如果黑人也拥有凯迪拉克牌高级轿车，如果他们阅读同样的报纸，这种相似并不表明阶级的消失，而是表明现存制度下的各种人在多大程度上分享着用以维持这种制度的需求和满足。"①在基于"虚假需求"的消费活动中，最大的得益者是资产阶级，因为消费平等的表象并不能抵消资产阶级和无产阶级在谁掌握资本这一根本性问题上的差别。上述事例中的老板在私有制的资本增值中享受着盈利的满足，工人却沉浸在虚假的满足中不自知。资本主义工业文明基于"虚假需求"而推崇的大量消费看似具有提高大众生活水平的合理性一面，但还具有通过消费剥削与控制大众的隐蔽性一面，正是这种隐蔽性使人们忽视了其中的虚假与异化的存在。"它的生产率和效能，它增长和扩大舒适生活品，把浪费变为需求、把破坏变为建设的能力，这一文明使客观世界转变为人的精神和肉体的程度，都使得异化概念本身就成了问题。"②人们陶醉于他们所获得的商品中，在不知不觉中接受并认同了资本主义工业文明的控制。异化概念被淡化了，人们在获得商品的同时也就认同了带给他们丰富商品的社会制度。如此，社会生活被模式化了，并看似达到了良性运转的理想状态，"在其强制性的生产率和给人以好处的协调状态中自我推进"③。

（二）消费异化的表现及其阶级后果

1.消费异化的表现

其一，消费重物质占有、轻精神提升，使人丧失批判力，甚至以物质消费为人的精神寄托。在"虚假需求"这一心智模式的控制下，人们消费行为背后的心理预设认为只有物质才能证明人自我，从而给人以精神寄托，因而除了更多地占有和购买物质商品之外，人们的精神无处安放。人们只能从他们占有的各式各样的商品中寻求精神安慰。但马克思早已指出人的本质在其现实性上是一切社会关系的总和，人要生活得幸福与快乐，关键在于处理好

---

① [美]赫伯特·马尔库塞：《单向度的人：发达工业社会意识形态研究》，刘继译，上海：上海译文出版社，2014年版，第9页。

② [美]赫伯特·马尔库塞：《单向度的人：发达工业社会意识形态研究》，刘继译，上海：上海译文出版社，2014年版，第9页。

③ [美]赫伯特·马尔库塞：《单向度的人：发达工业社会意识形态研究》，刘继译，上海：上海译文出版社，2014年版，第16页。

人与自我、人与人以及人与自然之间的关系。在消费异化表现显著的资本主义社会，人的主要精力却被用于异化的生产与异化的消费中，妄图经由消费而寻求精神的慰藉。这一做法也许会给人带来一时的快乐，却不能给人带来长久的幸福与内心的平和。消费异化的作用就如同鸦片的作用一般，使人在消费的漩涡中放纵而后带来无尽的空虚，最终只好让自己不断通过消费而沉迷，无止无休。"人民能够拥护继续制造核武器、放射性尘埃和不安全食品，却无法（正因为此！）忍受失去娱乐和教育，这种娱乐和教育使他们可以不断为他们的国防或毁灭做好准备。"[①] 人的心态要恢复健康与平和，就必须彻底切断从消费异化中获得快感的消费方式，回归真实的社会生活，回归对自我的关注与真实社会关系的营造，在追求自我价值的社会服务中实现自己，如此才能摆脱消费异化的物欲对人本身的绑架，跳出消费异化的陷阱，真正获得属于自己的幸福与快乐。

其二，消费表面看似自由而愉悦，实际却造成人的心理负担。人们为了紧跟社会的外在消费标准而不至于落伍，被胁迫购买社会所宣扬的诸种商品，必然给人们造成心理上的压力与负担。消费得少了会被指责跟不上时代、思维保守老旧、不懂得生活，消费得多了又会导致入不敷出乃至负债累累。如此，资本主义消费社会中的人们经常处于被消费所挟制的进退两难之境，给自己增添了本不该拥有的烦恼，给本已在劳动中被剥削与压迫的心灵又增添了一层负担。这样的后果是人们非但没有在工作之余的些微空闲时间得以喘息和休息，反而被铺天盖地的广告、影视剧等宣传工具裹挟到另一个备受支配的消费领域。马尔库塞认为，战后资本主义所打造的"富裕社会"给人造成的心理负担不是个人的问题，而是社会的问题。"个人所承受的紧张和负担的根子不是个人的紊乱和病症，而是基于社会（和个人）的正常

---

① ［美］赫伯特·马尔库塞：《单向度的人：发达工业社会意识形态研究》，刘继译，上海：上海译文出版社，2014年版，第206页。

功能。"① 过度的消费异化所导致的消费社会是喧嚣的社会，宁静而平和的社会环境不复存在了。"拥挤不堪，嘈嘈杂杂和无可奈何地凑合在一起，是人海社会的特征。这种情况促使人们渴求'安静、隐居、独立、主动和行动自由'，而这一需求和'矫揉造作式奢侈需求'是风马牛不相及的，它是'真正的生物学上的必需'（R.杜波语）。缺乏这些东西会使本能结构受到损害。"②

其三，消费从内生性需求转变为外推性需求。消费本是人为了生存与发展的正常行为，是人在内在需求推动下的活动，而消费异化将人内在的消费需求转变为外在力量推动下的消费需求，由此导致了"虚假需求"的产生。"虚假需求"既然是"虚假"的，就意味着这一需求不是人本身内生性的需求，而是由外在力量推动产生的需求。然而，需求在本质上是一种人内在推动的积极主动的行为，是人想要获得某物的愿望，而非被动的外在行为。不论是真实的还是虚假的，只要是需求就意味着是人的主体意愿。如果说"真实需求"是人的内在本能，那么"虚假需求"就是外界成功灌输给人的社会化价值。"虚假需求"说到底是一种隐蔽的社会化灌输，是将"社会需求"成功转化为"个人需求"的结果，也就是外在社会标准的内在化。"真实需求"总是有限的，不可能无限度扩张，而"虚假需求"可以不断扩张，社会外在标准可以不断地内在化，使奢侈品不断成为"必需品"。例如，人饿了就必须进食，这是人的"真实需求"，否则人无法生存下去，但食物的社会标准是多样的，吃"青菜萝卜"也可以饱腹，吃"山珍海味"也可以饱腹，资本主义社会的"虚假需求"就是让人们的需求不断由"青菜萝卜"向"山珍海味"靠拢的过程，就是让人们对物质的需求永无止境、标准不断提高的过程。"现行的大多数需求，诸如休息、娱乐、按广告宣传来处世和消费、爱和恨

① ［美］赫伯特·马尔库塞：《工业社会和新左派》，任立编译，北京：商务印书馆，1982年版，第1页。
② ［美］赫伯特·马尔库塞：《工业社会和新左派》，任立编译，北京：商务印书馆，1982年版，第9页。

别人之所爱和所恨，都属于虚假的需求这一范畴之列。"[①] 按照社会宣传的需求来需求和消费而非按照自我的需求来需求和消费，是资本主义社会人的需求和消费的常态。

总之，人的需要是多元而非单一的，物质消费的需要只是人的需要中的一种，并且并非人独有的需要，动物同样具有物质需要。人与动物的区别就在于人不局限于单纯的物质需要，人还有更为高尚的自主的精神需要。但现代西方资本主义社会恰恰将物质需要作为人最基本的主导性需要植入人的思维，刻意淡化人的精神需要。由此导致人们为了享受更丰富的物质满足就要维护现有的社会制度，就会与这一社会制度"一体化"。这种工人阶级同资本主义社会一体化的现象凸显了社会病态的加剧。工人阶级虽然在客观上仍处于被压抑、被剥削的被统治地位，然而资本主义社会提供的充足物质消费商品让他们在主观上忽略了这种被压抑、被统治的感受。这种工人阶级主观感受与客观事实相左的现象，就如同斯德哥尔摩效应中人质对绑匪产生情感一般，是一种病态心理。这种病态心理的产生原因在于，长期生活在食不果腹条件下的无产阶级在被提供了能够生存下去的足够的物质商品面前，对资本主义社会产生了认同与感激心理，在对资本主义社会前后生存状况的对比中将敌人当作朋友。这种工人阶级与资本主义社会的"一体化"现象是病态的表现，表明异化已经深入人的心理本能结构中。

2. 消费异化的阶级后果

基于"虚假需求"心理，消费成为被资产阶级所掌控的统治工具。从资产阶级的立场来看，消费异化能够起到促进资本逻辑运转的经济作用、巩固统治地位的政治作用以及对广大无产阶级进行意识形态渗透的文化作用；从无产阶级的立场来看，消费异化则导致了无产阶级在经济上遭受"二次剥

---

① ［美］赫伯特·马尔库塞：《单向度的人：发达工业社会意识形态研究》，刘继译，上海：上海译文出版社，2014年版，第6页。

削"①、在政治上被同化以及在文化上丧失批判精神的不良后果。

经济上，在资本主义社会，商品的极大丰富看似为了满足大众的需求，为了让人们过上更富足的生活。"生活水平的提高，甚至连非特权阶级也分享到了一部分好处。"②但若从资产阶级的经济视角审视消费的作用，则不难发现消费实际上扮演着维持资本逻辑有效运转的关键角色，因为只有消费的实现才能确保资本再生产。如此，资产阶级必须确保所生产的商品畅销无阻，诱导广大无产阶级在劳动之余沉溺于消费，使得资本逻辑顺畅运转，从而最大限度地符合资产阶级的根本利益。资本主义的生产归根结底是为了促进更多的消费以实现剩余价值，而不会关心人们是否真正需要它所生产出来的商品，即便关心也是在"顺利出售"这一层面上的关心。为了能促进大量消费，资产阶级必然不断向广大工人阶级灌输消费理念，培养广大工人阶级的"虚假需求"心理也就成为必然。工人阶级消费越多，资产阶级就越能实现生产出的剩余价值，资本主义社会也就更牢固。

基于资产阶级的诱导，无产阶级仿佛只能从消费中实现真正的自我与自由，获得掌控与享受人生的快乐，自以为在消费中释放了异化劳动所造成的身心压力，成为真正自主自由的人。殊不知他们看似自由的消费行为，早已落入资产阶级设定好的轨道，他们的消费行为只是让他们在异化的不归路中更加迷失自我。资本逻辑运行内含着从起点的生产领域至终点的消费领域的整套运行机制，资产阶级除了要在资本逻辑运行的一端即生产剩余价值的生产领域下功夫，也必然要在资本逻辑的另一端即实现剩余价值的消费领域

---

① 如果将无产阶级在生产领域受到的劳动剩余价值的剥削看作"一次剥削"，那么无产阶级在消费领域遭受的剥削就是资本主义制度对无产阶级的"二次剥削"。之所以会造成"二次剥削"，是因为资产阶级利用赋予商品符号价值的方式将商品的价格定价远远高于商品的实际价值，让无产阶级为商品虚幻的符号价值买单，从而从中再次剥削无产阶级的工资收入。在生产中，无产阶级被自己行业的资产阶级剥削剩余价值；在消费中，无产阶级又在购买中被所购商品行业的资产阶级剥削。广大工人阶级实际上在资本经济运行的生产与消费全过程受到普遍剥削。例如：不同品牌雪糕的使用价值是没有质的区别的，然而当某一品牌的雪糕被人为赋予了象征性的符号意义后，如品质、地位、爱情等抽象符号，这一品牌的雪糕就可以被卖出远远高于其实际价值的价格。当人们在购买这一品牌的雪糕时，就心甘情愿地接受了消费剥削。

② ［美］赫伯特·马尔库塞：《工业社会和新左派》，任立编译，北京：商务印书馆，1982年版，第1页。

下功夫，进而营造大众消费的乐土就理所当然了。如此，工人在消费领域的狂欢中实质上是满足了资产阶级的利益诉求，在看似自主自由的消费中为他人作嫁衣裳，落入了资本逻辑的圈套而不自知，反而帮衬资本逻辑的持续运转。人们在消费中非但找不到渴求已久的自由，反而通过消费加深了自身的不自由，用自己辛苦挣得的工资喂养了在工作中剥削自身的社会制度，通过消费被"二次剥削"，陷入一种在劳动中被剥削与压制、在消费中再次被剥削与引诱的死循环。在这一循环中受益的最终是资产阶级。

政治上，马克思早已指出，资产阶级对广大工人阶级的压迫与剥削必然导致工人阶级对资本主义制度的反抗，无产阶级终将推翻资产阶级的统治是历史的必然。然而，资本主义消费社会之消费异化的出现在一定程度上延缓了这一历史进程，巩固了资本主义制度。原因在于资产阶级将无产阶级的关注点成功转移到了消费领域，从而混淆了无产阶级的视线，引诱无产阶级在消费中沉迷。"统治者能够投放的消费品越多，下层人民在各种官僚统治机构下就被束缚得越紧。"[①] 无产阶级越沉迷于消费，就越缺场于对现行社会制度的反思与批判，在不知不觉中淡忘了自身的历史使命。当代资本主义消费社会是一个新型的"集权社会"。所谓集权社会，就是成功压制了反对派力量的社会，使反对派的否定性思维、批判性思维和超越性思维受到抑制，自觉或不自觉地顺应了单向度的社会而成为单向度的人；所谓新型，是指集权的方式并非暴力或恐怖手段，而是技术进步等手段。消费异化正是资产阶级控制无产阶级的新型集权手段，是资产阶级为广大无产阶级设计好的"糖衣炮弹"与"金丝鸟笼"，不但在劳动之中，而且在劳动之外将无产阶级于不知不觉中通过以技术为中介的消费手段纳入资本主义的既定轨道。无产阶级就这样在消费的世界中沉沦，丧失了本该具有的批判性和否定性。

---

① ［美］赫伯特·马尔库塞：《单向度的人：发达工业社会意识形态研究》，刘继译，上海：上海译文出版社，2014年版，第38页。

资本主义消费社会的背后，"隐藏着一种对人们自由和批判能力的限制和'软化'作用"①。马克思曾经说过，在无产阶级推翻资产阶级的革命中，无产阶级失去的只是锁链，而他们将得到整个世界。但在资本主义营造的消费社会，无产阶级除了锁链之外，还拥有了更多不愿意舍弃的东西。他们被丰富的消费品蒙蔽了双眼，满足于丰富生活品的消费，致使他们暂时接受了锁链的统治。只要能获得足够多的消费品，那么在什么制度下获得对人们来说变得无所谓了，"由某种极权主义制度还是由某种非极权主义制度来满足需求，似乎是无关紧要的"②。一旦人们接受了资本主义制度所鼓吹的价值观与消费观，个人就与这一社会制度"一体化"了，就自然接受了统治阶级的统治，接受了不平等的社会秩序，而统治阶级也摇身一变成为看似代表全社会而非本阶级的利益主体，这种"一体化"正是马尔库塞极力批判的。消费异化的作用就如同鸦片的作用一般，在消费的漩涡中放纵过后带来的是无尽的空虚，而又只能一次次让自己通过消费而沉迷，无止无休。资本主义社会的价值灌输已经侵入了个人无意识的内在本源。③

文化上，在资本主义社会中，流水线作业的机械化、办公室的机械日常、买卖的惯例等一切都再也不需要人类潜能的施展。劳动在很大程度上成为科学管理和效能管理的对象。以至于广泛存在的似乎需要一定程度的个性和自发性的竞争在资本主义社会都成为幻影。④人在资本主义制度中已沦为单一的机械性存在，丧失了主观能动性，不但在生产领域丧失了个性和主体性，在消费领域同样被资产阶级意识形态所统治。"在强大的社会同化力量面前，文化丧失了原有的颠覆性力量和破坏性内容，沦落为社会的调和剂。

---

① 陆俊：《西方思想家研究丛书——马尔库塞》，长沙：湖南教育出版社，1999年版，第165页。

② ［美］赫伯特·马尔库塞：《单向度的人：发达工业社会意识形态研究》，刘继译，上海：上海译文出版社，2014年版，第4页。

③ Herbert Marcuse, *The New Left and the 1960s*, Collected Papers of Herbert Marcuse, Volume Three, Edited by Douglas Kellner, London and New York: Routledge, 2005, p.81.

④ Herbert Marcuse, *Eros and Civilization: A Philosophical Inquiry into Freud*, Boston: Beacon Press, 1974, p.103.

消费社会用现实验倒了高级文化，在文化领域实现了一体化。"① 资产阶级可以通过消费异化的手段控制人们的思想，不断制造"虚假需求"以改造人们的消费观以至人生观、世界观和价值观，使无产阶级适应并认同资本主义制度。在资本主义社会，由于劳动异化，无产阶级在劳动中无法发挥自身的创造性与主观能动性，为了生存而被迫劳动，在这一过程中身心俱疲，得不到本应在劳动中获得的快乐与成就感。在暂时无法变革资本主义制度的情况下，无产阶级在劳动生产中所形成的压抑感需要寻找一个发泄口，如此，人们只好在劳动之余的休息时间寻求自我掌控感与成就感。资产阶级正是利用了这一现实，进而营造了一个"消费天堂"来诱导人们将空闲时间投入消费之中，使无产阶级在消费中获得麻痹的满足，从而认同资产阶级的意识形态统治，心甘情愿地享受消费社会的繁华幻境。

大量的过度消费在资本主义消费社会成为大众生活的目的。"人们住的是公寓群，乘的是限制了其接触范围的私人小汽车，用的是装满冰冻食物的电冰箱，看的是几十种宣传同一理想的出版物，玩的是无数精致品和小玩意，这些东西使他们忙忙碌碌，无暇顾及现实问题，因而也不能萌生既可以少工作又可以确保自己的需求及满足的思想。"② 物质消费禁锢了人们的思维，让人们疏于精神生活的提升，而陷入资产阶级诱导下的消费文化孤岛，蒙蔽了双眼与精神追求。资本主义消费社会中营造了一种消费的文化氛围，给消费打造了资产阶级的文化情调，让广大无产阶级在消费中形成自己是社会主人的文化错觉，让所有人在消费中体验到资产阶级所烘托出的消费狂欢氛围。这样，别具小资情调的消费主义文化形成了。"于是，文化中心正渐渐成为购物中心，或闹市中心或政府中心很相称的一部分。"③ 在消费中，人们可以假装成为资本主义社会的主人，通过消费获得自由的错觉。同时，文

---

① 闫方洁：《技术理性、大众文化与虚假需求》，《东方论坛》，2012 年第 2 期，第 91 页。
② ［美］赫伯特·马尔库塞：《爱欲与文明》，黄勇等译，上海：上海译文出版社，1987 年版，第 70—71 页。
③ 陆俊：《马尔库塞》，长沙：湖南教育出版社，1999 年版，第 210 页。

学与艺术也成为政治统治的工具，歌颂资本主义社会的文学艺术被大肆宣传与兜售，而与资本主义理念相违背的文学艺术作品被封杀和遗忘。"在对各式各样文化产品的消费中，人们的思想被麻痹、闲暇时间被支配、个性丧失殆尽，自觉地按照既定的要求构建自己的生活方式，沦落为顺从的单向度的人。"①

（三）消费异化的资本主义科技根源

消费异化意味着大量商品的消耗，从而其前提必然是大量商品的生产与销售。马尔库塞认为消费异化的产生根源在于科技的发展：正是科技的发展极大地提高了生产力，使商品的大量生产与大量消费成为可能。没有科技的发展，资本主义社会就不可能为消费供应充足的商品，过度的消费异化也就没有条件出现。"资本主义进步的法则寓于这样一个公式：技术进步＝社会财富的增长（社会生产总值的增长）＝奴役的加强。"②技术的进步不仅能够通过提高特定商品单位时间的劳动生产率从而增加商品数量，还能通过新型科技的发展制造出更为先进的商品从而增加商品的种类，这两方面的结果必然是社会财富的不断增长。而社会财富的增长在资本主义社会不是以商品的极大丰富为终点的，而是要经由商品的极大丰富并顺利出售来为资本家赚取更多的利润。商品如果不能成功销售而转换为利润，那卖不出去的商品就只能沦为废弃物而根本不成其为财富，只有成功出售的商品才是社会财富。实现顺利出售的关键在于大量消费的配合，"大众的有限消费不能满足资本主义基于技术进步而生产的大量商品销售的要求"这一情况必须得到改变，大众消费时代的来临于是成为必然。

"发达工业社会的技术成就，对精神生产和物质生产的有效操纵，已经造成了一种神秘化中心的转移。……它使个人无力去观察机器'背后'那些

---

① 阎方洁：《西方新马克思主义的消费社会理论研究》，上海：上海人民出版社，2012年版，第85页。
② ［美］赫伯特·马尔库塞：《工业社会和新左派》，任立编译，北京：商务印书馆，1982年版，第82页。

操纵机器、从中获利的人，以及为之付出代价的人。"①技术成为统治阶级统治与剥削的手段，在资本主义社会成功起到了转移人们对异化的资本主义社会本质之注意力的作用，使人沉浸于技术狂欢的盛宴中而迷失了自我。"如今，统治不仅通过技术而且作为技术来巩固和扩大自身；而后者为扩张政治权力提供了强大的合法性，这又同化了文化的各方各面。"②技术成为统治合法性的工具，论证了极权主义的合法性。"简言之，由于技术进步的作用，发达工业社会虽是一个不自由的社会，但毕竟是一个舒舒服服的不自由社会；虽是一个更有效地控制着人的极权主义社会，但毕竟是一个使人安然自得的极权主义社会。"③

马尔库塞提示我们关注科学技术进步的负面效应，以防沦为科学技术的奴隶。"科学—技术理性在当代造成的一个后果就是'逻各斯'和'爱洛斯'的分离。而所谓'逻各斯'（logos）就是用'科学'的观点对事物进行分析的一种思维方式；而'爱洛斯'（eros）简单地讲则是用人文价值的立场看待世界。"④也就是说，科学理性与人文情怀分离了，世界被机械地拆分为可以度量与计算的客观理性世界和纠缠不清的纯粹主观的人文价值世界。客观理性世界被认为是"科学的"，人文价值世界则被认为是"非科学的"。马尔库塞还批评了科学理性的技术化，它使科学放弃了原本的"科学合理性"而成为服从于技术的操作意义层面的东西，降低了科学本身的理性价值，成为"实用"的工具。这种"实用"最显著地体现在它戴着"科学"和"合理性"的面具变成统治和操作人的工具而不着痕迹。

科学技术并非价值无涉的，而是作为统治的工具起作用，"技术'中立

① ［美］赫伯特·马尔库塞：《单向度的人：发达工业社会意识形态研究》，刘继译，上海：上海译文出版社，2014年版，第160页。

② ［美］赫伯特·马尔库塞：《单向度的人：发达工业社会意识形态研究》，刘继译，上海：上海译文出版社，2014年版，第134页。

③ ［美］赫伯特·马尔库塞：《单向度的人：发达工业社会意识形态研究》，刘继译，上海：上海译文出版社，2014年版，"译后记"第220页。

④ 陆俊：《马尔库塞》，长沙：湖南教育出版社，1999年版，第197页。

性'的传统概念不再能够得以维持"①。正是通过科学技术的中介作用，消费
沦为资产阶级借以维持资本逻辑并进行政治统治的工具，通过向人们植入资
产阶级所定义的消费理念，消费异化现象产生了。技术的不断发展使得社会
分工越来越细，人们的劳动也越来越依附于机器设备，进而蚕食着人在工作
中的主观能动作用，显得人越来越附属于机器与技术。在劳动中得不到满足
的人们就被引入技术进步所创造的另一领域，即消费领域。人们就这样在消
费的世界中沉沦，丧失了本该具有的批判性和否定性。"技术的合理性展示
出它的政治特性，这时它变成了更有效统治的得力工具，并创造出一个真正
的极权主义领域。在这个领域中，社会和自然、精神和肉体为保卫这一领域
而保持着持久动员的状态。"② 如此，发达资本主义社会就利用科技的手段控
制了人的生产和消费，使人丰富的本质变得单一，成为单向度的人。科技在
资本主义社会成为一种控制人的意识形态，相比暴力的手段，科技具有柔和
渗透的潜移默化作用，可以起到消解人的价值理性，推行机械计算的工具理
性并进而实现认同资本主义制度之目的的作用。"我们社会的突出之处是，
在压倒一切的效率和日益提高的生活水准这双重的基础上，利用技术而不是
恐怖去压服那些离心的社会力量。"③

　　技术是一把双刃剑，在给我们的生活带来便利的同时，又具有支配和操
纵人的力量。这一原因在于技术不单单是一种客观工具，其本质是一种权
力。"技术本质上是一种具有隐性操纵力的新型'软权力'：技术可以改变甚
至建构生活、社会、世界和我们自身。"④ 当人们臣服并依赖于技术"软权力"
的统治时，人本身的主观能动性就会减弱以致消失，完全沦为技术的附庸。

---

① ［美］赫伯特·马尔库塞：《单向度的人：发达工业社会意识形态研究》，刘继译，上海：上海译文出版社，2014
　年版，"导言"第6页。
② ［美］赫伯特·马尔库塞：《单向度的人：发达工业社会意识形态研究》，刘继译，上海：上海译文出版社，2014
　年版，第17页。
③ ［美］赫伯特·马尔库塞：《单向度的人：发达工业社会意识形态研究》，刘继译，上海：上海译文出版社，2014
　年版，"导言"第2页。
④ 王馥芳：《新技术发展：人类"异化"症候乍现？》，《社会科学报》，2017年4月6日，第6版。

现代人对手机的依赖正说明技术对人掌控程度之深，似乎离开手机人就无法正常生活。手机成为人的外在"移动器官"①，甚至作为主体在支配着人的日常生活，以致人们甚至宁肯相信手机也不相信自己的判断。这就是技术对人造成异化的典型表现。

如果说原始社会的崇拜是图腾崇拜，那么在现代资本主义社会，技术成为人们崇拜的对象。科学极端主义与技术极端主义统治了人们的思维，加之政治对科学技术的渗透，"技术的罗格斯被转变成依然存在的奴役状态的罗格斯"②。人们所推崇的科技进步，转而成为束缚人自身的工具，制约人的解放，人成为科技的奴隶。马尔库塞一针见血地指出，绝不存在所谓纯粹的科学秩序，"技术合理性的进程就是政治的进程"③。因而技术发挥何种作用，关键在于技术掌握在谁的手中。技术如果掌握在资产阶级手中，那么不论其发展得如何高端，归根结底都是为资产阶级服务的，都只是用以支配广大无产阶级和自然的工具。只有当技术掌握在广大人民群众自己手中时，人才可能摆脱被技术奴役的状态，进而利用技术为人类谋福利。

还需要指出的是，马尔库塞认为"高度的物质文明和极度的精神堕落，构成了今天资本主义社会的两极"④。资产阶级通过大众传媒等手段诱导人们将物质商品消费作为自我的第一需要，并巧妙地将人们的精神需要转移到物质消费当中。马尔库塞对资本主义社会重物质消费而忽视精神成长的批判切中时弊，令人醍醐灌顶。但遗憾的是，他对造成资本主义社会消费异化原因的分析没有切中资本主义社会的根本矛盾，没有直击这一现象产生的私有制根源，而将重心放在了对科学技术的批判上。他对消费异化现象的批判有将

---

① 王馥芳：《新技术发展：人类"异化"症候乍现？》，《社会科学报》，2017年4月6日，第6版。

② ［美］赫伯特·马尔库塞：《单向度的人：发达工业社会意识形态研究》，刘继译，上海：上海译文出版社，2014年版，第135页。

③ ［美］赫伯特·马尔库塞：《单向度的人：发达工业社会意识形态研究》，刘继译，上海：上海译文出版社，2014年版，第142页。

④ 陈学明：《"二十世纪的思想库"——马尔库塞的六本书》，昆明：云南人民出版社，1989年版，第123页。

物质与精神相对立的嫌疑，似乎对物质的追求一定以精神堕落为后果，实际上追求合理的物质需要并不会导致精神的堕落，相反，必要的物质追求还是精神追求的前提。只有在资本主义社会的资本逻辑掌控和资产阶级的不良诱导下，人们才错误地将精神需要过分地转移到对物质的需要之中，也才会出现过度的物质消费引致人的物质需要与精神需要的对立。因而，物质消费与精神堕落之间不是简单的对立关系，需要澄清条件与前提在特定语境中来具体分析两者之间的关系。

（四）消费异化的扬弃："新社会主义"之路

面对资本主义社会造成的人的消费异化与人沦为单向度的人之既定事实，马尔库塞提出的最终解决方案是建立一个消除消费异化等一切异化形式的新型社会主义社会。在这一"新社会主义"社会，人们的主体性得以恢复，人的本性得以释放。但需要注意的是，马尔库塞所谓的"新社会主义"不同于马克思的社会主义设想。他认为马克思所定义的社会主义是"经济社会主义"，重在生产力的发展和社会的分配公平，这在马尔库塞看来反而会由于生产力的发展而使资本主义制度得以巩固。此外，马尔库塞还认为无产阶级已经丧失了革命意识，不具备推翻资本主义的战斗力。因而他所谓的"新社会主义"旨在消灭异化，建成一个人性复归的绝对自由的社会。"从富裕社会中解放出来，并不意味着又回复到健康而强壮的贫穷、道德纯洁和单纯愚钝的状况中去。相反，根除有利可图的浪费，将增加可供分配的社会财富；持久动员的结果，将减少克制个人自身去寻求满足的社会需要——那些在个人满足方面所作的克制如今在对适应、实力和规律的狂热崇拜中找到了它们的补偿。"[①] 从资本主义社会的消费异化中解放出来，并非否定人们的正常消费需要，而是为了人们更好地生活与消费。

如何才能迈向这一"新社会主义"呢？马尔库塞认为社会主义的真正理

---

① 陈学明：《"二十世纪的思想库"——马尔库塞的六本书》，昆明：云南人民出版社，1989 年版，第 203 页。

论基础不是马克思的历史唯物主义，而是存在主义精神的人道主义。"也就是说，社会主义的现实基础不应从历史的经济运动出发去寻找，而应从人性的本质和人的存在的理性方面去论证。"① 在这里，马尔库塞对人的本质的理解是不同于马克思的人的本质解读的，在马尔库塞的语境中，复归人的本质就是要复归人的"爱欲"这一本质。可以说，正是因为资本主义社会压抑了人的"爱欲"才导致了消费异化等一系列异化问题的产生，而"新社会主义"社会就是要解放人被压抑的"爱欲"。归根结底，马尔库塞的这一观点受到了弗洛伊德的理论的影响，走上了一条将社会的变革寄希望于人性的改变的观念之路。

　　那么，如何进一步为迈向"新社会主义"而解放人被压抑的爱欲呢？马尔库塞给出了通过艺术和审美的途径来造就"新感性"以使人复归"爱欲"解放的解决方案。马尔库塞认为，人之所以会接受资产阶级所灌输的"虚假需求"，是因为人的本质在资本主义社会遭到扭曲，因此必须将人从"虚假需求"中解放出来，使人复归其本质。还需强调的是，马尔库塞对人的本质的理解在于人的"爱欲"。"爱欲"体现着人的生命本能，但在基于"虚假需求"的消费异化中，人的"爱欲"被禁锢在盲目追求高消费的物质消费中而得不到施展。所以，要把人从基于"虚假需求"的消费异化中解放出来，就必须使人的"爱欲"得到解放。使人的"爱欲"得到解放要诉诸对"新感性"的培养。所谓"新感性"，是不同于技术理性这一旧感性的自由的感性力量。"新感性"呈现出的是审美和艺术特质的人性自由解放。这种"新感性"，"表现着生命本能对攻击和罪恶的超升，它将在社会范围内，孕育出充满生命的需求，以消除不公平和苦难；它将构织生活标准向更高水平进化"②，即让感性与理性完美结合。"新感性"不受技术理性的压制，更符合艺术与审美的追

---

① 陆俊：《马尔库塞》，长沙：湖南教育出版社，1999 年版，第 219 页。
② ［美］赫伯特·马尔库塞：《审美之维》，李小兵译，桂林：广西师范大学出版社，2001 年版，第 98 页。

求。艺术与审美能够激发人内在的本质力量与创造本能，启迪人们对真善美的追求，从而能够使人们从"虚假需求"中觉醒。艺术本身自有其理性与感性的诉求，这种理性与感性的诉求可以与资本主义社会中统治阶级所推崇的理性与感性的诉求相抗衡。[①] 同时，美的东西能给人以熏陶和幸福感受，通过审美可以把人们从物欲消费中解救出来，让人们明白仅仅追求物质的消费与享乐并不能真正获得幸福与快乐。通过审美的精神享受，人可以体会到比大量进行商品消费更大的愉悦与自由。总之，艺术与审美的熏陶，能重新激活人的主体性，使人从资本主义社会所强加在人身上的"虚假需求"中觉醒，从而跳出消费异化的泥潭，使消费复归其本质、也使人在"爱欲"中得到人性的复归。借由艺术与审美，人的精神性力量得到唤醒，"爱欲"复归，人们就不会再沉迷于过度的物质商品消费中，而能更好地享受精神世界的幸福和自由。

从技术的层面来审视，消除消费异化的途径不在于完全抹除科技在社会中的作用，而在于探索一种不同于资本主义社会用以奴役人的技术的"新技术"，将人从消费异化中解放出来，创造自由的社会。这种"新技术"的本质在于将人文与技术相结合，以制约单纯技术的工具理性泛滥，正所谓"艺术的改造即是解放"[②]。理想的社会应该是按照美学和艺术所展示的"新感性"所建构的社会。需要强调的是，马尔库塞应对消费异化的独到之处就在于，他认为除了传统观念强调的要在经济领域和政治领域进行斗争之外，文化和心理层面的斗争也同样重要。"鉴于发达的资本主义所实行的控制已达到空前的程度，即这种控制已深入实存的本能层面和心理层面，所以，发展激进的、非顺从的感受性就具有非常重要的意义。同时，反抗和造反也必须于这

---

① ［美］赫伯特·马尔库塞：《审美之维》，李小兵译，桂林：广西师范大学出版社，2001年版，第210—211页。

② ［美］赫伯特·马尔库塞：《单向度的人：发达工业社会意识形态研究》，刘继译，上海：上海译文出版社，2014年版，第201页。

个层面展开和进行。"① 这也就是马尔库塞提出艺术革命、审美革命、"爱欲"革命的"新社会主义"道路的原因所在。

马尔库塞的"新社会主义"这一解决消费异化问题的策略，主要针对现代人被资本主义社会的"虚假需求"所控制和支配，丧失了自主性和主体意识，仅仅被动接受资本主义社会的价值准则而提出。因而他强调要通过对人们心理的唤醒，让人们从资产阶级所灌输的"虚假需求"的心理掌控中逃脱出来，追求属于人本身的真正的需要与幸福。马尔库塞应对消费异化问题的路径分析视角独到，极具理论启发性和感染力，但是他应对消费异化的对策从根本上背离了马克思对人的本质的界定和政治经济学批判理论，其消除消费异化的道路基于抽象的人性论，缺乏对社会现实条件的观照，忽视了人的社会性存在条件，仅仅致力于精神领域的变革，最终也无法动摇现实的资本主义制度根源。因而马尔库塞对消费异化的应对策略仅仅是美好的乌托邦式的空想，不可能从根本上解决资本主义社会的消费异化问题。

三、埃里希·弗洛姆基于人的主体性的消费异化批判

弗洛姆（Erich Fromm，1900—1980）是法兰克福学派的代表人物之一，美国著名的哲学家和精神分析学家。弗洛姆将弗洛伊德的精神分析方法与马克思主义相结合，对消费异化现象重点进行人本主义的心理学视角的批判。弗洛姆肯定马克思的劳动异化论，认为"马克思不仅注意到了同自己的劳动产品的异化，还注意到了劳动的异化，而且还关心人同自己的生命活动、同自身、同别人的异化"② 弗洛姆在马克思劳动异化批判的基础上，将对异化的批判进一步拓展到对消费领域异化现象的批判。他认为现代社会的异化是总体性的异化，在人同他的工作、同他的消费对象、同他的国家、同他的同

---

① ［美］赫伯特·马尔库塞：《审美之维——马尔库塞美学论著集》，李小兵译，北京：生活·读书·新知三联书店，1989年版，第134页。

② ［美］埃里希·弗洛姆：《在幻想锁链的彼岸》，张燕译，长沙：湖南人民出版社，1986年版，第47页。

胞以及同他自身等方面均有体现。[①]弗洛姆的消费异化批判是从马克思的劳动异化批判中受到启示发展而来的，但显然不同于马克思的异化理论，弗洛姆的消费异化理论带有明显的人本主义精神分析色彩。他认为消费时代是当时资本主义社会的主旋律，其中既有人性的根源，也有社会的根源，最终，人从消费异化中是得不到人性满足的，得到的只是虚假的暂时性快乐。弗洛姆所理解的消费异化就是人在消费中丧失了具有创造性和主体性的人性体验而受制于消费的状态。

（一）使人丧失主体性的消费异化及其不良后果

人性论是弗洛姆批判资本主义社会一切异化现象的基石。弗洛姆认为人性是普遍的，是全人类共有的本性，是生理需求和精神需求的总和。健全的社会应该满足基本的人性需求。而在资本主义社会，人性产生了异化，并表现在经济、政治、文化等不同领域。弗洛姆将异化理解为一种"体验"，即主体体验不到自身的主动性，而感觉被自己的行动所产生的外力所支配。弗洛姆以人本主义的视角看待消费，其理论的基本出发点是人的健康与幸福，认为消费一定是为人服务的。正常的消费过程应该是"一种有意义的、有人性的、有创造性的体验"[②]，消费的本质目的是生存而非占有。资本主义社会出现的过度消费成为丰裕的资本主义时代蒙蔽大众、诱导大众沉迷物欲的"新型鸦片"。这种消费异化忽视消费过程的人性体验，剩下的只是冷冰冰的机械交换与占有，表现为非人道的消费。消费异化是在消费中"对人造幻觉的满足，是一种与我们具体的、真实的自我相分离的幻想"[③]，是人被消费所支配与统治而丧失了自主性的现象。消费异化是人性异化的显著表现形式，而人性异化又是由资本主义社会之不健全而引发的。

弗洛姆认为，异化就是人与人的作为人之本质的自觉与自由相分离的

---

① Erich Fromm,*The Sane Society*, London and New York:Routledge, 2001, p.121.
② 陈学明等：《痛苦中的安乐：马尔库塞、弗洛姆论消费主义》，昆明：云南人民出版社，1998 年版，第 160 页。
③ ［美］埃里希·弗洛姆：《健全的社会》，欧阳谦译，北京：中国文联出版公司，1988 年版，第 116 页。

状态。消费异化就是人被动地消费、被消费掌控了人的自觉与自由的状态。"异化的事实就是，人没有把自己看作自身力量及其丰富性的积极承担者，而是觉得自己变成了依赖自身以外力量的无能之'物'，他把自己的生活意义投射到这个'物'之上。"① 人在消费中本应该是自主的、自觉的，表现出富有个性与创造性的消费活动，然而资本主义社会中的事实却是人们为了消费而消费，成了为消费而存在的"消费人"，将消费当作人生的目的与乐趣之所在，成为"永无止境的消费者"。② 人生的目的在于消费，消费的人生才是成功的人生，这一理念成为资本主义消费社会中人们的普遍价值观。人们的消费表现为在广告等的诱惑下对"虚假需求"的追求。在资本主义消费文化的裹挟下，人们失去了思考的能力，忘记了内心的真实需求，为了融入消费时代的洪流而被裹挟，主动地迎合资本主义消费社会的价值准则。消费不再是为了满足人类单纯的内生性需求，而是为了满足一种异己的社会力量支配下的需求。消费已经不是个人的私事了，它成为社会性的生存法则。不遵从消费主义法则的人在资本主义消费社会被视为另类，受到嘲笑、谴责、歧视与排挤。其中的原因很简单：不遵从消费主义准则的行为是反资本逻辑之道而行，必然为资本主义社会的主流消费价值观所不容。

弗洛姆从人的心理情感角度分析消费异化现象，认为消费本应是充满意义的、富于创造性的体验，而消费异化不再注重人们消费过程中的情感体验，以单纯占有为目的，将人变为机械的购物狂，在消费过程中丧失了情感与意义——不是消费为人服务，而是人为消费服务。人们之所以追求对物质的不断占有，是因为在资本主义社会，异化的普遍流行让人们失去了安全感。资本社会中的一切都以利益为导向，致使前现代社会"一切坚固的东西都烟消云散了"，人的心灵找不到慰藉和寄托之所，以至于认为情感都是不

---

① ［美］埃里希·弗洛姆：《健全的社会》，欧阳谦译，北京：中国文联出版公司，1988 年版，第 124 页。

② ［美］埃里希·弗洛姆：《人的呼唤——弗洛姆人道主义文集》，王泽应等译，上海：上海三联书店，1991 年版，第 22 页。

可靠的，而只有实实在在的商品才是真实的。但实际上，通过物质占有是不能弥补内心缺失的，反而会加重内心的失落感与孤独感，进而只有再一次投向消费的怀抱，形成过度消费的恶性循环。

消费异化给人造成的不良后果具体表现在以下四个方面。

首先，消费异化扭曲人性，引发人的心理危机。消费异化把人们的注意力完全从自己身上剥离开来，转向外在的满足与肯定。人内在的精神追求被忽视、被践踏，而只有外在的物质占有才能得到社会的承认、才能表明自身的价值，人完全被外物胁迫，人性受到扭曲与压迫。同时，资产阶级为了刺激大众消费而不断制造出更新、更高端的商品，这些商品刺激了人的占有欲与攀比心、炫耀欲与嫉妒心，使人的内心难以保持平静与安宁，造成买得起的人和买不起的人都因为商品消费而烦恼，加重了人的心理负担。

其次，消费从服务人的手段变为其自身的目的。消费的根本目的是人本质力量的不断再生产，从而支持人的主观能动性的创造性发挥。简言之，消费是手段，人是目的。但消费异化的产生使得"服务于人"的消费反转成为其自身的目的，人反而成为"为消费服务"的手段，人服从于消费的需要，从而导致了人的精神痛苦，并错把物质占有当作幸福。"我们所有的是一种消费性的文化。我们'饮进'电影、犯罪报道、烈酒及娱乐。没有主动的建设性参与，没有共同的体验，没有回答生活的有意义的活动。"[1] 我们在消费的过程中本应当具有生理和心理的共同参与才是完整的体验，因为人就是身心一体的存在，不"走心"的消费是不可能给人带来真正的快乐和幸福的。人们追求更好的生活是正常的人性需求，但是更好的生活并不等于更多的消费。资本主义社会激发人们为更多的消费而消费所致使的消费异化已经超出了人类正常的消费需求，反而使人被消费所累。这种消费已经沦为资本增值的工具，而与人们对美好生活的追求相背离。

---

[1]　［美］埃里希·弗洛姆：《人的呼唤——弗洛姆人道主义文集》，王泽应等译，上海：上海三联书店，1991年版，第326页。

再次，消费成为人们体验自由的主要途径。追求自由是人的本性，马克思主义的最终目的也是实现人的自由全面发展。但是资本主义社会中的消费自由并非真正的自由，而是一种虚假的自由。"人，已经不再是人了，变成了一个东西，成为了生产机器上的一个齿轮。人们花费大量的时间做着自己不感兴趣的事，与他们不感兴趣的人在一起，生产着他们不感兴趣的东西。"[①]生产领域强烈的不自由感迫使人们在消费领域寻求补偿，人们可以表面自由地选择自己所想购买的商品，可实际上能买什么、买什么才能得到时代的认同，都已经被资本主义制度设定好了。资本主义消费社会成功地将"消费即是享受"的理念灌输给大众，大众每天生活在消费信息泛滥的社会而无处可逃。

最后，消费异化还可能带来战争危机与生态危机。资本主义社会的繁荣与殖民地国家之间的贫穷形成了鲜明的对比，且资本主义社会中被异化的人已经丧失了对还生活在温饱线以下的贫困人群的同情，不再是具有人性温度的活生生的人了。如此鲜明的对比必然会激起富裕国家与贫困国家之间的战争。弗洛姆认为，为避免战争，富裕国家必须向贫穷国家进行经济技术援助，帮助它们脱离贫困。"这种政策不但要求大公司的利益服从国家政策的主要目标——作为一个民主国家的和平和生存，而且要求西方在物质上和精神上重新定向，摆脱那种希望生产得更多、消费得更多的单面人状态"[②]，不如此则战争的阴霾难以消除。最让弗洛姆担忧的是，消费异化会导致核战争，因为富裕国家维持高消费必然需要更多的资源，其在全球范围内展开资源争夺，在这样的非理性扩张中极有可能引发利益之争，甚至面临人类自我毁灭的危机。同时，资本主义社会激起人们对消费的无底洞般的欲望，而地球的自然资源是有限的，难以满足人们无限增长的消费欲求。如果人们的消

---

① ［美］埃里希·弗洛姆：《弗洛姆文集：我相信人有实现自己的权利》，冯川等译，北京：中国改革出版社，1997年版，第38页。

② ［美］埃里希·弗洛姆：《人能占优势吗？》，黄颂杰主编：《弗洛姆著作精选》，上海：上海人民出版社，1989年版，第341页。

费欲求得不到有效遏制，那么出现生态危机是早晚的事。

（二）使人丧失主体性的消费异化的特点及其具体表现形式

1. 消费异化的特点

首先，金钱成为消费无法回避的中介。"用金钱获得东西，我们对此事习以为常，不把这种获得东西的办法当成一回事，但实际上，这是获取东西的最古怪的方式。"①金钱是人们以往劳动的象征物，任何拥有金钱的人都可以用它来购买相应的商品。如此，人们除了通过自身的劳动获得金钱之外，还可以通过他人赠与、财产继承，甚至欺骗、抢劫等手段获得金钱。不论人们获取金钱的途径如何，只要拥有金钱，人们就可以消费绝大部分他想要的商品。消费本来是用以补偿人们在劳动中消耗的智力与体力的手段，而在金钱的媒介作用下，只要拥有金钱，不劳动也可以随意消费，消费背离了它的原初意义。同时，异化的消费将一切都用金钱来加以交换和度量，钱不但可以用来度量物质商品，还被用来度量艺术、美、爱甚至生命等抽象的存在。金钱这一度量标准显然超出了它可以发挥作用的范围，扩张到本不属于它的领域。弗洛姆以音乐为例展开批判："音乐并不是一种商品，音乐给人带来的体验也不是一种商品。花费钱的许多活动，如愉快的旅行、听演讲和参加聚会也同样如此。这些活动本身是生命的创造性活动，自然与花费的钱不能比较。"②用钱来衡量一切的社会是没有生命情趣的社会，是压抑人性的异化社会。

其次，消费不是为了商品的使用价值，而是为了占有其价值。消费异化的特点之一表现为不以消费为目的的占有，其目的是占有商品的价值，而非为了购买商品的使用价值。众所周知，生产是为了出让商品的使用价值而获得商品的价值，而消费是为了获得商品的使用价值而让渡价值。但在资本

---

① ［美］埃里希·弗洛姆:《健全的社会》，欧阳谦译，北京：中国文联出版公司，1988年版，第103页。
② ［美］埃里希·弗洛姆:《健全的社会》，欧阳谦译，北京：中国文联出版公司，1988年版，第150页。

主义社会，消费异化的产生使得消费也不再单纯为了获得商品的使用价值，而越来越多地成为一种投资行为，为了占有商品的价值而消费。"对许多物品，我们根本没有使用它们的要求。我们获得物品就是为了占有它们。我们满足于无使用价值的占有。因为怕摔坏贵重的餐具和水晶玻璃的花瓶，我们就从不使用它们。"① 这种占有在某种程度上具有投资的意味，即消费可以保值增值的商品。这种消费不是为了即时消费，而是为未来进行储备，为了投资未来而消费。消费从即时性的行为演变成为未来消费进行储备的囤积占有。"个人就像是大机器中的一个齿轮一样，其重要性决定于他的资本的多寡，资本多的就成为一个重要的齿轮，资本少的就无足轻重了，但不管怎么样，人总是一个服务于他自身之外的目标的齿轮。"② 这种基于投资的消费就是普通大众在资本主义制度下为成为其中"重要的齿轮"而进行的微弱努力。普通大众由于不具有生产资本，因而他们的消费可以说是从占有物质商品上补偿自身对资本的渴望。这种为了占有而消费的行为在某种意义上是为了积累更多的生活资料，预防未来生活可能出现的风险。资产阶级忙于生产资料的积累，无产阶级则忙于生活资料的积累；资产阶级通过促进大量消费不断扩大生产、积累资本，无产阶级则通过大量消费不断积累生活资料。

再次，人们的消费背离了真实的消费体验。消费本身应是人积极参与其中的体验，每一次消费活动过后，人都因为这次消费活动而增加了体验，从而变得与消费体验之前有所不同。然而在消费异化的活动中，人在消费前和消费后并没有什么不同，人没有在消费中产生积极主动的体验。正如柯达相机所做的广告那样，"你只需按下快门，其他都交给我们"。这造成了人在旅游消费的过程中通过相机来代替人本身的观赏，用照片来代替他的全部体验。③ 人们的饮食本是为了味蕾的享受与身体汲取必要的营养物质，然而现

① ［美］埃里希·弗洛姆：《健全的社会》，欧阳谦译，北京：中国文联出版公司，1988 年版，第 133 页。
② ［美］埃利希·弗洛姆：《逃避自由》，陈学明译，北京：工人出版社，1987 年版，第 149 页。
③ Erich Fromm, *The Sane Society*, London and New York: Routledge, 2001, p.133.

实却是人们主要是为了消费具体食物之外的社会幻想。例如，人们饮下可口可乐其实是饮下其背后广告所宣传的代表时尚超前的美国文化，而非为了味蕾的享受。[1] 更有甚者，"我们所进行的消费如同我们所进行的生产，都与我们所面对的对象没有具体的关联；我们生活在物的世界中，而我们与物的唯一联系就是我们知道如何操作或消费它们"[2]。我们的生产和消费都只是碎片化的机械行为，我们并不了解我们所生产或消费的对象的全貌，不了解它们背后的原理。例如，对于电脑、电话、手机等机械装置背后的原理，大多数消费者仅仅停留在会使用的层面，而不了解其运行的原理。

最后，人本身也沦为商品而被消费。"身价"一词就是对人的商品化的明确表达，即用个人拥有的财富来定义其本质。"人不仅仅出卖商品，而且还出卖他自身，他把自己也当作是某种商品。体力劳动者出卖体力，商人、医生和职员出卖他们的'人格'。对这些人来说，假如他们想使自己的商品或劳务能卖得出去，必须首先得具有某种'人格'。这种人格应该是有诱惑力的。"[3] 如此，能在就业市场中获得高薪，将自己"卖出好价钱"的人就是成功的，反之则是失败的。人的尊严感与价值感在资本主义社会由不得自己掌握，完全由市场所决定。人对自己的投资就是为了使自己在市场上取得更高的交换价值，否则自身的价值就得不到体现。人的自我在成为商品的过程中消失了，人和物一样丧失了主体性。在异化的消费中，作为主体的人不复存在了。"十九世纪的问题是上帝死了，二十世纪的问题是人死了。"[4] 弗洛姆所说的"人死了"，是指人的内在个性、创造性、主体性和爱的本能不复存在，人本身成为丧失主体性的商品。占有财富的多少成为衡量一个人的价值标准。一个人占有的财富越多，他的身价就越高，而一个人如果一无所有，那么他就一文不值。以人为中心的世界重存在，而以物为中心的世界重占有。

---

① Erich Fromm, *The Sane Society*, London and New York: Routledge, 2001, p.129.

② Erich Fromm, *The Sane Society*, London and New York: Routledge, 2001, p.130.

③ [美] 埃利希·弗洛姆：《逃避自由》，陈学明译，北京：工人出版社，1987 年版，第 161 页。

④ [美] 埃里希·弗洛姆：《健全的社会》，欧阳谦译，北京：中国文联出版公司，1988 年版，第 138 页。

"你的存在越微不足道，你表现自己的生命越少，你拥有的就越多，你的外化的生命就越大，你的异化本质也积累得越多。国民经济学家把从你的生命和人性中夺去的一切，全用货币和财富补偿给你。"[①] 在资本主义社会，看似商品的极大丰富是为了人本身，为了让人过上更好的生活，而透过表象揭示本质，实质上是人为了商品的丰富而耗尽了自己的本质力量。人被资本剥削而不自知，反而服务于资本的持续运转，为资本家的福祉服务。人们为了更多地消费，就心甘情愿地成为资本的工具。"人把自己当作一件商品、一种投资，他的目的就是做个功成名就的人，即是说，尽可能有利地在市场上出卖自己。"[②]

2. 消费异化的具体表现形式

使人丧失主体性的消费异化的具体表现形式有空虚型消费、囤积型消费、炫耀型消费等。

其一，空虚型消费。资本主义现代社会在表面的物质繁荣下，隐藏着人的空虚与寂寞。人在劳动与生活过程中得不到人性创造性发挥的快乐，被资本主义社会的运行准则所压抑与束缚。人与人之间难以得到心灵的交流，劳动异化不但使人与自我相异化，也使得人与人之间的关系相异化，使本应在人际交往中得到慰藉的心灵非但得不到交流的快乐，反而被人际关系所困。异化的人之间的关系也一定是异化的。人与人之间的关系在消费过程中表现为两个抽象物的机械利用关系，人与人在消费过程中缺乏真诚的交流与沟通，仅将对方视为达到自己目的的手段。人与人之间相互视对方为商品，为可被利用的对象，在交往中缺乏情感投入，致使人与人的关系沦为物与物的关系。在消费过程中，双方表面友好，实则彼此冷漠、疏离、不信任。如此，人们只能到消费领域寻找心灵慰藉，在消费中麻痹自己的本性并以此为乐。人们的消费在很大程度上不是为了消费商品的使用价值，而是为了消费

---

① 《1844 年经济学哲学手稿》，北京：人民出版社，2000 年版，第 123 页。
② ［美］埃里希·弗洛姆：《健全的社会》，欧阳谦译，北京：中国文联出版公司，1988 年版，第 366 页。

而消费，妄图在消费过程中逃避与麻醉自我异化的痛苦。如此，消费的不是商品本身，而是寂寞。

其二，囤积型消费。囤积型消费可以分为两种类型，一种是基于安全感缺失的消费。在资本主义社会中，人们普遍缺乏安全感。尤其是广大无产阶级手中不掌握资本，只有靠出卖自己的劳动力来谋生，一旦失去工作就意味着生存面临挑战，所以只能通过囤积型消费来积累一定的生活资料，给予自己一定的安全感，以备在失去工作时维持生计。另一种囤积型消费是出于贪婪无度心理的消费，这种消费心理的形成又与资本主义社会对消费主义的大肆倡导与宣传密不可分。在资本主义消费社会，各种媒体都在向人们灌输各式各样的消费品，支配着人们的消费喜好与空闲时间。"他对闲暇时间的消费，就像他所买的商品一样是由工业所决定的，他的趣味受到控制，他想看的和想听的是社会允许他看和听的东西；就像其他东西一样，娱乐也是一种工业，消费者被支使去买娱乐就像他被支使买衣服鞋子一样，娱乐的价值取决于它在市场上的流行与否，而不是从人的角度去衡量。"① 不论哪种类型的囤积型消费，都是人的非正常表现。

其三，炫耀型消费。这种消费行为完全是为了满足个体的虚荣心，个体将奢侈消费当作证明自己的工具，通过炫耀型消费体现自己的人生价值。消费变成了一场表演、一个美丽的梦境，成为个体为了遮蔽自我在某方面的缺失而寻求的一种补偿。"只求曾经拥有，不求天长地久"且要让尽可能多的人知晓并羡慕自己的消费从而得到心理上的满足，是炫耀型消费的心理模式。"现代人如果敢于描述她对于天堂的看法的话，她会描述出一个像世界上最大的百货商场一样的天堂，里边摆满许多新的产品和玩意，而且他有充足的钱来购买这些东西。只要有更多和更新的物品可买，只要他比世人多那么一点特权，他就会垂涎三尺地在这个充满商品的天堂里逛来逛去。"② 炫耀

---

① ［美］埃里希·弗洛姆：《健全的社会》，欧阳谦译，北京：中国文联出版公司，1988年版，第137页。

② ［美］埃里希·弗洛姆：《健全的社会》，欧阳谦译，北京：中国文联出版公司，1988年版，第136页。

型消费说到底就是通过展示自己的消费能力来博取他人的关注与艳羡。

总之，在消费社会，一个人的创造能力让位于其消费能力。人真实而正当的需要满足变为"商品狂热"①（commodity hunger）驱动下的满足。现代人渴望占有与使用新商品，并将对商品的占有等同于对美好生活的追求。处于消费社会中的人越来越表现为贪婪而被动的消费者。被消费异化掌控的人就如同嗜酒如命的人一般嗜消费如命，表现为消费上瘾症，将其自我认同建立在疯狂的消费上，奉行"我是什么＝我所拥有和消费的"这一理念。

（三）消费异化的人性与制度根源及其消除

弗洛姆认为造成消费异化的原因主要有两个方面，其一在于人性，其二在于资本主义制度，消费异化是人性在资本主义制度下遭受扭曲的结果。

1. 消费异化的人性根源

从人性层面来看，弗洛姆认为之所以产生消费异化，不在于人的动物性本能需求，因为这一层面是很容易得到满足的，并且是有限的，不会导致消费异化的产生。正如动物满足了其基本的生存需求就会停止觅食，直到饥饿再次来袭它们才再次外出觅食，如此循环往复。因而人的物质贪欲只可能来源于自身的幻想。"与动物形成鲜明的对照……饥、渴和性的冲动得到满足以后，他的最迫切问题并未解决，而是刚开始露头。即使人的饥、渴和性的追求完全得到满足，也并不因此感到幸福和快乐，还要不断追求别的东西。"② 人与动物的不同之处正在于人具有自我意识、会思考，除了基本的物质满足之外还具有自我内在的精神需求，弗洛姆认为正是人的精神层面的追求导致了消费异化现象。具体说来，人的精神层面的需求主要表现为对人与人之间的关联、消除孤独感和自我超越的需求。

首先，人的本质是社会关系的总和，说明人具有与人连接的需求，尤其

---

① Erich Fromm,*Beyond the Chains of Illusion-My Encounter with Marx and Freud*, New York and London: Continuum, 2002, p.126.

② ［美］埃里希·弗洛姆：《寻找自我》，陈学明译，北京：工人出版社，1988 年版，第 322 页。

是在心理上，"处于个人化和孤独感两歧之中的人，极端害怕孤独，迫切需求与他人发生关联，以使自己从孤独中解脱出来"[1]。人最怕被孤立，内心渴望与他人建立关联，因为孤独会给人带来焦虑等心理不适。资本主义社会无情打破了之前社会人与人之间的人身依附关系，这是历史的进步，但也造成人单向度化为相对自由的"经济人"，导致了人与人之间关系的疏离，使个人普遍感到孤独无依。在资本主义社会，从劳动异化起始，社会生活的各个角落都处于一种异化的状态，人与人之间除了赤裸裸的金钱关系很难找到纯粹的温情，人很难从他人那里获得所需的心理连接，因而亟须找到一个途径满足自己与人连接的需求。消费领域最终成为人们满足与人连接而克服孤独的选择。然而这一途径是不能有效解决人获得关联感的内在需求的，因为在消费中人与人之间的连接仅仅是表层的连接，并没有解决人内心深处的关联需求。人越沉迷在这种表层的连接中，就越会使自己的异化程度加深，越不能建立真正的人与人之间的关联。对此，弗洛姆认为，人与人之间的爱才是解决问题的唯一途径。

其次，人具有创造性力量，但在资本主义社会，人的创造性却得不到发挥。因为资本掌控下人的劳动是被动的、强制以资本增值为导向的劳动，在生产劳动中由于分工的细化而从事重复性的、单调的、机械性的劳动，在劳动过程中个体的创造性本能得不到发挥，因而备感压抑。异化劳动所带来的无意义感与低成就感将人们引向消费领域，在消费领域寻求慰藉成为人们释放压抑感的出口。由此，资本主义社会成功地塑造出人的消费性格[2]，使人的过度消费成为常态。弗洛姆认为处于消费异化中的人丧失了自主性，而异化为"物"的存在。人们对商品的消费是不带情感的消费，也不会产生珍惜之

---

[1] ［美］埃里希·弗洛姆：《寻找自我》，陈学明译，北京：工人出版社，1988年版，第17页。

[2] 弗洛姆将性格分为个人性格和社会性格两类。所谓个人性格，就是单个人所表现出的性格特征，而社会性格是特定文化中大多数社会成员所具有的性格特征。不同社会时期、不同文化背景下的人，其社会性格是全然不同的。社会性格能起到将人们的行为规范到适合这一特定社会正常运行的作用。以消费为例，19世纪资本主义社会中的社会性格是节俭主导的，而20世纪资本主义社会的社会性格是由消费主导的消费性格。

情，买了扔、扔了买就成为人们消费物品的简单过程。

　　2. 消费异化的制度根源

　　从社会层面来看，资本主义的大工业生产、私有制等是造成消费异化的外因。

　　首先，现代机器大工业是造成消费异化的重要原因。一方面，机器大工业极大地提高了劳动生产力，创造出供人们消费的丰富物质财富。"19 世纪以来的自然科学导致了空前绝后的生产性能量的释放，带来了物质世界的重大改变，社会上涌现出大量的物质财富。"① 大量商品的生产使得大众消费成为可能。另一方面，机器大工业又压抑着人的创造性与自由，将人束缚在机械工序中，把人当成一个个单调的零部件，使人的主体性难以施展。如此，工人阶级想在工作之外发泄需求的需要，与资产阶级大量商品亟待出售的需要被联系起来，由资产阶级将工人阶级对自由等主体性的渴望转移到过度消费中。

　　其次，资本主义的经济制度必然导致消费异化。正是资本主义一切以利润为导向的生产制度才必然要求消费的大量增加以跟上资本增值的逻辑。促使人们大量消费是资本主义制度顺利运转的需要。那么资本主义社会是如何刺激人们的消费需求的呢？弗洛姆认为，广告在其中起到了非常重要的促进作用。广告能起到引导人消费欲求的作用，将人导向最有利于资本增值的消费领域，成为服务资本增值的有效载体。广告之所以能引导消费，关键在于它放大了人们对美好生活的幻想。一件普通的衬衫可以通过穿在充满朝气的影视明星身上而获得追捧，一块普通的糕点可以通过艺术化的加工而变成品质生活的象征，等等，广告正是通过将普通的商品渲染成美好生活的象征而激发起人们的消费热情。广告的成功与否就在于其能否刺激人们的心灵幻想，调动引起人们消费的内在心理因素。如此，资产阶级利用广告成功地刺激了导致人的消费异化的内因。社会制度的外因与人的心理机制的内因共同

---

① ［美］埃里希·弗洛姆：《人的呼唤——弗洛姆人道主义文集》，王泽应等译，上海：上海三联书店，1991 年版，第 76 页。

催生了消费异化现象。

3. 消费异化的消除

正因为造成消费异化的原因是多方面的，既包括人的内在心理因素也包括社会因素，所以人的内在精神变革与社会的变革对消除消费异化现象是同样重要的。只有人成为精神健康的人、社会成为健全的社会，消费异化才能彻底消除。基于对造成消费异化的人性成因和社会制度成因的分析，克服消费异化也将是一个系统的工程，包括对人性和整个社会制度的改造。"只有当工业和政治体制、精神和哲学的倾向、性格结构以及文化活动同时发生变化，社会才能够达到健全和精神健康。"①

弗洛姆尤其重视从人内在的心理和价值层面着手来消除消费异化，在个体之中进行精神变革，树立自主地有价值地生活的观念，而非为了他物遮蔽自我价值，"我们的目的必须是有价值地存在，而不是占有很多的价值"②。人的本质是劳动而非消费，要克服消费异化就要摒弃沉迷于消费的消费性人格，建立发挥自身主动性和创造性的生产性人格，树立人道的消费观。建立了生产性人格的人能够发挥自身的创造性与潜能，能在生产劳动中满足自身对人际关联和自我超越的需要，因而不会沉迷于过度消费。真正具备生产性人格的人能够建立符合人的本性的消费观念，摆脱过度消费观念。

同时，只有健全的社会才是消除了消费异化的社会，这个社会将是符合人性的社会。人的成长才是社会存在的根本目的，为了其他任何目的而忽视人的社会都是不健全的社会。在健全的社会中，人才是中心，经济、政治等一切活动都是为人的发展服务的。③为此，弗洛姆提出了一系列变革的措施。

在经济上，改变以利润为导向的资本主导模式，将重点放在工人的自主与协同劳动上，让工人在劳动中充分发挥自身的主观能动性，在劳动中获得

---

① ［美］埃里希·弗洛姆：《健全的社会》，欧阳谦译，北京：中国文联出版公司，1988 年版，第 274—275 页。

② 黄颂杰：《弗洛姆著作精选》，上海：上海人民出版社，1989 年版，第 13 页。

③ Erich Fromm, *The Sane Society*, London and New York: Routledge, 2001, p.269.

与他人的联结与互助体验。生产中"根本的问题不在于财产所有权的法定权利或是利润的分享，而是在于劳动的共同分担和经验的共同分享。必须使所有权的改变最终造成一个劳动的共同体，最终防止利润动机将生产引向危害社会的发展"①，营造公平和谐的劳动生产环境。工人在劳动中摆脱了资本的统治，在劳动中实现了自身力量的发挥与他人之间的联结，就不会在过度消费中寻求人与人之间的联结与自身超越力量的发挥。要保障每个人的基本生活需要，避免分配悬殊的情况出现。弗洛姆不追求分配的绝对平等，而要求相对平等，"即为每个人过上人性尊严的生活提供物质的基础，从而防止社会各阶级因经济的差别而造成他们完全不同的生活感受"②。

在政治上，要将民主原则落实到社会生活的各个方面。弗洛姆指出，要实现真正的民主，仅具备选举制是完全不够的，还需要限定选举的人数规模，使在一定的小团体中每个人都能发表看法而不被忽视。这样的小团体要每月开一次例会，对地方和国家发生的重大事件进行讨论表决，最终每个团体的表决结果上报中央，从而保证每个成员都能参与和影响中央决策。此外，还要让工人能够参与到企业的管理和决策中，确立主人翁意识。"只有当工人能够左右那些关系到他个人的劳动境遇和整个企业的决策，他才能够成为一个主动关心和负责的参与者。"③

在文化上，要坚持以人为本，践行人本主义的价值理念。如此，就要彻底变革教育制度，使教育成为真正引导和帮助人成长的教育（而非单单传授知识），为人适应现代工业文明做准备。教育将是持续的、终身的过程，成人教育和幼儿教育同样重要，最终目标是实现人的自我成长和发展。同时，还要注重发展高雅的公共艺术，让人们在艺术的熏陶中摆脱孤独感和异化，找到心灵的归属。

---

① ［美］埃里希·弗洛姆：《健全的社会》，欧阳谦译，北京：中国文联出版公司，1988年版，第371页。
② ［美］埃里希·弗洛姆：《健全的社会》，欧阳谦译，北京：中国文联出版公司，1988年版，第372页。
③ ［美］埃里希·弗洛姆：《健全的社会》，欧阳谦译，北京：中国文联出版公司，1988年版，第331页。

四、从心理视角批判消费异化的新意与不足

法兰克福学派立足于人的存在本身这一基本点，抓住了二战后以物质消费充裕为表现的资本主义社会背后存在的消费异化问题，敏锐地洞察到以过度消费为表征的消费异化对人的自我所造成的损害，其对于过度消费给人带来的心理与精神层面全方位影响的批判考量无疑是深刻的。随着丰裕的消费社会的到来，消费异化不但表现为人为物役的过度消费，更表现在消费者对人的心灵的侵蚀，使人在过度消费中丧失了自我。不同于马克思从劳动异化着手、以政治经济维度的批判为特色的消费异化批判，法兰克福学派的消费异化批判是在全新时代条件下的新探索与新发展，其深入人的精神层面，聚焦于人与自我的关系，从人的心理分析着手，呈现出不同于以往消费异化批判理论的独特视角与全新特点。法兰克福学派认为，借由消费异化，人们只是简单地将大量的物质商品消费作为满足生活的唯一内容，彻底被物质欲望和商品所绑架与奴役，人们心理的内在向度被削弱了，丧失了批判现实的否定性思维力量。资产阶级和工人阶级在消费表象上的一体化还掩盖了两个阶级之间的剥削与被剥削的关系。法兰克福学派的学者敏锐地观察到消费异化所造成的人的精神家园的贫瘠与心灵的枯竭，他们对人们精神领域与社会人文环境的恶化报以深度关切。物质丰裕与精神衰微的资本主义消费社会是矛盾重重的异化的社会。人的精神向度的沦丧与人的物质向度的膨胀使人牺牲了人之为人的尊严，物质的丰裕并不能抵抗人内在精神的萎靡、心灵的迷失。因而他们认为绝不能让物欲的过度消费统领社会生活，人们的精神与心理向度必须重新取得应有的地位。

法兰克福学派认为消费异化是资产阶级对无产阶级劳动异化的一种消费补偿，是为劳动异化中的无产阶级开出的一针麻醉剂，也正是借由消费这一麻醉剂，资产阶级才可能持续对社会施行控制。消费已经不是单纯的经济学范畴的概念，而成为社会学、政治学范畴的概念。法兰克福学派的消费异化理论对消

费异化所造成的人的心理问题进行了深入的批判，但是其理论有将消费异化看作资本主义社会一切问题根源的态势，让人以为似乎消除了消费异化，资本主义制度就会得到终结。其实，消费异化只是资本主义社会在二战后凸显的社会现象，表现为当时社会的显著矛盾，但其并非资本主义社会的根本矛盾。资本主义社会的根本矛盾在于生产的社会化与生产资料的私人占有之间的矛盾，消费异化只是这一根本矛盾在资本主义社会发展的特定阶段的显著表现。同时，法兰克福学派对消费异化的批判也容易让人产生在资本主义社会每个人都一样能过度消费的错觉，从而在客观上造成对资本主义经济剥削的掩盖，让人误以为资本主义的经济剥削已经让位于丰裕的物质消费。同时，法兰克福学派对消费异化批判所持的心理视角没能抓住消费异化产生的根源，其对消费异化进行的科技、心理、文化、制度等归因是不完全的，因而也不可能提出消除消费异化的根本路径。法兰克福学派没有始终坚持和深入对资本主义制度及其生产关系的批判，而转向了对科技和人性的批判，从而显现出其对消费异化批判的不彻底，没能从根本上动摇资本主义社会造成消费异化的根基，也没有提出具体的变革路径与步骤，这是法兰克福学派消费异化批判的不足所在。总体看来，法兰克福学派对消费异化的批判表现为批判有余而建构不足。

第三章

文化视角：后现代马克思主义
立足人与社会的关系批判消费异化

消 费 异 化 批 判： 西 方 视 角 与 中 国 理 念

一、后现代马克思主义及其消费异化批判概况

关于后现代马克思主义（Post-modern Marxism），学界目前还没有公认定义，但一般将具有后现代话语特征的马克思主义归入后现代马克思主义一派。后现代源于现代，但又旨在对现代的批判与超越，是一种缺乏统一理论形态的反现代思潮。后现代马克思主义带有后现代的话语特征，用后现代的视角解释马克思主义，解构经典马克思主义生产力决定生产关系、经济基础决定上层建筑的历史唯物主义原理，否定宏大叙事，推崇多元决定论。但不容否认的是，后现代马克思主义仍是站在马克思主义的立场来批判资本主义社会，只不过他们受到后现代理论的影响。正因如此，才将之归入后现代马克思主义学派。还需要注意的是，后现代马克思主义与以厄尼斯特·拉克劳（Ernesto Laclau）、尚塔尔·墨菲（Chantal Mouffe）等为代表的后马克思主义是存在区别的，在对经典马克思主义的解构中，其并没有完全否定经典马克思主义的经济分析方法，其。后现代马克思主义的主要代表人物有弗雷德里克·詹姆逊（Fredric Jameson）、列斐伏尔和鲍德里亚等。后现代马克思主义对当代西方的大众文化进行了总体上的批判，例如詹姆逊受到鲍德里亚的理论的影响，将后现代文化看作消费社会的文化，主要批判了文化商品化与大众文化的泛滥，重在对资本主义社会进行文化批判。

就消费来看，当消费脱离了对商品使用价值的诉求而沦为对符号的消费时，消费的"后现代"特征也就展露无遗了。基于对消费对象理解的不同，

本书把将消费对象视为符号消费的西方马克思主义学者归入后现代马克思主义派别。后现代马克思主义在继承法兰克福学派对消费异化批判的基础上，更新了对消费异化对象的理解，从全新的符号视角对消费异化进行了社会维度的批判。后现代马克思主义者认为，通过符号消费，人们在消费中自然建立起一种根据消费的符号序列而产生的相应身份认同。也就是说，当人们进行消费时，人与人之间的社会关系与社会地位就已经显露并展现了出来。符号之间的差异代表了购买这些符号的人与人之间的差异，符号消费的本质就是人与人之间社会差异的构建。人们通过符号消费，实际上是在寻找相应的群体归属与身份认同，这与之前人们通过劳动工作来建立身份认同形成了鲜明的对照，也是人们迈入"后现代"的一大表现。

在符号消费异化批判上，后现代马克思主义的主要代表人物是列斐伏尔和鲍德里亚。列斐伏尔的消费异化批判思想深受马尔库塞消费异化批判思想的影响，甚至有观点认为列斐伏尔对消费异化的"消费受控制的官僚社会"（the bureaucratic society of controlled consumption）的批判就是马尔库塞对消费异化的"单向度社会"批判的法国版本。但是，后现代马克思主义对消费异化的批判与前期法兰克福学派对消费异化批判的显著区别在于：在列斐伏尔和鲍德里亚看来，现代资本主义社会的消费对象不再是实物商品，而是表征社会等级地位的符号商品，消费成为展示社会地位的手段。如果说法兰克福学派对消费异化的批判主要集中在其对人本身所造成的戕害上，那么后现代马克思主义对消费异化的批判主要集中在其对人与人之间的社会阶层划分而导致的社会不平等这一社会维度的批判上。列斐伏尔开辟符号消费异化批判的新视角，并对日常生活中的消费异化现象进行了全方位的批判，鲍德里亚在列斐伏尔的基础上，通过提出物体系与"符号价值"等新概念，拓展了对符号消费异化批判的深度。

二、亨利·列斐伏尔的日常生活语境下符号消费异化批判

列斐伏尔（Henri Lefebvre, 1901—1991），著名的"现代法国辩证法之父""日常生活批判理论之父"，也是最早将马克思主义引入法国的哲学家。在对二战后资本主义社会性质的把握上，列斐伏尔认为工业社会、科技社会、休闲社会乃至消费社会都不能准确界定现代社会的基本特征，而只有"消费受控制的官僚社会"这一界定才最为科学和精确。[①] 所谓"消费受控制的官僚社会"，是指资产阶级通过日常生活平台，以控制人们的日常生活消费，并将消费符号化为手段而对人们进行奴役和控制的资本主义官僚社会。列斐伏尔敏锐地洞察到现代资本主义社会在消费繁荣背后的阶级力量，认识到消费之所以成为当代资本主义社会的显著特征，就在于资产阶级的引导与控制。通过日常生活中的符号消费，资本主义社会将其权力拓展到人们社会日常生活的每个角落。在"消费受控制的官僚社会"，人们无法自主决策自己的消费行为，而由资本主义官僚社会中的资产阶级通过大众传媒手段将消费符号化来引导人们的消费行为。也就是说，消费社会之所以不能完全概括当代社会的主要特征，是因为消费成为当代社会的主要特征与国家垄断资本主义的出现有着密不可分的关系，正是在国家组织的推行下消费才得以大行其道。"消费受控制的官僚社会"这一定义与其解释为在资本主义官僚社会中的大众消费受到了资本控制，倒不如说是资本主义的官僚社会就是靠控制大众大量消费来维系的。

在异化问题上，列斐伏尔认为异化现象在现代非但没有消失，反而发展出更多新的样态，甚至于"变得愈益广泛和强劲却不露异化的痕迹"[②]。"异化不仅仅局限于劳动领域，而且存在于消费与人的各种需求领域，即日常生活领域；异化主要不是马克思所关注的贫困问题，而是现代社会技术闻名进步

---

① 　Henri Lefebvre, *Everyday Life in the Modern World*, London: The Penguin Press, 1971, p.60.

② 　Henri Lefebvre, *Everyday Life in the Modern World*, London: The Penguin Press, 1971, p.94.

所导致的全方位的社会问题。"① 资本主义的日常生活是全面异化的生活，其最为鲜明地体现在消费领域，且消费异化已经超越劳动异化而成为异化在现代世界的主要表现。列斐伏尔基于日常生活语境的消费异化批判落脚于现实生活场域并开辟了对消费异化的符号批判视角，从而开创了消费异化批判的新场域与新视角。面对由符号把控消费的社会现实，列斐伏尔寻求通过日常生活的文化革命来进行变革，但他的设想没有经济、政治斗争做支持，独断地放弃了经典马克思主义对资本主义社会经济政治的批判，最终对日常生活的变革只能沦为美好的幻想。

（一）消费异化的现实场域：日常生活及其"次体系"

在"消费受控制的官僚社会"中，日常生活被单一化为毫无特色、千篇一律的符号消费世界，符号消费成为日常生活的主导。日常生活及其"次体系"成为资产阶级通过符号消费掌控大众的平台。对"消费受控制的官僚社会"的批判，就是对日常生活的批判，而日常生活批判就是要批判日常生活中的异化现象，尤其是消费异化。② "消费受控制的官僚社会"将统治重心从生产领域转向消费领域，借由日常生活中的符号消费来巩固资产阶级的统治地位。列斐伏尔开启了对消费异化批判的日常生活视域这一微观视角，实现了消费异化批判之符号学批判的后现代转向。如此，对日常生活消费领域的批判成为列斐伏尔批判的重心，符号消费成为人们日常生活中异化的显著表现。

1. 日常生活的内涵及其总体特征

列斐伏尔把历史唯物主义的宏大叙事转向微观视域，讨论人们的日常生活，进行日常生活批判。这一微观视域的转向可以说是当代马克思主义新的生长点。对日常生活的批判性分析可以解释"一切"（everything），因为日常

---

① 刘怀玉：《现代性的平庸与神奇——列斐伏尔日常生活批判哲学的文本学解读》，北京：中央编译出版社，2006年版，第138页。

② Henri Lefebvre, *Critique of Everyday Life*, Volume 2, London and New York: Verso, 2002, p.207.

生活包容"一切"。① 什么是日常生活？日常生活就是日复一日的生计，衣食住行、行走坐卧、邻里相处等。日常生活往往不是哲学研究的主题而是其稀松平常的背景，原因正在于它琐碎与凌乱，难以上升到哲学的高度。但事实上，哲学离不开日常生活，哲学与日常生活是互补性的存在，"哲学的局限性即重真理而轻现实，总是与日常生活的局限性即重现实而轻真理相平衡"②，因而列斐伏尔呼吁：是时候让日常生活从背景走向前台而加以重新审视了。日常生活是每个人最为熟悉的领域，每个人每天就直接生活在日常生活之中。然而，熟知未必真知③，日常生活似乎总是纷繁复杂、杂乱无章，较少被人们认真审视与研究，是最容易被忽视的场所。日常生活之于社会如同空气之于人，看似自然而然，却是社会运转的根基与纽带。

日常生活在某种意义上是一种"剩余物"，是不能被纳入社会独特而专业的结构性活动中的"边角料"，因而必须对它进行总体性的把握。而那些可被划分的社会专业领域之间也留下了技术真空需要日常生活来加以填充。④ 可见，日常生活不是社会系统中的子系统，而是未经分化的人类实践总体场域，它承载一切人类活动，因为生活本身就是一体的过程。事实上，不论经济、政治还是文化，最终的落脚点都是日常生活，日常生活这一场域作为最基本的社会生活发生地，承载与反映着经济基础与上层建筑的变化。日常生活是一切活动的基础与纽带，人格的塑造、社会的变革都在日常生活中一点一滴、潜移默化地进行着。透过日常生活的点滴小事，往往可以窥一斑而知全貌。人与自我、人与社会、人与自然的一切关系与变化都会映射在人们的日常生活当中。离开了日常生活、人们的活动就没有了依托，没有了展现的舞台。看似单调、简单的日常生活小事实则反映着社会问题与历史变迁，通

① Henri Lefebvre, *Everyday Life in the Modern World*, London: The Penguin Press, 1971, p.72.

② Henri Lefebvre, *Everyday Life in the Modern World*, London: The Penguin Press, 1971, p.14.

③ ［德］黑格尔：《精神现象学》（上卷），贺麟等译，北京：商务印书馆，1997 年版，第 20 页。

④ Henri Lefebvre, *Critique of everyday life*, Volume 1, London and New York: Verso, 1991, p.97.

过分析日常生活事件往往能以小见大，揭示人类社会存在的问题与改进的方向。当然，日常生活是琐碎与细微的，不容易让人轻易从中洞察到深刻的社会问题，而这就需要从看似无章可循的繁杂表象中抽丝剥茧，以揭示隐现其中的深刻社会现实问题。将日常生活场域视为无足挂齿的领域而加以忽视的态度是对日常生活的轻视，同时也使人的理性批判精神遭受损失。

2. 被消费"殖民化"①的日常生活

聚焦于对消费异化的批判，列斐伏尔通过消费所发生的日常生活这一场域而将之具体化，将日常生活平台视为不同于经济与政治平台之外的新平台。这一新平台在"消费受控制的官僚社会"中处于关键性的位置，是异化表现最为显著的平台，也是新型革命的源泉地带。日常生活已经被殖民化。被什么所殖民？被符号消费所殖民，被战后资本主义社会所殖民。通过新型媒体手段和广告宣传，"消费受控制的官僚社会"在日常生活的每个角落伏击大众进行消费。②工人阶级大众不但在工作中被异化，不能掌控自己，而且在日常生活中也被异化而不能自我掌控。

"消费受控制的资本主义社会"通过牢牢掌控日常生活中的消费而巩固自身的统治，将以消费为主导的日常生活领域变成统治的关键平台。"消费受控制的资本主义社会"之所以取得统治的成功，在于它将全社会的注意力与重心引导到消费中，在消费中全体社会成员不分阶级地位、高低贵贱都只是"消费人"，人与人之间只论消费关系而不论其他。"资产阶级和无产阶级除了利益矛盾外，具有共同的人性：需要、劳动与快乐，没有完全独立的资产阶级与无产阶级的日常生活"③，也就是说，在日常生活的消费中，无所谓泾渭分明的资产阶级的消费和无产阶级的消费之截然对立，能消费得起同样的商品的"消费者"就是属于同一群体的"消费者"。日常生活平台中的消费似乎

① Stuart Elden, *Understanding Henri Lefebrve*, London and New York: Continuum, 2004, p.113.

② Andy Merrifield,*Henri Lefebvre—A Critical Introduction*, New York: Routledge, Taylor and Francis Group, 2006, p.9.

③ 吴宁：《日常生活批判——列斐伏尔哲学思想研究》，北京：人民出版社，2007年版，第53页。

在一定程度上掩盖了阶级的截然对立，毕竟无论资产阶级还是无产阶级都生活在日常生活的消费当中，因而人们最直观的感受是消费层次的划分，而非阶层的划分。于是，在消费层级中寻求满足就成为现代人的普遍追求。

在前资本主义社会，日常生活的重复性是与自然界的自然规律循环相关联的，人们往往日出而作、日入而息，顺应天时而劳作与生活。日常生活总是单调的日复一日、年复一年的轮回。在资本主义社会，人们的日常生活发生了巨大的变化，其重复性不再仅根据自然规律，而首要服从资本运行的要求。资本运行要求大量生产与大量消费，因而人的生命活动就被资本控制在主要围绕大量生产与大量消费上。"居民的日常生活行为由日常事务构成。日常事务主要分四类：家务、工作（上学）、购物与闲暇娱乐活动"[1]，而这主要的四类日常事务都表现出消费化的特征，家务可以找家政服务公司来做，表现为家政服务消费开支；工作需要支付上下班交通工具及相应工作充电学习的消费开支、上学需要学杂费等消费开支；日常购物无疑是消费开支的主流；休闲娱乐也同样离不开消费开支。由此可见，居民的日常生活方方面面都离不开消费。如果再进一步把人的生命活动简化为工作与日常生活两部分，那么工作服务于资本主义的生产、为资产阶级创造剩余价值，日常生活服务于资产阶级的消费、为资产阶级实现剩余价值。尤其是二战后，日常生活领域彻底成为服务于资本增值逻辑的殖民地，成为受资本控制的消费世界。"日常生活并非被遗弃的空间与时间复合体，也不是留给个人自由、理性和智慧的纯净空间；它也不再是人类苦难和英雄行为所上演的空间"[2]，日常生活成为被精心设置好的"封闭循环"[3]（a closed circuit），用以重复生产、消费、生产的循环。

---

[1] 杨晓俊等：《居民消费行为与城市休闲、娱乐场所的空间关系》，《西北大学学报（哲学社会科学版）》，2005 年第 6 期，第 55 页。

[2] Henri Lefebvre, *Everyday Life in the Modern World*, London: The Penguin Press, 1971, p.72.

[3] Henri Lefebvre, *Everyday Life in the Modern World*, London: The Penguin Press, 1971, p.72.

经济人、政治人、劳动人、理性人等等，对人的上述界定都是不完全的，人在最基本的层面只不过是日常生活中的一个"凡夫俗子"。[①] 因而对人的分析与解放不能仅停留在政治和经济等领域，最终还要落实到日常生活当中。日常生活就是未被专业领域所分化的人类实践的总体性场域，政治、经济、文化等领域都交融于日常生活。日常生活成为取代马克思主要关注的经济平台的核心平台，并成为资产阶级实施统治的主战场而被纳入生产与消费的总环节中。在日常生活消费中，工人阶级大众在广告、时尚杂志、电影、电视剧等传媒工具的轮番轰炸下，把自己辛辛苦苦赚来的工资花光。"消费受控制的官僚社会"中所有可被消费的时间与空间都被作为原材料而用于生产消费品。"马克思的'异化劳动'（estranged labor）如今被普遍化为'异化生活'（estranged life）"[②]，尤其表现在日常生活中的异化消费现象中。

现代日常生活已经被生产与消费所霸占，变得单调贫乏，尤其是被资产阶级的意识形态通过消费主义而加以完全异化，成为以消费为手段而被资产阶级官僚政治所掌控的场域。在"消费受控制的官僚社会"中，似乎街道、咖啡厅、站台等消费的场所比我们自己的家更为有趣，而当街道等消费场所不再有趣时，日常生活似乎也就失去了乐趣。[③] 似乎没有了消费人们就无法进行日常生活，传统社会内涵丰富而充实的日常生活在资本主义现代社会完全被消费所"漂洗"了，人们在消费充斥的现代日常生活中再也感受不到昔日传统社会日常生活的安宁与静谧，现代人所感受到的日常生活是喧嚣与鼎沸的消费浪潮。在"消费受控制的官僚社会"，统治阶级通过对日常生活的控制而成功实现了对全社会的控制。

---

① Henri Lefebvre, *Critique of Everyday Life*, Volume 1 London and New York:Verso, 2002, p.127; Henri Lefebvre, *Everyday Life in the Modern World*, London: The Penguin Press, 1971, p.193.

② Andy Merrifield,*Henri Lefebvre—A Critical Introduction*: New York and London: Routledge, Taylor and Francis Group, 2006, p.11.

③ Henri Lefebvre, *Key Writings, Edited by Stuart Elden, Elizabeth Lebas and Eleonore Kofman*, New York and London: Continuum Collection, 2006, p.90.

3."次体系"是日常生活平台中的具体消费路径

生活在不断更新与花样百出的消费时代，人们对稳定与持久的需求被忽视了。"日常生活如在隧道与洞穴般的无意识之上，而又相对于被称为现代性的不确定与幻觉的天际线之下的地壳"[1]，在无意识与现代性之间被滚滚消费洪流所裹挟。发生在日常生活平台中的消费需要具体的消费实现路径，这就意味着在消费中不存在完整的日常生活系统，存在的仅仅是在同一平台上各自平行的服务于不同消费需求的"次体系"（sub-systems）[2]。日常生活中的消费异化并非受到统一体系的支配与控制，而是通过一个个"次体系"的专业化、技术化的分门别类来进行的。人们可以在不同的"次体系"中选择消费。"次体系"揭示了日常生活中消费异化的机理与具体通道，通过"次体系"我们才能明确聚焦于消费异化发生的具体场景。"次体系"的存在说明了日常生活中的消费并非铁板一块，而呈现出碎片化的消费状态。日常生活成为依附于各种"次体系"的碎片。"现代世界是各种各样的次体系或体系的替代物所构成的多层异质性现实的笼统总称，是一个各种体系相互掩盖罪行、推脱责任、总体瓦解或'不在场'的社会（比如，技术性是技术官僚的无罪证明，精英文化与大众文化互为无罪证明）；是'符号'冒名顶替'物'的存在的'超现实'世界，即一个巨大的彻头彻尾的'假装的世界'。"[3]

二战过后，欧洲一些极具天赋智慧的人洞察到通过利用消费来组织日常生活的可能性，因为日常生活的琐碎状态就如同一块块拼图板（工作生活、私人生活、休闲）般需要被整合起来。[4] 如此被消费重新整合起来的现代日常生活就不再是"主体"，而成为社会组织下的"客体"。[5] 现代日常生活世界

---

[1]　Henri Lefebvre, *Everyday Life in the Modern World*, London: The Penguin Press, 1971, p109.

[2]　Henri Lefebvre, *Everyday Life in the Modern World*, London: The Penguin Press, 1971, p.86.

[3]　刘怀玉：《消费社会批判：西方马克思主义的一次重要转向——以列斐伏尔为主线的研究》，《理论探讨》，2005年第2期，第36页。

[4]　Henri Lefebvre, *Everyday Life in the Modern World*, London: The Penguin Press, 1971, p.58-59.

[5]　Henri Lefebvre, *Everyday Life in the Modern World*, London: The Penguin Press, 1971, p.59-60.

被各种消费体制所操控而呈现出碎片化的状态，也就是各种消费体制自成一体而形成种种"次体系"结构对日常生活加以操控。日常生活已不再是具有创造性的鲜活的主体，而成为被各种旨在促进消费的"次体系"所把控的客体。日常生活沦为各种"次体系"争夺消费者的战场，置身其间的人们也沦为毫无个性的普通消费者。

在诸如电视、广告、汽车、网络、时装、休闲、旅游等"次体系"中，符号化的消费无处不在。每一"次体系"中独特的符号消费体系都是整个社会符号消费体系的具体化实践。"次体系"如同社会空间中的"同位素"（isotope）[①]，相吸或相斥。"次体系"还是消费的符号化功能系统，每一特定的"次体系"都具备独立的符号编码与消费策略。就汽车行业这一消费"次体系"来看，汽车并不仅仅是一个具有技术优势的实物，它还具有社会经济意义，是能够通过其性能、价位等综合表征体现出其拥有者所属社会阶层的象征物。汽车是社会等级化的地位象征，作为一种体现出权力、幸福、舒适、速度的符号而被消费的，对不同品牌汽车的消费往往成为不同社会地位与身份等文化含义的象征。也就是说，汽车这一"次体系"形成了其体系内完整的符号交流系统。在日常生活的众多"次体系"消费路径中，"不再有本质统一的社会现实结构，也不再有共同的历史进步与发展的理想或价值目标，也没有了统一的自觉的阶级意识或意识形态，而只有流行的消费导向和盲目从众的文化无意识"[②]。

（二）消费异化的表现形式：符号消费的产生、类型、后果与作用

与法兰克福学派将消费异化视为对实物商品的过度消费不同，列斐伏尔开创了消费异化的符号视角批判。他认为消费异化表现在，消费不是为了获得具体的实物商品，而是为了消费商品的符号意义。符号消费意指人们为了

---

① Henri Lefebvre, *Everyday Life in the Modern World*, London: The Penguin Press, 1971, p.100.

② 刘怀玉：《现代性的平庸与神奇——列斐伏尔日常生活批判哲学的文本学解读》，北京：中央编译出版社，2006年版，第 266 页。

获得特定消费品的社会文化象征意义而致力于消费的现象。在符号消费体系中，商品之间的功能性差别不再重要，商品所表征的符号意义成为商品间区别的首要因素。人们消费商品不再是单纯为了获得其使用价值，而是为了追求其所代表的社会差异性价值。符号承载着社会文化信息，因而符号消费会在人与人之间相互传染，从而辐射到全社会。符号消费的逻辑是：个人的存在与消费关联在一起，"一个人需要的东西越多，他的存在感就越强"[①]，一个人的社会存在是通过他的消费得以证明的。

在符号化的商品消费中，广大消费者已在不知不觉中由消费的主体沦为消费的客体。原因在于消费者在选择商品时不再是基于自身对商品使用价值的需要，而基于对商品符号意涵的需要，这就在看似随心所欲的选择中落入符号意涵的操纵，也就是落入符号意涵背后的大众传媒及其资产阶级统治者的操纵，是一种实质被动而形式主动的消费行为。社会现实成为由符号所替代的假装的现实，真实被符号所掩盖，人们生活在符号文化的幻想之中，这正体现了阿尔都塞和齐泽克所定义的社会现实的意识形态化。

1. 符号消费的产生

资本主义生产方式和生活方式的节奏控制了资本主义社会日常生活中的人们，使每个人的生活跟随资本的支配而变得千篇一律、趋于同质化。这种单调无趣的节奏化生活就是异化的生活。资产阶级和大众传媒的共谋是这一节奏化的异化生活的根源在于。可以说，符号消费是资产阶级利用大众媒体尤其是广告宣传而一手打造出来的。此外，商品的符号意涵还有其产生、发展与消亡的规律。商品的符号意涵不是一经赋予就一成不变的，而会随着社会的发展与统治阶级新的需要的产生而不断发展变化。

一方面，广告在符号消费的产生过程中起到普及宣传作用。符号消费不

---

① Henri Lefebvre, *Critique of Everyday Life*, Volume 1, Translated by John Moore, London and New York: Verso, 1991, p.161.

再是单纯的物质商品消费，而在更大程度上表现为消费一种由广告等大众传媒所营造出的符号意象，消费越来越脱离具体的物质实物而走向对抽象的符号意涵的消费。而商品的符号意涵是可以任意定义的，也就是说不存在唯一的商品符号意涵，每个人都可以给特定的商品赋予符号意涵，然而只有被大众所普遍接受的符号意涵才会产生广泛的社会作用，而这就要借助于大众传媒的社会宣传手段了。广告等大众传媒的作用究竟如何呢？它单单是起到诱导人们需求的作用，还是起到通过了解大众需求而如实客观地、通过对新产品的广播来真实地满足大众的需求呢？真相无疑介乎于两者。① 不容否认的是，广告确实超越了其他宣传途径而成为生产者和消费者之间最重要的中介，并且广告为了销售各种商品，强势塑造与霸占了我们的日常生活。"消费是生产的替代品，并且，随着强势的广告推销，消费的成比例增长就顺理成章了。"② 大众传媒在每个人的日常生活中时刻伴随，具有很强的亲近感与影响力。大众基本上形成了家庭场合以电视为中心、工作场合以电脑为中心、休闲场合以商场为中心的日常生活模式，受到各种符号意象的高密度与高强度轰炸。

广告通过一遍遍喊口号的方式来吸引消费者的时代已经过去了，如今的广告靠精妙地传播商品所代表的生活态度与身份符号来吸引消费者。例如，选择某一品牌就是选择幸福，选择某一商品就是选择自由，只有某一品牌才配得上你的身份与地位，等等。总之，不论何时何地，总会有广告告知你怎样选择商品才能生活得更好，甚至左右你的生活选择。你的生活已经被铺天盖地的广告设定好了，你所能做的就是在众多广告给予你的选择中进行选择。③ "广告在文化工业时代的成功就在于即便消费者看穿了广告的目的但还

① Henri Lefebvre, *Everyday Life in the Modern World*, London: The Penguin Press, 1971, p.55.

② Henri Lefebvre, *Everyday Life in the Modern World*, London: The Penguin Press, 1971, p.91.

③ Henri Lefebvre, *Everyday Life in the Modern World*, London: The Penguin Press, 1971, p.107.

是会被迫去购买和使用广告所宣传的商品。"① 因为除此之外，生活在资本主义现代社会中的消费者别无选择。

另一方面，资产阶级在符号消费的产生过程中起到主导作用。"'消费社会'正是由拥有和掌控生产资料的阶级所掌控的"②，并且在符号消费盛行的社会，掌控生产资料的统治阶级可以通过大众传媒手段大量生产文化符号商品。文化符号商品的生产比起实物商品的生产具有更大程度的盈利优势，因为一旦文化符号商品得到大众的认可，人们就会为这一商品符号反复付费。以商品的品牌为例，商品的品牌就是一种符号，而商品的品牌价值是一种无形的文化资产。"这种图像与符号以最小的成本无休无止地自我复制，其重要性与具体有形的物质生产过程难分高低"③，甚至有凌驾于具体物质生产过程之上的趋势。

显而易见，有实力动用大众传媒的主体必然是统治阶级，因而对商品符号意涵的赋予权就自然落在了统治阶级的手中，由此，统治阶级就掌握了摆布大众进行商品符号消费的控制权。大众传媒与消费的结合致使传媒消费主义盛行，"'传媒拜物教'已融合了'商品拜物教'的内在意义，并发展成为消费时代的新的异化现象"④。"媒体娱乐通常极令人愉快，而且声光与宏大的场面作用，诱使受众认同某些观念、态度、感受和立场等。消费文化提供一系列令人眼花缭乱的货物和服务，引导个人参与某种商品的满足体系。媒体和消费文化携手合作，制造出与现存的价值观、体制、信仰和实践相一致的思维和行为。"⑤ 大众传媒为了资本利益最大化，在诱导人们的虚假需求、追

---

① *Space, Difference, Everyday Life—Reading Henri Lefebvre*, Edited by Kanishka Goonewardena, Stefan Kipfer, Richard Milgrom and Christian Schmid: New York and London: Routledge, Taylor and Francis Group, 2008, p.120.

② Henri Lefebvre, *Introduction to Modernity—Twelve Preludes*, September 1959-May 1961, Translated by John Moore, London and New York: Verso, 1995, p.197.

③ 刘怀玉：《现代性的平庸与神奇——列斐伏尔日常生活批判哲学的文本学解读》，北京：中央编译出版社，2006年版，第263页。

④ 蒋建国：《消费时代的大众传媒与物欲症传播》，《马克思主义研究》，2010年第11期，第103页。

⑤ ［美］道格拉斯·凯尔纳：《媒体文化》，丁宁译，北京：商务印书馆，2004年版，第12页。

求物质消费上，发挥着宣传队的作用。"资本主义'挖空'了产品的真实意义，与此同时，广告就把自己的意义灌注进去，填满那些空壳。"①

2. 符号消费的类型

列斐伏尔对符号消费的分析可以归纳为三种类型，分别是"实物商品"的符号消费、"时空商品"的符号消费和"文化商品"的符号消费。"实物商品"的符号消费，就是将实物商品看作符号来消费；"时空商品"的符号消费，就是将时空变为商品化的符号进行消费；"文化商品"的符号消费，就是将大众文化变为商品化的符号进行消费。"实物商品"的符号化消费较易理解，因为实物商品不同于时空和文化，其本身被生产出来就是为了被消费。只不过作为符号的实物商品被消费不再是为了消费商品的使用价值，而是为了消费商品背后所代表的符号社会意义。因此，以下只重点介绍"时空商品"的符号消费和"文化商品"的符号消费。

首先介绍"时空商品"的符号消费。在"消费受控制的官僚社会"，商品比一切事物都来得盛行。"（社会）空间和（社会）时间都被交易所主导，成为市场化的时间和空间；尽管时空是具有节奏的而非单纯的物质，但它们还是沦为商品。"② 时空不但沦为商品，还沦为符号化的商品。借由列斐伏尔晚年提出的节奏来分析消费异化现象，我们可以看出消费异化在资本主义社会也是具有节奏的。在不同的时空条件下，消费异化的表现程度不尽相同。时空不但是消费发生的时空场域，还成为消费的对象，也就是说越要享受高品质的时空就越需要进行高消费。以时间为例，时间是有节奏的，有自然的白天黑夜、春夏秋冬的交替周期运转，也有人类社会工作、休闲、节日等的交替的线性重复，符号消费正利用了这一时间的节奏性来牟取暴利。例如，在每年的情人节，一系列的情人节商品、情人节烛光晚餐服务等符号消费都会

---

① ［美］苏塔•杰哈里：《广告符码》，马姗姗译，北京：中国人民大学出版社，2004 年版，第 219 页。

② Henri Lefebvre, *Rhythmanalysis: Space, Time and Everyday Life*, Translated by Stuart Elden and Gerald Moore, London and New York:Continuum, 2004, p.6.

比其他时间的消费高出几倍到几十倍不等，其本质上就是资本家利用这一特定的时间而诱使人们对具有象征意义的时间进行高消费。人们消费的不再是商品或服务本身，而是难得的浪漫时间的符号文化意义。消费广告的投放也是根据时间节奏设定的，"根据经验，商品资讯的生产者知道如何利用时间节奏，他们将时间分隔成以小时计算的碎片"[1]。在不同的时间段会有不同类型的商品广告投放，以吸引消费者。掌握好时间节奏，资产阶级就能创造更多的消费，甚至通过制造节日而将时间作为符号消费品直接出售。

人的生理需求是有节奏的，相应地，人的消费也是有节奏的。但在资本主义社会消费异化盛行的情况下，人的自然的消费节奏被由社会引导的消费节奏所替代。资产阶级可以利用甚至改变人们的消费节奏，通过广告、打折促销等手段引导人们在特定的时间段集中消费。人们的消费行为被重新节奏化，这也是消费异化的一大表现。在消费被符号和节奏所掌控的日常生活中，人们的消费行为处于被牵着鼻子走的木偶状态。一般看来，在高档商业区和重大节日时段，人们的消费行为相较其他时空呈现出明显的"井喷"现象。就时间来看，节假日相比工作日、傍晚相比清晨，不同的时间段人们的具体消费异化程度也存在区别。就空间来看，城市相比乡村、市中心相比市郊、大型商场相比住宅区，人们消费异化的程度也是显著不同的。资产阶级通过利用不同时间段与地域的打折促销活动控制着消费异化的程度，消费节奏成为日常生活中资产阶级进行消费控制的手段。

空间也不能再被看作被动的空洞状态，空间也同商品一样可以被交换和消费。[2] 人的一切活动都要在一定的空间中进行。在"消费受控制的官僚社会"，甚至空间也被转化为一种符号商品。资本主义通过将空间纳入资本逻

---

[1]　Henri Lefebvre, *Rhythmanalysis: Space, Time and Everyday Life*, Translated by Stuart Elden and Gerald Moore, London and New York:Continuum, 2004, p.48.

[2]　Henri Lefebvre, *Key Writings*, Edited by Stuart Elden, Elizabeth Lebas and Eleonore Kofman, New York and London: Continuum Collection,2006, p.208.

辑而商品化来化解内部矛盾，延缓资本主义社会的寿命。[①] 空间的商品化开发使得资产阶级不但可以利用空间雇佣第三产业工人而实现剩余价值，还可以通过空间的商品化开拓销售市场而创造利润。资本主义社会中的空间不仅是物质建筑环境，还是资本主义社会关系的产物，表现着资本主义社会关系的组织架构。空间的自然历史元素背后体现着政治的、意识形态的因素。在"消费受控制的官僚社会"，日常生活空间也必然成为消费充溢的场所，空间成为可以被消费、被生产的商品符号。城市空间尤其成为资本主义符号消费的对象，依据资本增值逻辑的需要而建造空间。空间的生产就如同商品的生产一样，城市空间成为消费的中心，消费空间占据了城市空间的中心地带，成为城市空间中的核心区域。

人不可能生活于真空之中，因而对空间的把持与商品符号化就成为消费异化的新型表现形式。空间总是有限的，具有稀缺性，因而当空间环境变为可计量的符号商品后，通过科层化地控制和占据空间就对大众实行了有效的控制。同时，不同的消费环境和空间给人的消费体验是不尽相同的，因而消费环境与空间也成为现代人消费的内容。消费的环境与空间也是符号消费的一种形式，人们对环境与空间符号的消费需求有时候甚至远远高于对商品实物的消费需求。"不同的消费场所从一开始就具有社会区隔与空间分化的功能，所谓消费场所的出入自由、平等只是消费社会的神话之一。"[②]

其次介绍"文化商品"的符号消费。"文化"也成为符号消费的对象，且不完全同于对其他商品的消费，它带有虚构的社会现实性。[③] 符号消费不仅仅体现在对具体物质的消费上，还体现在将文化包装成消费的对象并借由大众文化这一符号商品进行买卖与消费。大众传媒与大众文化的合谋催生出文化的消费主义，将文化视为娱乐消费的幌子，通过文化的名义迎合、娱乐大

---

① Henri Lefebvre, *La Revolution Urbaine*, Paris: Gallimard, 1970, p.262.

② 吴宁：《日常生活批判——列斐伏尔哲学思想研究》，北京：人民出版社，2007 年版，第 386 页。

③ Henri Lefebvre, *Everyday Life in the Modern World*, London: The Penguin Press, 1971, p108.

众来拉动消费。消费社会中的大众传媒要生存与发展就必然推行消费主义的生存法则，跟随消费社会中的利益导向，从而扩大传媒影响力来获取更大的商业利润。

文化娱乐消费也是符号消费异化的一大表征。娱乐和消费本是两个独立的系统，娱乐并非一定要通过消费来实现，娱乐本是个人的事，可以表现为多种形式和内容，然而娱乐消费表现为娱乐就一定要消费，没有消费就没有娱乐，其实质是利用娱乐之名来行消费之实。消费社会对文化娱乐消费的需求甚至盖过对商品消费的需求，为此大众传媒不断推出可以被消费的文化符号，通过一个个文化符号的粉墨登场来实现经济效益。不同文化娱乐符号的排列组合可以生产出不同含义的新型文化商品。詹姆逊在其《文化转向》中提出形象取代语言的文化转型趋势，认为"形象就是商品"[1]，这从一个侧面印证了文化形象作为符号表征的商品化。文化日趋工业化、娱乐化，在大众传媒不遗余力的推动下充当符号消费的开路先锋。在消费中，人不是根据自己的需要来挑选商品，而是根据社会的文化象征意义挑选符号。人的欲望是无限的，而人对具体的物的使用价值的需要是有限的，但物的文化符号价值却是无限的。通过赋予商品以无穷的文化符号价值，就可以不断通过符号来满足人的无限欲望。

3. 符号消费的后果

在"消费受控制的官僚社会"，正是统治阶级在利用符号消费控制社会。并且，在"消费受控制的官僚社会"，社会阶层的划分淡化了阶级的划分。中产阶级与无产阶级之间质的差别已经模糊，中产阶级也受控于消费，而只是相对比无产阶级生活得更好一点罢了。其中，包括中产阶级在内的整个社会吞下了消费带来的满足，而没有完全意识到其中的欺骗性。人们在资产阶级各种传播手段的消费资讯和符号消费文化的轮番空炸中沦陷，主动接受了

---

① ［美］弗雷德里克·詹姆逊：《文化转向》，胡亚敏等译，北京：中国社会科学出版社，2000 年版。

资产阶级意识形态并加以内化，成为丧失自我意识的资产阶级意识形态跟班。日常生活中的一切都被消费主义的意识形态所掌控，衣食住行、休闲娱乐等都被高度商业化了。中产阶级不容易意识到，在"消费受控制的官僚社会"，消费者本身是被消费的，这一消费不是消费其作为自由劳动者的身体，不是消费其本身，而是在过度消费中消费其有限的生命时长。①

人们日常生活中的消费行为不再是为了单纯获得商品的使用价值，而是为了获得商品的符号意义。每种商品都不再单纯是它可见的有形的商品了，每种商品都被赋予了无形的符号意义，凡是可被消费的商品都变成一种消费的符号，符号取代了现实，现实沦为虚幻的符号世界。"消费什么也创造不出来，甚至连消费者之间的联系也创造不出来，它只是消费；尽管在这所谓的消费社会中意义重大的消费行为只不过是孤立的行动而已，只是被镜像效应（mirror effect）所传导的行为，一种与其他消费者的镜像游戏"②，如同《伊索寓言》中那只模仿人丢帽子的猴子，在学样中成为被操控的对象。镜像效应中的人只知道同其他人一样不断消费，却不知道自己为什么要和别人一样不停地消费，他是被动的消费者，丧失了自主意识，成为只知模仿的"猴子"，在模仿中确证自身。符号消费具有隐性统治功能，资产阶级在人们日常生活自然而然的消费中灌输其价值观念与生活态度。

符号消费是抽象的消费，它把人们的注意力全部集中在消费抽象的文化意涵之中，而把对消费对象本身的具体经验感知遗弃了。人们真实的消费体验变得毫无社会意义，具有社会意义的只是符号。按照资本主义消费社会的价值标准，在消费的符号体系中处于低端的符号消费体验一定是低劣的，而处于符号消费体系高端的消费体验一定是美好的。个人事实上的具体感觉并不重要，重要的只是通过符号来抽象判定的结果。符号消费盛行的消费社

---

① Henri Lefebvre, *Everyday Life in the Modern World*, London: The Penguin Press, 1971, p.94.

② Henri Lefebvre, *Everyday Life in the Modern World*, London: The Penguin Press, 1971, p.115.

会，是一个具体经验退位、抽象象征当道的虚假的社会。人们可以通过追求高端的符号消费假装幸福、假装自由、假装身份，却丧失了具体真实的消费体验与快乐，忘掉了消费的真正价值与意义。消费的实质不是抽象的，而是具体的、主体的点滴体验，在消费符号序列等级中处于高等级的符号较之中低等级的符号，谁的消费者体验更佳实难判定。消费的具体体验是个体的，不是由社会的符号消费体系所提前排序和设定的。

4. 符号消费的作用

符号消费是社会新型阶层的划分标准。阶层是根据特定标准而划分的社会群体，根据不同的划分标准，阶层展现为不同的群体构成，例如马克思根据生产资料归谁所有，用阶级来划分社会群体；韦伯划分社会群体以经济、权力和声誉为标准；彼得·布劳（Peter M. Blau）和奥迪斯·邓肯（Otis D. Duncan）根据职业来划分社会群体。在人的依赖性社会，出身就直接决定了人与人之间的关系，而在当代社会，由于职业是个人安身立命的基础，因而学界主要是以职业为标准来划分社会阶层。社会阶层具有相对稳定性，要突破阶层边界进入另外的阶层是不容易的。冲破阶层尤其是向上流动，往往机会渺茫。就以职业为标准的社会阶层划分来看，要进入其他阶层，就要改变自身的职业、提升自身的能力与素质，这除了要付出艰辛的努力外，还要辅以机遇等不确定因素才会成功。基于生产资料占有、经济、权力、声誉、职业为标准来划分的阶层，往往很难突破其阶层边界，因而表现出阶层固化的现象。但阶层固化影响社会的稳定与正常运转，长期处于底层的群体必然不满于自身所处的地位而寻求上升通道，最终，通过消费来建立新的身份认同与阶层认同成为消费社会到来的新情况。

一个人能消费得起哪个符号段位的商品，就自然位列哪一社会阶层。在消费中，人们建立身份认同，找到自身的阶层归属。当消费成为划分阶层的标准后，进入某个阶层的标准就相对降低了，因为只要能消费自己所向往阶层的商品就会产生属于那个阶层的虚幻感。相比其他通过出身、职业等标准而划分阶层的条件，通过消费而进入相应阶层无疑容易得多。因此，人们为了融入更高的阶层，让自己更像那个阶层的人，就会追求更多更奢侈的消费以满足自身的虚荣心与想象。通过消费来体现身份阶层的时代到来了。

符号消费具有社会等级象征功能。通过符号消费，抽象化的社会阶层就可以通过符号的标识作用加以具象化，直观地展示人的社会地位与身份。"每一物体和产品都获得了双重的存在，即可感知的和虚假的存在；所有可被消费的（物品）都变成消费的一种象征，消费者也靠这种象征，靠灵巧和富有的象征，靠幸福和爱的象征过活；符号和意义取代了现实，这种替代和转移不过是一种眩晕扭曲的幻觉，除此之外毫无他意。"① 消费物所暗含的符号价值将人们划分为不同的身份、地位与等级。通过观察个人所购买的商品所代表的符号，我们就可轻易将其定位到某一阶层，了解他的身份地位。符号消费的这一功能营造出一个虚假的世界，使人与人之间经由符号来彼此认识与交往。人与人之间的真实理性与情感交流被符号所掩盖，有的只是基于符号消费所表征的虚假交往。

（三）克服符号消费异化的途径：文化革命

如果说在"消费受控制的官僚社会"，符号消费已经替代实物消费而成为资产阶级控制社会的新手段，这就意味着掌控社会的方式已经不再是经济主导而是文化主导了，也就是说经济支配已经让位于符号支配而不再能左右这时的资本主义社会了。如此，列斐伏尔认为，对符号消费异化的扬弃也不可能通过马克思所设定的经济道路来进行，只有通过文化革命的道路才可能成功。

商品出现之前，人与人之间的关系可以说是"透明的"，剥削阶级与被剥削阶级之间的关系表现为人与人之间直接的关系，不需要"不透明"的中

---

① Henri Lefebvre, *Everyday Life in the Modern World*, London: The Penguin Press, 1971, p.108.

介。"社会现实，即相互影响的个人和群体，生产着现象（appearances），它们不仅仅是单纯的假象。这样的现象是一些模式，凭借这些模式，人类活动在它们随时建构起的整体中表现自身——称它们为意识的样式。它们比单纯的假象和平庸的谎言有更强的一致性和一贯性。现象有现实性，而现实包含着现象。尤其是商品生产被笼罩在浓雾之中。我们必须一再地回到商品，因为在这里我们可以找到马克思思想和社会学的关键。在分析性的反思中，商品是一个单纯的形式，因而是透明的。另一方面，在实践的日常经验中，它又是不透明的或者是不透明性的原因。商品的这种存在是奇特的，更奇特的是人们并没有意识到它的奇特性。"① 马克思从劳动价值论出发推导出商品二因素，即商品的使用价值和价值，人类的具体劳动创造商品的使用价值，抽象劳动创造商品的价值。不同类型的商品之所以能够交换，原因在于其中无差别的人类劳动。一言以蔽之，马克思从商品的价值中看到其背后的劳动，商品价值源于劳动。因此，消费商品实质上就是在消费人类的劳动，是为了获得通过人类具体劳动而创造的商品的使用价值。列斐伏尔对消费商品的看法背离了马克思的劳动价值论，走向了彻底的文化符号决定论。他认为商品的价值不是由劳动决定的，而是由其背后的象征价值所决定的。表征社会地位的文化符号是象征价值的源泉，人们购买商品的消费行为不再是为了获取商品的使用价值，而是为了获得商品的象征价值。商品完全成为文化意义上的存在，脱离了劳动的物质属性。消费在列斐伏尔的定义中成为旨在获取社会地位的符号消费，而符号的背后正是代表社会地位之文化层面的象征价值。列斐伏尔对消费的定义无疑走向了马克思的对立面，完全忽视了消费的物质劳动基础，走向了无根基的文化决定论。

反对异化要彻底，就要反对一切形式的异化，而不能因为一些异化能给自身带来物质的享受就不予反对，而只反对给自身带来痛苦的异化形式。

---

① ［法］亨利·列斐伏尔：《马克思的社会学》，谢永康等译，北京：北京师范大学出版社，2013 年版，第 44 页。

"一些人对某一异化的反对，不是因为它阻碍社会正义、阻碍生产力的发展，也不是因妨碍大家的自由，而仅仅是因为它妨碍自己的自由，给自己带来了痛苦和压抑，使自己难受和不幸福，于是便强烈地反对某一种异化，却毫无知觉地、舒舒服服地享受另一些给他带来愉悦的异化。"① 消费异化就是这种能给人带来一定程度的物质满足的异化形式，因而对消费异化的反对较之劳动异化更难，但不彻底消除消费异化，人的真正解放就不可能实现。

列斐伏尔认为只有通过文化革命的手段才能解决符号消费异化问题，而设想文化革命的最终目的是"让日常生活成为艺术品"②，让技术的手段成为改造日常生活的工具。艺术的复兴最终的目的不是艺术，而是让文化重塑经验，让文化改造日常生活。"前工业社会中所常出现的人们对自然统治、对暴力统治的直接恐惧不见了，但人们今天则生活在一个你根本无法逃脱的符号化、体制化、抽象化、匿名化、功能化统治时代，一个不再有所具体恐惧，因而是恐怖普遍化的时代。正因为如此，列斐伏尔才始终坚持，今天的社会解放一定是总体性的而不是某个领域的（如经济的或政治的、文化的），一定是日常生活的节日化、艺术化与瞬间化。"③ 通过日常生活的改造转变符号消费异化对日常生活的把持，最终实现"总体的人"的目标。"总体的人"就是全面扬弃了异化，消除了人与自我、人与人以及人与自然之间的对立否定状态，实现全面发展的完整的人。"总体的人"作为最高理想目标，是对马克思"全面的人"的再阐释。"总体的人既是生成的主体也是生成的客体"④，是克服了所有异化的人。

列斐伏尔认为，在经济革命、政治革命与文化革命中，文化革命具有重

---

① 吴宁：《日常生活批判——列斐伏尔哲学思想研究》，北京：人民出版社，2007 年版，第 119 页。

② Henri Lefebvre, *Everyday Life in the Modern World*, London: The Penguin Press, 1971, p204.

③ 刘怀玉：《现代性的平庸与神奇——列斐伏尔日常生活批判哲学的文本学解读》，北京：中央编译出版社，2006 年版，第 43—44 页。

④ Henri Lefebvre, *Dialectical Materialism*, Translated by John Sturrock, Minneapolis and London: University of Minnesota Press, 2009, p.149.

要意义。文化革命就是要打破"消费受控制的官僚社会"制度，创建生活风格的文化，使日常生活成为艺术品。面对日常生活中消费的普遍异化，就不能仅仅重视政治、经济等方面的宏观革命，还必须重视对日常生活领域的微观革命，必须将宏观革命和微观革命结合起来才能真正实现革命的彻底性。要变革当代资本主义社会，必须将日常生活变革作为中心，这就必然要求社会个体从符号消费异化的日常生活中觉醒，恢复自身的革命性和创造性，从被消费所蒙蔽的日常生活中出走。值得注意的是，在这里，列斐伏尔又过分夸大对日常生活的微观革命的作用，反而会混淆人们的视听，忽视对资本主义社会根本矛盾的把握和变革。列斐伏尔将日常生活的存在主要归结为消费社会和官僚制的都市社会，无疑窄化了日常生活的范围。他提出的克服日常生活中符号消费异化的文化革命因为没有相应的经济、政治革命的支撑而陷入文化决定论的泥潭。

三、让·鲍德里亚的消费社会语境下符号消费异化批判

鲍德里亚（Jean Baudrillard，1929—2007），法国著名哲学家、社会学家、后现代理论家，被称为"知识的恐怖主义者"。鲍德里亚早期将马克思主义与符号学结合起来，创造性地提出了消费社会批判理论，并于后期与马克思主义理论完全决裂，开创了独特的后现代主义理论。他的主要代表著作有《物体系》《消费社会》《符号政治经济学批判》《生产之镜》和《象征交换与死亡》等。鲍德里亚对资本主义消费社会中消费异化的批判主要集中在他的前期成果中。"生产时代转向消费时代"的全面社会演变是消费社会的主要特征。从生产社会向消费社会的转向使得人们的偶像观也发展了相应的变化，人们崇拜的偶像不再是"生产偶像"而是"消费偶像"。

鲍德里亚对消费异化的分析具有显著的特征，他在列斐伏尔对符号消费异化批判的基础上，将对消费异化的批判进一步与符号学相结合，从符号的角度深入解读消费社会中的种种消费异化现象。他认为消费不是为了满足

人的物质需求，因为人的物质需求一旦被满足，消费也就结束了，可现实情况是人对消费的欲望永无止境，因而消费不是简单地对物质需求的满足与物质性欲求的实现，人通过消费所需求的绝不只是商品的使用价值。鲍德里亚所理解的消费是"一种符号的系统化操控活动"①，是基于符号价值的虚拟符号游戏。基于这一理解，符号消费异化表现为异化的深化与隐蔽化。所谓深化，体现在异化的显著表现由劳动异化向消费异化扩张；所谓隐蔽化，体现在符号消费表面的自主与自由。符号消费的对象绝不是物本身，而是其背后的符号序列关系。在鲍德里亚的理论发展历程中，他与马克思的理论渐行渐远，并最终脱离了马克思的商品价值理论框架。

（一）符号消费的起点：物体系结构

鲍德里亚认为消费社会成立的前提条件之一是物的符号化。没有物脱离其功能之使用价值而符号化，以符号为基础的消费社会就难以建立。"进入消费社会以后，在物质的丰裕和表面的平等之下，人们每天都在经受着符号的驯化。"② 在符号面前，人丧失了主体性、自由与平等等人类一直为之不懈奋斗的理想。

1. 物的功能、功能化及其作用

鲍德里亚首先区分了物的功能和功能性两个概念。功能是指物品的有用性，相当于马克思政治经济学中的使用价值；功能性是指被纳入一个整体的能力，"就物品而言，正是拥有超越它的'功能'（function）的可能，以迈向一个二次度的功能，并且也代表有可能，在一个普遍的记号体系中，成为游戏、排列组合、计算中的一个元素"③。功能和功能性之间存在本质的差别，功能是基于物品的自然属性而表现出的使用价值，功能性则是抽象的可操纵

---

① ［法］布希亚：《物体系》，林志明译，上海：上海人民出版社，2001年版，第223页。
② 韩欲立：《马克思政治经济学批判的哲学意义——鲍德里亚的批判及其回应》，上海：复旦大学出版社，2013年版，第135页。
③ ［法］布希亚：《物体系》，林志明译，上海：上海人民出版社，2001年版，第72页。

符号。功能性是在功能基础之上的抽象，物成为符号的过程就是其功能转化为功能性的过程。在物品极大丰富的时代，物品不再表现为单调的存在，同一使用价值的物品往往不可胜数，形成了物体系。如此，单个物品只是这一物体系中的一个元素，丧失了其自身的独特价值，成为物体系中的一个符号并呈现出功能零度化的特质。物的功能在物体系中被功能化。鲍德里亚以物品的摆设所建构的整体气氛差异与收藏系列为例，说明了物品系统向符号系统的转变。经由这一转变，"符号—物"就成为一个独立的文化系统，可以赋予消费全新的含义，改变人们的消费观念、消费行为和消费文化，进而为全新的符号消费社会的形成奠定基础。随着物的功能被功能性所替代，人们对商品的崇拜也就逐渐转化为对符号的崇拜。

在鲍德里亚的理论体系中，"消费的物"并非具有使用价值的物本身，而是在符号编码系统中作为符号的物，"消费的物，其定义根本不依赖于自身，而只是依赖于意指逻辑的功能而已"[1]。在消费社会，消费的实质不再是对具体物的消费，而成为对其所代表的符号的消费。鲍德里亚对消费的定义是："消费并不是一种物质性的实践，也不是'丰产'的现象学，它的定义，不在于我们所消化的食物、不在于我们身上穿的衣服……而是在于，把所有以上这些元素组织为有表达意义功能的实质；它是一个虚拟的全体，其中所有的物品和信息，由这时开始，构成……一种符号的系统化操控活动。"[2] 人们对消费的态度不再局限于满足自身需求与获取单纯的商品使用价值，人们更多的是为了通过消费与社会建立联系，在社会中找到自己的位置，建构自己在社会中的身份和价值。如此，商品的主要作用化身为它的符号价值，社会变身为由"符号—物"构成的"超真实"世界。

从物的功能到物的功能性的转变过程就是由物的使用价值到物的符号价

---

[1] Baudrillard, *For a Critique of the Political Economy of the Sign*, New York: Telos Press, 1981, p.67.

[2] ［法］布希亚：《物体系》，林志明译，上海：上海人民出版社，2001 年版，第 222—223 页。

值的过渡过程，也就是物失去个体特性而得到符号序列中的角色特性的过程。当物品转变为符号后，人与物品之间的关系就不再是人与物之间的关系，而成为一种扭曲化的人与人之间的等级关系，物品成为人的身份价值的表现。鲍德里亚认为，消费之所以会永无止境，是因为消费和物质需求没有关系了，"如果消费似乎是克制不住的，那正是因为它是一种完全唯心的作为，（在一定的门槛之外）它和需求的满足以及现实原则，没有任何关系"①，由此，鲍德里亚颠覆了商品的使用价值逻辑，落入了消费的唯心主义窠臼。

2. 物体系是"符号—物"的消费体系

鲍德里亚所理解的消费异化就是商品背后的符号意指反过来超越、代表与统治商品，并造成人们消费商品背后的符号意指而非商品本身的状态。商品本身的使用价值被符号价值所取代，真实的商品被符号所掩盖，相比于消费具体的物，人们在消费中更看重的是消费物所暗含的符号意义。消费异化的实质就是消费物背后的符号，表现为一种假象的消费，如同生活在由符号建构的虚幻世界中，否定了物的真实，"在空洞地、大量地了解符号的基础上，否定真相"②。这里，"真相"就是商品本身，就是商品实实在在的使用价值，而在以符号为表征的消费异化世界，作为"真相"的商品使用价值被"虚假"的符号价值所遮蔽，表现在消费世界中的纷繁复杂、光怪陆离的虚幻符号系统。商品的内核被包裹了一层符号的外衣，由此商品的本质被符号所遮蔽，呈现出"符号—物"的外在表象。物走向了功能的零度化，符号成为社会功能的主角。"符号—物"最主要的功能是用来标示其所有者的社会身份和文化差异，其"物"这一内核，即使用价值只是商品外在符号价值的载体。人们购买"符号—物"是出于进行意义建构、展示自身地位和身份的目的，由此呈现出消费异化的状态。

---

① ［法］布希亚：《物体系》，林志明译，上海：上海人民出版社，2001 年版，第 227 页。
② ［法］让·鲍德里亚：《消费社会》，刘成富等译，南京：南京大学出版社，2001 年版，第 13 页。

在消费社会，只有成为符号的商品才能被消费。而只要人们进行消费，就会自动被纳入符号编码体系，受符号编码的支配。为了生存，人们必须与符号共存。符号深入社会生活的各个层面，没有符号所不能到达的领域。"正是凭借符号编码的巨大作用，消费代替了一切意识形态，承担了'社会驯化'的作用和功能，成为实施社会控制的有力手段。"[①]"对鲍德里亚来说，符号价值支配了使用价值和交换价值；服务于它们的需求的物质性和商品的使用价值消失在鲍德里亚的符号学想象之中，在这里，符号取代了现实并重构人类的生活"[②]，人们只能生活在符号构建的消费社会中，没有任何其他选择的余地。不得不提的是，大众媒介在商品的符号化过程中起到了推波助澜的作用，其对时尚的编码与永无止境的推陈出新，诱导着大众的消费欲望，刺激着人们的表现欲与展示欲，使大众彻底被符号所统治，拜倒在"符号—物"的石榴裙下难以自拔。人的主体性也在这一过程中遭到压制，成为被符号所统治的奴隶。

（二）符号消费的实质: 对"符号价值"的消费

1. 对符号及符号消费的界定

鲍德里亚的符号概念源自弗尔迪南·德·索绪尔（Ferdinand de Saussure）对语言符号的分析和罗兰·巴特（Roland Barthes）的进一步推进。索绪尔将语言视为一种符号，这一符号是由概念和音响形象两部分构成的统一整体。随后，索绪尔又将概念和音响形象替换为所指和能指来表示。如此，符号就由所指和能指两部分组成。语言符号具有任意性的特征，即所指与能指之间的联系是任意的。例如，在中文和英文中，"树"和"tree"的这两种音响形象（能指）都可以表达"树"这一概念（所指）。需要注意的是，语言符号的所指与能指一旦通过社会共同约定而确定下来，就成为一种相对固定的关

---

① 刘同舫:《象征交换: 鲍德里亚超越符号消费社会的解放策略》，《广东社会科学》，2016年第4期，第59页。

② Douglas Kellner, Jean Baudrillard after modernity: Provocations on a provocateur and challenger, *International Journal of Baudrillard Studies*, Vol. 3, No. 1, 2006.

系，不能随意改变。在索绪尔语言符号研究的基础上，巴特的符号学将所指与能指的结合过程及方式称为"意指"，明确了符号学就是研究意指的科学。此后，巴特开创了符号学研究的社会批判新领域。基于符号的意指功能，符号系统可以替代社会现实而创造出一个虚拟的世界，营造出看似如同现实世界般的假象世界。"任何符号学系统都是一种价值系统；不过，神话的消费者把意指当作一种事实系统，神话被当作一种事实系统来阅读，而实际上，它不过是一个符号学系统。"① 在将符号运用于消费的过程中，广告充当了商品的能指与所指之间的关联角色，能够独具匠心地、轻易地对诸如巧克力、服装、汽车等平庸的商品赋予爱情、亲情、美丽、成功、富有、自由等各种文化符号意象，从而让消费者情不自禁地掏腰包。

符号消费是一种对意义关系的消费，而不再是对传统商品使用价值的消费。符号消费成为彰显自我社会价值与地位的标准。经济学家索尔斯坦·凡勃伦（Thorstein B. Veblen）在《有闲阶级论》中论述了攀比炫耀的人类本性，以及消费如何成为炫耀个人社会地位的手段。符号消费是一种消费异化现象，因为符号消费不再是通过消费来满足人对商品的使用价值的需要，而成为人对符号的需要、对社会地位的需要，并让人通过消费而进入符号游戏。人们进行符号消费的首要前提是商品能被纳入符号系统，呈现出表达意义的功能。鲍德里亚在这里偷换了马克思关于消费的定义，认为只有"符号的系统化操控活动"才是消费，仅为了获取使用价值而不具有表达意义功能的行为都不是消费。"要成为消费的对象，物品必须成为符号，也就是外在于一个它只作意义指涉的关系——因此它和这个具体关系之间，存有的是一种任意偶然的和不一致的关系，而它的合理一致性，也就是它的意义，来自它和所有其他的符号—物之间，抽象而系统性的关系。"② 符号消费不再是为

---

① ［法］巴尔特、［法］让·鲍德里亚等:《形象的修辞——广告与当代社会理论》，吴琼等编，北京：中国人民大学出版社，2005年版，第23页。
② ［法］布希亚:《物体系》，林志明译，上海：上海人民出版社，2001年版，第223页。

了满足人的身心发展的需要，而是为了满足社会等级秩序构建的需要。根据商品的符号编码，个人的消费可以直观地表明其在社会中的地位身份。弗莱德·希尔斯（Fred Hirsch）将经济区分为"物质经济"（the material economy）和"地位经济"（the positional economy）①，在此基础上提出"物质商品"（the material goods）和"地位商品"（the positional goods）②的概念，这与鲍德里亚对物质商品进行的符号化解读具有异曲同工之妙。

2．"符号价值"及其社会意义

在资本主义消费社会到来之前，统治阶级直接通过对人的阶级身份划分而对被统治阶级实施压迫与剥削，统治阶级与被统治阶级之间的社会差别是直观的、明晰的，统治阶级总是享有丰富充足的物质，而被统治阶级相对总处于物质匮乏之中。在财富占有总量和日常生活的衣食住行中，轻而易举地就可以区分出统治阶级与被统治阶级。而进入资本主义消费社会后，大众消费时代的到来仿佛掩盖了统治阶级与被统治阶级之间的差别，在日常生活当中，被统治阶级也可以像统治阶级一样享受丰富的物质财富，不用再过食不果腹、衣不蔽体的窘迫生活。如此，阶级地位如何直观地得到区分与彰显？符号价值应运而生。

马克思在《哲学的贫困》中将社会变迁过程分为三个阶段：一是以古代和封建社会为代表的交换的不发达时期，交换仅局限在少量剩余品上；二是整个工业活动的交互；三是抽象精神领域，如爱情、道德、良心、信仰等都成为可交换的对象，这时精神层面的情感（以往只能用来传授和赠予）与物质层面的东西都变成具有交换价值而可以到市场进行买卖的商品了。③鲍德里亚认为，当前的资本主义社会已经进入并超越了马克思所描述的第三阶段，甚至发展到不论物质还是精神，世界上的一切都成为交换的符码，"涉

---

① Fred Hirsch, *Social Limits to Growth*, Revised edition, Taylor and Francis e-Library, 2005, p.27.

② Fred Hirsch, *Social Limits to Growth*, Revised edition, Taylor and Francis e-Library, 2005, p.86.

③ 《马克思恩格斯全集》（第4卷），北京：人民出版社，1958年版，第79—80页。

及从形式—商品到形式—符号、从一般等价规律下物质产品交换的抽象到符码规律下所有交换的操作的转变。与这个转变相对应，就是从政治经济学到符号政治经济学的转变"①。

基于对符号消费的分析，鲍德里亚认为马克思的使用价值和交换价值等概念已经不能说明符号消费社会的现实了，因而他提出了"符号价值"概念，用来表明物质背后的符号意指的价值。例如，人们购买时装，并不是为了购买时装的使用价值本身，而是为了购买时装这一符号背后所意指的美丽，人们是为美丽这一意指付费，而非对时装这一具体的实物付费，也就是说人们是在消费符号所营造的美丽这一能指意涵，而非消费时装这一所指的具体实物。美丽、爱、知识等一系列的抽象价值在符号消费的世界都被设计为各种可以交换的符号而被赋予了相应的符号价值。在追求各种符号价值的过程中，真实的美丽、爱、知识等抽象价值被消解了，都被具体的符号商品所替代了。符号之能指与所指之间可以建立起无数任意的关联，可以将物质实体的能指与精神意义的所指统一起来，通过不断赋予物质实体以丰富的精神所指，一切都变得可购买了。不论是物质还是精神，世间的一切都被赋予了可交换的符号价值，只要付费，你就可以得到符号世界中的一切，成为符号王国中拥有一切的"国王"。由此，商品消费被建立在符号价值基础上的符号消费全面操控了。

符号价值实质上是一种虚假的价值。因为价值是凝结在商品中的无差别的人类劳动，而符号是无所谓价值的，它只是一种编码。符号价值之所以会出现，是因为资产阶级为彰显阶级差别而人为将不同的价值附加于符号之上。符号充当了社会阶级、阶层区分的工具。符号价值的根据在于"符号—物"所具有的社会身份与阶级地位的区分度。物只起到一种中介作用、只是一种符号，它本身是不具备任何实质作用的，"物是一个表征社会意指的承

---

① ［法］让·鲍德里亚：《生产之镜》，仰海峰译，北京：中央编译出版社，2005年版，第107页。

载者，是一种社会和文化等级的承载者"①。在"符号—物"中，符号是前景，物作为背景存在，其只是符号的一种现实载体。所以人们的符号消费不是支付"符号—物"中作为物的无差别的人类劳动的价值，而是支付"符号—物"中作为社会地位身份的虚拟符号的价值。根据马克思对价值的界定，符号价值显然是游离于真正价值之外的虚假的价值。

符号消费的实质是人们用具体的劳动换取抽象的社会地位。在经典马克思主义的语境下，使用价值关注的是商品作为自然物的有用性，交换价值关注的是商品的劳动价值量。其中，界定使用价值和交换价值的标准是具体劳动和抽象劳动，也就是劳动才创造出商品的使用价值和交换价值，商品的本质就是用于交换的劳动产品。不占有资本的大众进行消费是为了获取商品作为物的有用性的使用价值，而占有资本的资本家进行消费在很大程度上是为了扩大再生产从而占有更多的由劳动价值量所代表的交换价值，因为只有交换价值的顺利实现才能进而顺利实现资产阶级对工人剩余价值的占有。而在鲍德里亚后现代马克思主义的语境下，符号价值关注的是商品在社会结构中的地位。界定符号价值的标准与劳动无关，是资产阶级利用大众传媒确立的商品社会等级排序决定了其符号价值的大小。大众进行符号消费就是为了在社会结构中抢占与体现更高的属于自身的社会地位。资产阶级通过大众传媒手段创造出商品的符号价值就可以不受马克思所界定的交换价值的束缚，从而成倍提高商品的价格，使大众为得到想要的社会地位进行消费。也就是说，在符号消费中，人们消费的不是具体的商品，而是抽象的社会地位。但是，人们却要用自己具体的劳动所创造出的价值来换取抽象的社会地位，而资产阶级只要设定好符号所代表的社会地位序列供大众来进行消费购买就可以了。通过符号消费手段，资产阶级可以仅凭抽象的代表社会地位的符号，就轻易地获取大众通过艰辛的劳动而创造的剩余价值。这无疑是对广大无产

---

① Jean Baudrillard, *For a Critique of the Political Economy of the Sign*, New York: Telos Press, 1981, p.37.

阶级剥削的加重。

符号消费还是用外物来证明自己的否定性消费，体现了人的不自信，需要外在物质来证明自己，掩盖自己在资本主义工业社会中的懦弱与自卑。消费不再是对消费之物本身的需要，而变成对其所代表的社会关系和社会地位的需要，是基于让消费之物来为自己证明的需要，是异化的需要，甚至可以说是一种心理与文化层面的需要通过物质消费的方式来得以发泄。人们消费所追求的物质因素的比重在逐渐降低，而对非物质因素的追求比重在逐渐上升。消费更多地成了一种追求生活享受、追赶潮流、满足虚荣心与显示身份地位的社会符号。消费的是什么无关紧要，有实力消费才是关键，消费在本质上成为文化符号的游戏，这就是资本主义消费社会的游戏规则。

3.符号消费的社会后果

商品在本质上是使用价值与价值的统一体。通常情况下，人们购买商品是为了获得商品的使用价值，用以服务于人自身的生存与发展需要。而在资本主义消费社会，人们购买商品不再是为了人自身的生存与发展，而是为了追求商品所派生出的符号价值，进而用以彰显自身的经济地位、政治地位、文化地位和社会地位。商品的符号化体现了人的符号化。商品抽象的符号价值已经"反客为主"而凌驾于使用价值之上。

"为了构成消费的对象，物必须成为符号。"① 人们购买物品，是为了购买物品背后所代表的符号。人们所想得到的一切都可以通过购买相应的符号而得到满足。想要美丽，可以购买代表美丽的时装与护肤品；想要爱，可以购买代表爱的玫瑰与钻石；想要知识，可以购买代表知识的书籍和课程，等等。一切都可以通过符号的堆积而实现，在符号的世界里，人的一切欲望都可以满足。人们追求的并非物本身，而是物背后所体现的符号意义。最终，人用符号建构起虚假的自我形象并沉迷其中难以自拔。迷恋与沉沦于符号中

---

① ［法］布希亚:《物体系》，林志明译，上海：上海人民出版社，2001 年版，第 223 页。

的人是很容易被摧毁的，因其建构的根基就在于符号的假象世界，那么摧毁其符号也就摧毁了其全部精神世界。由符号所建构的世界仅仅是空洞虚假的幻象世界。

"符号—物"具有极大的欺骗性，人们在消费过程中往往被广告精心设计的"符号—物"形象所迷惑，沉醉于"符号—物"所表现的意象幻境中，但这种"符号—物"其实并非物质本身。与"符号—物"的意象所表现出的奇光异彩、精美绝伦的表象相比，其符号掩盖下的真实物品往往平常普通。消费成为消费符号，这就是鲍德里亚所描绘的消费异化。你消费何种"符号—物"，你就属于何种阶级与阶层，消费就定义了你是谁。在符号消费的世界，一切都用符号来进行表达，符号之外的一切都不被承认，只有符号才代表真实。你美丽吗？请用代表美丽的服装、佩饰等"符号—物"来表示。你博学吗？请用代表博学的学历、课程等"符号—物"来表示。没有消费能力购买相应代表美丽的"符号—物"，那你就是不美丽的、老土的；没有能力购买代表博学的"符号—物"，那你就是没文化的、没受过教育的。总之，凡是不经由符号消费所表现的就不能被资本主义消费社会所承认。只有不断消费"符号—物"，你才能在符号消费的世界中不断定义自身的存在与地位，从而证明自己的社会存在。只要拥有金钱，你就可以在符号消费的世界中满足自己的一切需求：正所谓没有买不到，只有想不到。

符号消费通过将物的符号化编码将物分为三六九等，同时就将消费"符号—物"的人相应划分为三六九等，如此，符号消费就具有了社会区分的作用。符号消费是将人根据他所购买的"符号—物"等级进行社会编码的过程。"消费从个人自我认同编码向社会阶级结构编码转化的过程恰恰是通过压制物的使用价值和自然属性从而强化其文化属性及符码区分价值的过程。"[①]鲍德里亚将高端消费指称为"模范"，将底端消费指称为"系列"，两者之间

---

① 韩欲立：《马克思政治经济学批判的哲学意义——鲍德里亚的批判及其回应》，上海：复旦大学出版社，2013 年版，第 75 页。

的区别不单表现在实际功用的层面，更表现在文化与社会地位划分的层面。"模范"与"系列"在本质上反映的是阶级地位的差别。"总的来说，我们对系列中的广大群众提供的是系列中有限的选择——而对少数人提供的则是模范中的无限韵味。"① "在作为使用价值的物品面前人人平等，但在作为符号和差异的那些深刻等级化了的物品面前没有丝毫平等可言。"② 符号编码的消费异化何以稳固下来呢？一方面是因为消费过程具有个体性，以至于缺乏同盟；另一方面是因为消费编码具有强制性，将人们自动纳入其符号编码体系。"类同并不在于地位的平等化、集体有意识的同质化（每个人都向他看齐），而在于以下这一事实，即共同拥有同样的编码，分享那些使您与另外某个团体有所不同的那些同样的符号。正是与另一个团体的差异造成了团体成员们之间（有别于类同）的相同。"③

商品的符号化过程就是人的社会地位符号化的过程。通过对每种商品进行符号编码，商品就被区分为不同的等级，产生由优质到劣质的符号排序。对商品进行符号编码排序的结果就是，在是否拥有商品这一问题上，人们之间的差别趋于消失，而在商品拥有的品质与等级上，人们之间的差别正在拉大。符号消费是资产阶级通过以广告为主导的大众传媒手段而建构起来并操纵人们的消费，"符号消费是消费先于生产的"④。一旦符号等级序列被大众所接受，对符号的消费就会进一步拉动符号商品的生产。最为明显的实例是时尚系统对符号商品的大肆建设与传播，说到底，"时尚系统是为了控制外表而由时尚行业和广告传播的一种意识形态，目的是销售商品"⑤。"商品不仅如马克思的商品理论所说的，以使用价值和交换价值为其特征，而且符号价值——风格、声誉、奢侈、权力等的表达和标志——成为一种持续增长的商

---

① ［法］布希亚：《物体系》，林志明译，上海：上海人民出版社，2001年版，第171页。

② ［法］让·鲍德里亚：《消费社会》，刘成富等译，南京：南京大学出版社，2006年版，第60页。

③ ［法］让·鲍德里亚：《消费社会》，刘成富等译，南京：南京大学出版社，2006年版，第76页。

④ Jean Baudrillard,*The System of Object*, Translated by Jemes Benediet,New York and London: Verso, 1996, p.160.

⑤ ［美］道格拉斯·凯尔纳：《波德里亚：批判性的读本》，陈维振译，南京：江苏人民出版社，2005年版，第39页。

品和消费的重要部分。"①

4. 符号消费的意识形态本质

在看待资本主义消费社会中的消费异化问题时，尽管从整体上说整个资本主义社会确实都难逃消费异化的命运，但也不能简单地认为全部个体都陷入消费异化，也不能认为不同个体的消费异化程度都是相同的。事实上，不同的人、不同的社会阶层在消费异化的程度上是有区别的。这里就出现了消费异化的定性与消费异化的定量之间的差异，也就是社会整体的消费异化现实与个体的消费异化现实有性质与程度上的区别，需要分别加以探讨。

符号消费意味着消费必然直观地呈现出社会区分度与社会阶层化的特点，因为处于不同社会阶层的人的消费能力和方式必然是不同的②，处于不同社会阶层的人群的消费异化程度也就不尽相同。越是处于符号消费等级链条高端的阶层，其消费异化的程度相对就越高，因为他们越有能力购买彰显社会地位的高端符号商品；而越是处于符号消费链条低端的阶层，其消费异化的程度相对也就越低，因为他们的购买能力还相对局限于为了单纯获得商品的使用价值的消费层面或者处于购买低等级符号商品的层面，还没有追求高端商品符号价值的资本与能力。与符号消费排序相对应的是人们的社会地位排序，同样也从一个侧面反映了人们的消费异化程度。消费符号序列高端商品的人的消费异化程度高于消费符号序列中低端商品的人，因为消费符号高端序列商品的人的消费更倾向于彰显社会地位，从而在不断拉大的社会分层中获得优越感。

人们的消费并非随心所欲的自由行为，而是被决定的，因为人们的身份和地位决定了他们在消费符号链中的等级，同时人们的消费符号等级也体现了他们的身份和地位。一般来说，社会上层人士不会去消费符号序列端商品，对符号序列低端商品进行消费是"不含有荣誉成分的，因为它不能适

---

① ［美］瑞安·毕晓普等：《波德里亚：追思与展望》，戴阿宝译，开封：河南大学出版社，2008年版，第5页。
② ［法］让·鲍德里亚：《消费社会》，刘成富等译，南京：南京大学出版社，2006年版，第83—84页。

应同别的消费者作有利的歧视性对比的目的"①。商品成为划分高低贵贱的符号，而不是无差别的人类劳动下的用于交换的产品。"其实，物品自身没有贵贱，之所以把其当做'贱'品，原因就在于那是低贱的人使用的物品，是'人贱'，而不是物贱（同一个物在不同的时候的'贵贱'转换也证明了这一点），即'平凡的物品'是贱人用的物品，它反映了人的地位：低贱。"② 可见，符号消费将资本主义社会人与人之间、阶级与阶级之间的不平等通过"符号—物"的消费序列直观地展示在每一个人的面前。

符号消费的社会地位排序只是资产阶级利用人的虚荣心理和阶层上升愿望来为大众设计的心理游戏。事实上，能够买得起"模范"符号商品的人并不一定都是社会上层，而消费"系列"符号商品的人也不一定就是社会下层。通过符号消费所排序的社会地位并不能真实反映人们真实的社会地位。用符号消费对人进行从高到低的社会排序的方式，将具有主体能动性的人贬低为抽象的、空洞的、毫无意义的符号。受符号消费的荼毒，有人为了能购买到象征更高社会地位的符号商品，不惜损害自己正常的对物质消费的需要，甚至通过伤害自己的身体健康来换取一件代表上层社会地位的奢侈品，如此来标榜自己的身价，获得心理满足。如此，符号消费造成了崇尚地位攀比的不良社会风气，人与人之间争相通过符号消费"碾压"他人，争先展示自己的社会地位，以能在符号消费上"高人一等"为荣。这极不利于公正平等的良好社会氛围的营造。揭开符号消费的意识形态面纱，符号消费完全是资产阶级为了自身利益而对大众的误导与玩弄。更为严重的是，资产阶级扰乱了无产阶级通过资产阶级革命的手段来实现自身和全人类真正解放的行动，让无产阶级大众陷入通过符号消费来假想社会地位改变的虚拟游戏中。符号消费最终让广大无产阶级在社会生活中越来越不平等，陷入异化的深渊。

---

① ［美］凡勃伦：《有闲阶级论》，蔡受百译，北京：商务印书馆，2005 年版，第 125 页。
② 张天勇：《社会符号化——马克思主义视域中的鲍德里亚后期思想研究》，北京：人民出版社，2008 年版，第29 页。

透过符号消费链，我们在批判符号消费异化造成的社会等级划分与贫富差异的同时，尤其不能忘记处于符号消费链底端的消费者。他们的消费甚至不能满足自身的需要，因而非但不能把他们纳入过度的消费异化一刀切地进行批判，还要提高他们的消费水平。这些人虽然已不是二战后资本主义消费社会的主流群体，但并不能忽视他们的存在。资本主义消费社会时代的消费过剩与消费不足同样值得关注。

（三）以象征性交换应对符号消费异化的策略

资产阶级利用大众传媒工具对"符号—物"的文化意义编码，从而使得客观的"物"本身承载了资产阶级主观所赋予的各种符号意义，并由此消解了真正的"物"的存在。人们在符号消费中被自动纳入符号编码序列，人的需要与存在都通过符号加以体现，人的主体性被符号遮蔽与规约。面对符号价值盛行所造成的消费异化现象，如何才能冲破符号编码对人的统治而使消费回归其本质呢？鲍德里亚认为必然要通过对符号消费的解码才能实现。他借鉴乔治·巴塔耶（Georges Betaille）的"普遍经济学"和马塞尔·莫斯（Marcel Mauss）的"礼物交换理论"，提出只有回归古代社会的非经济逻辑的"象征性交换"（symbolic exchange）才能克服符号消费异化，挣脱符号对人的统治。"象征性交换不是一种商品或价值的交换，而是一种物品间的非经济性的交换、非计算性的交换。"[1] 象征性交换仅仅代表一种意义，是一种非价值形式，表现为对符号价值的否定。象征性交换就是鲍德里亚用以撬动资本主义符号消费异化的"阿基米德点"[2]。

在符号消费中，为什么有的符号消费品代表较高的社会地位而有的符号消费品却代表较低的社会地位呢？说到底还是人赋予了符号相应的意涵，符号在其本质上是人们的一种想象。既然符号只是一种想象，那么以象征超越

---

① 宋德孝：《符号政治经济学批判——鲍德里亚早期思想研究》，上海：上海社会科学院出版社，2016 年版，第 110 页。

② ［美］瑞泽尔：《后现代社会理论》，谢立中等译，北京：华夏出版社，2003 年版，第 116 页。

想象就可以瓦解符号的统治。"现实的话语其实是想象的话语，而原始人则在象征介入中超越了这种话语。"① 鲍德里亚在原始人的象征性交换中找到了消解符号异化的路径。象征性交换可以不受现实的限制，甚至不受生与死的限制，"交换不随生命的终止而终止。不论是在生者之间，还是在生者和死者之间，象征性交换永无终止"②。

为何象征性交换能够消解符号消费异化呢？这是因为符号消费是资本主义社会出现的一种异化的交换行为和异化的社会关系，如果能用另一种非异化的交换行为和社会关系来取代符号消费，那么就可以克服符号消费所带来的异化。基于这一思路，鲍德里亚将关注的目光锁定到象征性交换，象征性交换本身就是"一种交换行为和一种社会关系，它终结真实，它消解真实，同时也就消解了真实与想象的对立"③。象征消解了真实与想象之间的对立，也就消解了符号的所指与能指之间的对立，如此，符号被解构了，符号消费自然也就不存在了。事实上，人与人之间的象征交换体现在人类生活的方方面面，"人的语言、身体、思维、生命等各个维度的社会关系中"④ 都存在着象征性交换，这是比商品交换和符号交换更为本质的人的生命需要。

以礼物这一象征性交换手段为例，这种交换方式仅仅是仪式性的交换行为，礼物作为交换的中介仅仅体现象征性交换双方的具体而友好的关系。礼物本身的交换意义明显超越了礼物本身的实用性。不论是经典马克思主义所关注的使用价值和交换价值，还是鲍德里亚所关注的符号价值，都不是礼物所承载的价值，礼物仅仅具有其本身的"象征性交换价值"⑤（symbolic exchange value）。象征性交换的"象征性交换价值"否定物、商品和符号所具

---

① ［法］让·鲍德里亚：《象征交换与死亡》，车槿山译，南京：译林出版社，2006 年版，第 204 页。
② ［法］让·鲍德里亚：《象征交换与死亡》，车槿山译，南京：译林出版社，2006 年版，第 209 页。
③ ［法］让·鲍德里亚：《象征交换与死亡》，车槿山译，南京：译林出版社，2006 年版，第 206 页。
④ 李怀涛：《鲍德里亚"象征交换"思想解析》，《新视野》，2017 年第 6 期，第 113 页。
⑤ Jean Baudrillard, *For a Critique of the Political Economy of the sign*, Translated by Charles Levin, New York: Telos Press, 1981, p.64.

有的一切价值形式。如此，符号消费异化就得以消解。

"现代消费是符号化消费，以取得符号价值为目的，服从于符号生产；而原初消费不以任何外在价值为目的，是一种象征性交换，是非生产性的。"① 现代化的符号消费是资产阶级为了盈利的发明，表现在人与人之间的交流是抽象的符号化交流，在符号消费的消费关系中，不论人与人之间进行了多少次符号消费活动，人的社会关系也没有得到丰富。与之不同，象征性交换源自人的本性，在这一过程中人进行交换不是为了获得利润，其没有明确的目的性，而只是人与人之间的具体交流方式，只是人与人之间通过交换对社会关系的丰富与发展。

但是，象征性交换这种交换形式是原始社会的产物，可见鲍德里亚的象征性交换思路有拉历史倒车的空想性，人类社会发展至今是不可能倒退回原始社会的，象征性交换是不可能成为当今社会的主流交换形式的。最终，鲍德里亚只能将象征性交换寄希望于死亡、涂鸦、诗歌等非主流生活的纯粹小概率事件上，他为克服符号消费异化所寻找的解决途径也只能沦为摆脱符号消费异化的"假对策"。此外，鲍德里亚全然忽视生产在社会中的作用，完全无视社会现实，其理论只片面地聚焦在消费领域，进而偏执地深入符号消费中，过分依赖通过符号来解读一切消费现象，陷入用符号学解释一切的误区。他的理论不能不说是独到而深刻的，但也只能说其理论仅达到了一种片面的深刻。鲍德里亚应对符号消费异化的象征性交换这一解决路径虽然只是美好的希冀而难以实现，但是他为理解与应对当代资本主义消费社会的异化所提出的独到见解与智慧理论将激励我们不断深入研究与探讨。

四、从文化视角批判消费异化的新意与不足

后现代马克思主义的符号消费异化批判从人与社会关系的维度看到了符

---

① 孔明安等主编：《鲍德里亚与消费社会》，沈阳：辽宁大学出版社，2008年版，第72页。

号消费对社会公平正义造成的负面效应，指出符号消费是通过消费来公开划分人的社会等级，将人通过消费进行社会地位归类，是明显助长社会不平等的风气与氛围，是对人们相互攀比身份与追逐高等级的暗示。因而从符号的视角批判消费异化就是对将人分为三六九等的不平等的社会秩序的批判，就是对资本主义社会看似消费自由平等的表象下不自由不平等的实质的深刻痛斥，有利于揭露隐藏在自由消费理念下的资本主义社会不平等的真面目，从而使人认清资本主义社会真实阶级差异的存在。后现代马克思主义对符号消费的批判对于我国社会消费市场出现的以奢侈消费、攀比消费等为代表的不良风潮同样具有批判与警示意义。

符号消费使人的无形的身份地位通过有形的符号得到体现和展示。"对身份的追求，是一场抑制和减缓流动、将流体加以固化、赋予无形的东西以有形的持续性的斗争。"[1] 借由符号消费，人们可以随时消费自己想要的符号来表征自己想要的身份；借由符号消费，人们可以幻想占有相应身份地位的尊荣。仿佛人只有通过消费才能确证自身，才能确证自身的地位；仿佛什么地位的人就应该有什么符号等级的消费。特定地位的人有特定地位的人应有的消费标配，这是符号消费对人的绑架。"自我身份确定（self-identification）的任务有着严重的破坏性"[2]，出现使人与人之间变得不平等，导致人与人之间因消费符号等级的不同出现区隔，并由此加剧了人与人之间的攀比之风与地位竞争，破坏了群体之间曾经稳固的团结互助精神。

但是，将符号在消费中的作用绝对化、将人的需要和消费都视为纯粹的追逐符号的主观过程的理解使后现代马克思主义的消费异化批判落入了符号唯心主义的陷阱。事实上，商品的使用价值虽然并非人们在资本主义社会消费中所追求的全部，但其也并没有完全在人们消费的考虑之外。因为人们不可能完全脱离对物质消费的依赖而生活在想象的真空之中。完全否定商品的

---

① ［英］齐格蒙特·鲍曼：《流动的现代性》，欧阳景根译，上海：上海三联书店，2002年版，第126—127页。
② ［英］齐格蒙特·鲍曼：《流动的现代性》，欧阳景根译，上海：上海三联书店，2002年版，第138—139页。

使用价值而将商品仅视为纯粹的符号，是一种唯心主义的假想。在现实生活中，物的使用价值还是人们的基础追求，马克思关于商品使用价值及劳动创造价值的观点仍然是社会政治经济运转遵循的基本理论。人们可能在某次具体的消费行为中完全是为了追求商品的符号价值，也可能在某次具体的消费行为中完全是为了追求商品的使用价值，但从人生活的整体来看，商品的使用价值和符号价值都是人在消费中考虑的因素，人在消费时考虑使用价值和符号价值的比重是会根据具体消费情形而不断变化的。

第四章

**生态视角：生态学马克思主义
立足人与自然的关系批判消费异化**

消 费 异 化 批 判 : 西 方 视 角 与 中 国 理 念

一、生态学马克思主义及其消费异化批判概况

　　生态学马克思主义（Ecological Marxism）形成于 20 世纪 60—70 年代，是当代国外马克思主义中最具影响力的学派之一。这一学派聚焦于对资本主义社会所造成的生态环境问题的批判研究，认为资本主义社会面临着生态危机和经济危机这一双重危机，生态危机甚至超越了经济危机而成为资本主义社会面临的主要危机，主张将生态学与马克思主义相结合来应对资本主义社会的生态危机。阿格尔在其《西方马克思主义概论》一书中第一次明确使用了"生态学马克思主义"这一概念，使生态学的马克思主义这一概念及其基本思想在全世界范围内得到广泛认同和传布。生态学马克思主义发源于法兰克福学派，其中对生态学马克思主义的形成起到重要贡献的关键人物是马尔库塞，在一定意义上可以把他看作生态学马克思主义的开创者。面对现代工业社会对自然环境造成的破坏，马尔库塞阐述了人与自然之间相互关系的理论，并号召进行一场"生态革命"、一场"政治斗争"，通过解放自然来达到解放人类的目的。

　　在对消费异化的批判上，生态学马克思主义学者继承并发展了法兰克福学派对消费异化的批判，着重从消费异化对生态环境造成的负面影响进行批判。生态学马克思主义学派认为资本主义制度在本质上是反生态的，其贡献在于从马克思主义的理论深处找到了当今严峻的生态问题产生的根源与出

路，挖掘了马克思主义理论体系中以往被人们所忽视的生态思想，并在这一基础上使其逐渐系统化发展。生态学马克思主义批判资本主义社会中的消费异化造成的种种负面效应，尤其是对生态环境造成的严重破坏，但不同于后现代马克思主义把消费的物质对象完全消解而仅将消费的对象看作符号的观点，生态学马克思主义在不否认消费在一定程度上具有符号文化性一面的同时强调消费的物质性，坚持马克思主义商品消费的使用价值理念。正因如此，生态学马克思主义才着重批判了大量的商品消费给生态环境造成的破坏性后果。莱斯、阿格尔和高兹是生态学马克思主义学派中就消费异化问题进行深入研究与批判的主要代表人物，他们的研究成果在很大程度上代表了生态学马克思主义学派对消费异化批判的水平。

面对资本主义生产相对过剩引发的经济危机，经济学家凯恩斯提倡通过大量消费来应对。他指出，"消费乃是一切经济活动之唯一目的、唯一对象"①，如此就必须提高工人的收入水平，通过刺激全社会消费的手段拉动生产，以确保生产的连续性。然而 20 世纪 70 年代发达资本主义国家出现的经济"滞胀"状况表明环境资源对资本主义经济增长的限制作用，显现出无限度刺激消费以拉动生产的模式最终会因触碰到环境资源限度的天花板而失败，资本无限度增值的要求与有限度的生态环境承载力之间矛盾凸显。生态学马克思主义者敏锐地洞察到资本主义社会对大众过度消费的普遍倡导会造成人与自然之间关系的恶化，诱发生态危机以致威胁人类的生存与发展，因而他们从资本主义社会所倡导与推行的消费主义政策对自然生态环境所造成的破坏性视角出发，开创了消费异化批判的生态视角。"生态学马克思主义是从不同的、更深一层的发达资本主义的角度来理解矛盾的。它把矛盾置于资本主义生产与整个生态系统之间的基本矛盾这一高度，认为资本主义生产

---

① ［英］约翰·梅纳德·凯恩斯：《就业、利息和货币通论》，徐毓枬相译，北京：商务印书馆，1979 年版，第 209—210 页。

的扩张主义动力由于环境对增长有着不可避免的、难以消除的制约而不得不最终受到抑制。"①

二、威廉·莱斯出于"双重性需要"的消费异化批判

威廉·莱斯（William Leiss, 1939— ），生态学马克思主义的主要代表人物之一，加拿大现代著名左翼学者，师从马尔库塞，致力于将生态学与马克思主义相结合。莱斯认为当今资本主义社会异化的主要表现已经从劳动异化转移到消费异化，并且未来社会革命的导火索也将发生在消费领域而非生产领域。在关于消费异化问题的研究上，他在继承马尔库塞消费异化批判理论的基础上进行了生态批判层面的拓展，尤其对资本主义社会只顾资本增值的需要来引导大众大肆消费而不顾生态环境的人类中心主义做法进行了深入批判。莱斯对消费异化的理解是：人基于永无止境的"双重性需要"，在控制自然的观念支配下而进行的高消费行为。

（一）"双重性需要"推动下的消费异化

对消费的分析离不开对人的需要的分析，因为正是需要推动着人们进行消费。法兰克福学派的马尔库塞提出"虚假需要"的概念是从来源上对需要进行分类，即人的本能需要是"真实需要"，而外部强加在人身上的需要就是"虚假需要"。莱斯将马尔库塞对"真实需要"和"虚假需要"的表述转换为"需要"和"欲望"。在莱斯的语境中，"需要"就是人的"真实需要"，"欲望"则是人的"虚假需要"。"一个人的需要是他与他所在的文化中的其他人共有的那些为维持身体与精神健康所需的最低要求"②，可见需要是客观的、真实的，而一个人的欲望是主观的、虚假的，是由外在社会所灌输的。在马尔库塞对"虚假需要"分析的基础上，莱斯进一步探索需要的内核，分析需要的构成及这一构成会对生态环境造成的后果。如果说马尔库塞重在分析需

① ［加］本·阿格尔：《西方马克思主义概论》，慎之等译，北京：中国人民大学出版社，1991 年版，第 421 页。
② ［加］威廉·莱斯：《满足的限度》，李永学译，北京：商务印书馆，2016 年版，第 69 页。

要的外延、对需要进行分类，那么莱斯就重在分析需要的内涵，对需要进行定义。

1. "双重性需要"及其消费的生态后果

莱斯认为需要具有双重属性，即"需要的每一个表达或陈述都同时有一个物质关联和一个象征性或文化的关联"[①]。也就是说，莱斯认为需要是物质需要和文化需要的统一体，不存在单纯的物质需要或文化需要。物质需要与文化需要不是截然对立的二分存在，而是需要的"一体两面"。例如，对食物的需要表面看来是人的物质需要，然而如何取得食物、取得何种食物、如何制作食物却与人类的文化发展密不可分，物质的需要中内含着文化的需要。再如，对音乐的需要表面看来是人的文化需要，然而音乐的载体是离不开物质实体的，文化的需要中内含着物质的需要。人的行为总是基于物质需要和文化需要的组合。基于对需要的双重属性解读，莱斯对商品的理解也不再等同于前期法兰克福学派对商品的实物解读与同时期后现代马克思主义学派对商品的符号解读，而表现为双重性的，即将商品看作"物质—符号实体"[②]。这意指商品是实物与符号的统一体，人们购买商品不是单一为了其实物（马克思所定义的使用价值），也不是单一为了其符号（鲍德里亚所定义的符号价值），而是为了错综复杂的两者之综合目的。

值得注意的是，物质需要和文化需要作为需要的组成部分，在满足人的需要时所发挥的作用却是不同的。人的物质需要是有限的，而文化需要是无限的。根据亚伯拉罕·马斯洛（Abraham H. Maslow）的需要层次理论，人总是先要满足自身的物质需要，再满足文化需要。马斯洛的需要层次理论将需要分为从低级到高级的五个等级，分别是生理需要、安全需要、社交需要、尊重需要和自我实现的需要。更高一等级的需要在前一等级的需要完全达到

---

① ［加］威廉·莱斯：《满足的限度》，李永学译，北京：商务印书馆，2016 年版，第 72 页。
② ［加］威廉·莱斯：《满足的限度》，李永学译，北京：商务印书馆，2016 年版，第 84 页。

后才会产生。但莱斯认为，需要的物质方面与精神方面不是割裂的状态，不是实现一个等级之后再迈入下一个等级的过程，相反，物质的需要"会一直延续到更深刻的甚至是'心理的'领域"①。马斯洛的需要层次理论假定了人的物质需要有一个满足点，当达到这个满足点后，人就会追求更高一层级的需要，人的物质需要的满足总是先于人的文化需要的满足。马斯洛是站在需要的历时态发展角度来分析的，结合莱斯对需要的共时态的双重属性分析，我们可以把需要的历时态和共时态视角结合起来考察。如此，在马斯洛所谓的最低层级的生理需要层次，需要也是物质需要和文化需要的结合，只不过这时人的物质需要主导着人的文化需要，而越往马斯洛需要层次的高等级迈进，人的物质需要在需要二因素中的分量就会逐渐减少，文化需要就越来越主导着人的物质需要。也就是在人的物质需要基本满足后，人的文化需要就会成为主导性需要，并且不同于人的物质需要的有限性，人的文化需要往往是不断发展而无止境的。

　　人类面临许多危机，一些危机属于自然现象，如地震等，一些则是由工业经济所带来的，如环境污染等。② 各式各样的商品、不断更新的时尚趋势、臻于至善的服务，这一切都吸引着人们从消费中获得满足感，资本运作与商品经营的目的就是把人们诱导到从消费中获得所有想要的满足，让消费成为人们获得满足感的最方便与毫不费力的首选。资本主义社会一切的经济活动就是为了取悦大众，让人们心甘情愿地成为消费者。在资本主义社会，人的劳动被异化，整个人的生存状态都是异化的，人们本应主要从劳动中获得满足的方式被劳动异化的强迫性工作所取代，在工作中难以获得应有的满足，如此，通过消费获得满足就成为人们的唯一退路。并且，相比其他获得满足的方式，消费的过程简单轻松，满足了人们在工作劳累了一天后追求放松简

---

① William Leiss, *The Limits To Satisfaction*, Kingston and Montreal: McGill-Queen's University Press, 1988, p.57.

② William Leiss and Christina Chociolko,*Risk and Responsibility*, Kingston and Montreal: McGill-Queen's University Press, 1994, p.16.

便的需要。由此，消费沦为资产阶级控制人们的新手段就顺理成章、不足为奇了。消费者是资本主义经济制度的"王"（king）。①

无穷无尽的文化需要必然要有相应的物质载体作为支撑来体现人的文化需要。这就意味着人在无止境的文化需要的推动下，不可能像鲍德里亚所认为的那样只是对符号的消费，鲍德里亚忽略了对符号背后的物质载体的觉察。莱斯则洞察到在需要指引下的消费，不论是出于物质层面的有限需要还是出于文化层面的无限需要，最终都必然要落脚到物质载体的支撑上。如此一来，消费总是会消耗一定的物质自然资源，就必然会对自然生态环境造成持续的掠夺与压力。加之在现代资本主义社会，一切需要都被引导到无止境的消费中，非但人的物质需要必然要通过购买与消费商品来实现，就连自尊和自我实现的文化需要也要通过购买和消费商品来实现。如此，生态环境始终都充当着提供物质材料的被动角色，人与自然之间的关系就总是处在索取与被索取、主体与客体的二元对立状态。总之，与鲍德里亚推进了消费异化的符号社会批判不同，莱斯推进了消费异化的生态批判。

同时，人们的需要之所以永无止境，还与人们的匮乏心理相关。这种匮乏心理可以分为"真实的匮乏"和"虚假的匮乏"两种。"真实的匮乏"就是人的真实生存需要得不到满足而导致的匮乏，"虚假的匮乏"则是人们在社会比较当中所产生的匮乏。在现代资本主义社会，一方面，大众的消费水平和生活水平相比资本主义社会早期得到了极大的提升，大众"真实的匮乏"几乎已得到了有效解决而不成为社会的主流问题；另一方面，大众"虚假的匮乏"凸显出来，表现在人与人之间在消费中的相互攀比愈演愈烈，"即使持续增加的商品阵列也无法减轻人们在日常生活中受到的匮乏的威胁"②。

造成这一现象的原因在于资产阶级已经将人们的所有需要都导向对商品

---

① Tibor Scitovsky, *The Joyless Economy—The Psychology of Human Satisfaction*, New York: Oxford University Press, 1992, p.268.

② ［加］威廉·莱斯：《满足的限度》，李永学译，北京：商务印书馆，2016 年版，第 36 页。

消费的需要，无论是物质需要还是精神需要，都要通过商品消费来满足，而在商品大量涌现与人与人之间的攀比的作用下，个人"虚假的匮乏"总是得不到有效的满足。资产阶级利用人的匮乏感，让人们通过大量消费来填补。如此，大量的商品昼夜不停地被生产与消费。在由匮乏感所驱动的不断消费的过程中，"人类很快就将面临两种无法补救的匮乏，即那些囿于自然资源的有限性造成的匮乏和囿于生物圈有限的吸收能力造成的匮乏"①。资本主义社会不断地制造大量商品来供应人们的大量消费，而大量商品的制造必须依赖于对自然资源的控制，如此，人类"征服自然的主要目的之一是要最大限度地为满足欲望提供可供选择的商品"②，以保证人们持续的消费需要。"双重性需要"推动下的消费使得资源的匮乏与环境生态的破坏成为"社会创造的状况"③。"将人类之外的自然看作只不过是支持人类欲望的系统——资源的仓库和垃圾丢弃场——时，我们发现了作为高强度市场架构特点的生产与消费活动的生态维度。"④

2. 消费异化的本质是统治阶级对人与自然的双重控制

莱斯注意到广告在诱导人们消费时的作用不容忽视。在现代社会，商品的种类繁多，"每年在北美有 1500 种新产品上市，而它们中的 80% 会在同一年中下架，为其他花色的商品让路"⑤，在琳琅满目的商品的狂轰滥炸之下，人们往往难以判断哪一种商品才适合自己，而只有听从广告的安排随机选择。广告会告诉人们需要什么样的商品、应该购买什么样的商品，人们在不知不觉中按照广告来调整自己的需要，也就是说人的需要成为在广告中学习后的需要，而非自身内生的需要。在广告的背后则是资产阶级的操纵与控制。

① ［加］威廉·莱斯：《满足的限度》，李永学译，北京：商务印书馆，2016 年版，第 37 页。
② ［加］威廉·莱斯：《满足的限度》，李永学译，北京：商务印书馆，2016 年版，第 44 页。
③ William Leiss, *The Limits to Satisfaction*, Kingston and Montreal: McGill-Queen's University Press, 1988, p.29.
④ ［加］威廉·莱斯：《满足的限度》，李永学译，北京：商务印书馆，2016 年版，第 52 页。
⑤ ［加］威廉·莱斯：《满足的限度》，李永学译，北京：商务印书馆，2016 年版，第 15 页。

伴随着科技的发展、工业化程度的加深以及社会福利水平的提升，现代资本主义社会已经将大众变为消费大众。在过去的半个世纪，人们日常生活的大部分活动已经由其他多种类型的活动转移到众多种类的消费活动当中。许多消费行为的研究认为这是自发的选择并且认为人们对消费的热衷是美好的体验。从消费中，人们能体验到物质层面和象征层面的双重满足，并且正是后者把人们引诱到对消费的热衷当中。[①]

通过控制自然，将人的"双重性需要"引导到对物质消费的需要上，资产阶级成功地控制了人。控制自然成为控制人的手段，具体表现在通过控制自然为人类提供充足的消费品。在前现代社会，基于人类对自然控制力的有限性，人类的物质积累十分有限，不论统治阶级还是被统治阶级都极大地受制于自然力量而消费相对省俭。如此，对人的消费需要的有限满足"牵制了帝权的意图或至少使对内的和对外的权威非常不稳定"[②]，这时的统治阶级不能通过征服自然而充分满足人们的需要遂只能主要依靠暴力统治。随着生产力的不断发展尤其是科技的发展与资本主义工业社会的到来，资本主义社会对自然的控制能力空前提升，可以通过对自然的控制满足大众的需要，为大众提供相对充足的消费品。如此，资产阶级对人的控制越来越表现为通过满足人的消费需要之手段而非暴力之手段的控制。社会财富越雄厚、人的消费选择越多样，人受到的社会控制就越强，"追求控制自然进行得越主动，个人所得报偿就越被动；获得控制自然的能力越强大，个人力量与压倒一切的社会现实相比就更弱小"[③]。人们越将消费视为满足一切需要的手段，消费得越多，受到的控制就越强。

莱斯不无痛心地指出，资本主义国家对资源的使用是惊人的，生活在资

① William Leiss, *C.B.Macpherson—Dilemmas of Liberalism and Socialism*, Montreal: New World Perspectives, 1989, p.141.
② ［加］威廉·莱斯：《自然的控制》，岳长岭等译，重庆：重庆出版社，2007年版，第139页。
③ ［加］威廉·莱斯：《自然的控制》，岳长岭等译，重庆：重庆出版社，2007年版，第138页。

本主义发达国家中的人口总数占地球人口总数的三分之一，却使用了地球资源总量的90%，正是资本主义国家的大量消费才造成了全球生态危机。资本主义国家对自然的工具式索取还基于人类控制自然的观念。这种观念认为，自然本身就是人的欲求对象，因而无限度满足人的需要就成为自然的使命，人类也不会有任何的负罪感。"人控制自然的观念成为一种社会制度（或者是作为整体考虑的人类社会发展的一个阶段）的基本意识形态，这种社会自觉地与过去作彻底的决裂，奋力追求推翻一切'自然主义'的思维和行为方式，并把为了满足人类的物质需要而发展生产力作为自己的首要任务。"[①]这里，莱斯一针见血地指出控制自然的观念是一种社会制度下的基本意识形态，而这一制度就是资本主义制度，也就是说资本主义制度与自然环保是根本对立的。资本主义制度为维护统治合法性将人的需要全部导向消费，进而大肆向自然索取，形成控制自然的意识形态，导致人与自然之间的对立。简而言之，消费异化、控制自然的观念、生态危机都是资本主义制度的产物。

（二）批判加剧消费异化的"控制自然"观念

控制自然就是为了掌握所有的自然过程，不仅要弄清楚这一过程的物理层面、化学层面的规律，还要掌握这一过程的生物作用层面的规律，如此，就可以利用和干预这些规律来为人类的需要服务。[②]说到底，控制自然就是要让自然为人服务。

莱斯考察了人与自然关系的历史进程，发现文艺复兴是人与自然关系的重要转折点，正是通过文艺复兴，人类中心主义的世界观逐步形成了。这一观念与资本主义制度非常契合，为资本增值打下了观念基础。人类中心主义的观念仅考虑到人自身的需要，视自然为物质资源库，完全没有把自然当作有机生命体来看待。归根结底，资本主义消费异化产生的根源还在于资本主

---

① ［加］威廉·莱斯：《自然的控制》，岳长岭等译，重庆：重庆出版社，2007年版，第157页。
② William Leiss, *Modern Science, Enlightenment, and the Domination of Nature: No Exit?*, Toronto: Toronto University Press, 2011, p.10.

义制度。资本主义制度对资本无限增值的欲望需要大量消费的支撑，由此大量消费在资本主义社会的盛行就不足为怪，消费异化现象成为必然。[①]

莱斯认为，如果说消费异化是生态危机产生的直接原因，那么消费异化背后控制自然的观念就是生态危机产生的观念根源。为了证明这一观点，莱斯首先批判了两种错误的生态危机根源归因。其一，环境问题不能被简单地视为一种经济核算问题，企图将生态环境保护当作商品而用经济规律来加以解决的方法完全是资产阶级的一厢情愿；其二，环境问题也不是科学技术所导致的，科学技术只是资产阶级用来控制自然的工具。控制自然的观念才是生态危机的深层根源，并且控制自然是为控制人服务的，"如果控制自然的观念有任何意义的话，那就是通过这些手段，即通过具有优越的技术能力——一些人企图统治和控制他人"[②]。这些人正是资产阶级，他们控制自然的目的是控制人，进而通过控制人的需要来控制人的消费，从而导致在人的消费异化的直接作用下对生态环境的破坏。

事实上，人的需要是多样化的，相应也具有多样化满足人需要的手段。人的物质需要确实必须通过消费一定的自然资源来获得，但人的物质需要毕竟是有限的，不会给自然环境造成沉重负担；人的精神需要也并不必然要通过消费才能满足，其他的满足途径有很多，如读书、人际交往、艺术活动、音乐享受等，只是资产阶级为了盈利的目的而将大众的精神需要完全诱导到消费上，从而给生态环境造成极大的负担。仅仅通过商品消费来满足人的全部需要，是资产阶级为了自身的利益而对大众进行强制性引导的结果。遗憾的是，莱斯没有进一步分析控制自然的意识形态与资本主义社会生产方式之间的关系，因而他的分析还停留在意识形态的层面而没有找到生态危机的真正根源。

---

① William Leiss, *The Domination of Nature*, Kingston and Montreal: McGill-Queen's University Press, 1994, p.122-123.
② ［加］威廉·莱斯：《自然的控制》，岳长岭等译，重庆：重庆出版社，2007年版，第16页。

　　资本主义社会消费异化产生的观念根源在于人类控制自然的思想，其中人类特指资产阶级，其背后是一种人类中心主义的世界观。正是由于资产阶级将人类需要的满足全部导向消费，其才必然要将自然视为客体加以控制，控制自然的观念与资本主义消费至上的观念是相互助长的。彻底摒弃资本主义社会将消费视为人类需要满足的唯一来源的行为，恢复人类满足方式的多样性，尤其是使人从生产活动中获得应有的满足，也就不再需要在人与自然的关系上通过武断地控制自然来满足人类不合理的消费欲求了。

　　人们应当从发展自己的各项能力中获得满足与幸福，而不是仅仅通过消费来获得满足感。劳动能力是人的最重要的本质性能力，通过劳动来获得满足感应当是人之满足感的最主要来源。而在资本主义社会，劳动被异化，仅成为获得工资以维持生存的手段，人的满足被限于商品消费这一种方式中，由此导致消费异化的产生与蔓延。克服消费异化，首先就要克服劳动异化，让人重新掌握劳动的权利，让人在劳动中实现自己的价值，当劳动不再被异化为资本主义社会为了谋生的手段而成为个人本质力量的发挥时，人们也就不再需要从消费中寻求寄托，不再把大量消费当作满足需要的唯一手段。资本主义消费社会将人们的视野局限在仅把自己当作消费者来索取的层面，掩盖了人们作为自主发展自身能力的创造者的层面。

　　当人类的需要满足方式冲破资产阶级所设定的通过单一的消费来满足的桎梏后，人的消费就可以逐渐恢复其本真，即作为满足人的需要的一种方式，而非通过盲目的大量消费来承担满足人的全部需要的重任。只有变革资本主义的统治，使生产不再为了盈利这一唯一目的，满足人需要的手段才会变得多样化，消费将再也不用作为满足人需要的唯一手段来承担人的全部需要之压，人们完全可以真正选择少数满足自身需要的高质量商品进行消费，放弃对消费数量的盲目追求。如此，人类控制自然的观念也可以转变为与自然和谐相处的生态理性观念，实现人的真正需要与自然的需要之统一，为人类迈向生态文明的新型文明形态奠定基础。

（三）克服消费异化的"较易于生存的社会"

"地球所面临的最严重的问题之一，就是不适当的消费和生产模式，导致环境恶化，贫困加剧和各国的发展失衡。"① 只有实现对劳动异化和消费异化的扬弃，使人真正在劳动中自主发挥创造性和能动性，摆脱对消费的依赖，才能为实现人的解放和自然的解放创造条件。人类企图无限度地向大自然索取以满足消费异化的生活方式是不可能长久的，因为大自然的资源与承载能力是有限的，并且"没有任何一项技术能够在有限的生物圈内确保经济的无限增长"②。

现代自然科学的理论与实践成就与人类对物质丰裕的期盼密切相关。资本主义的科技文化发展就是以服务人类对物质的不懈追求为目的的。但是这种以科技为工具来追求物质财富的手段应当加以转变，科技不应该是为"控制自然"（dominion over nature）服务的，而应当为"尊重自然"（respect for nature）服务。③ 在"尊重自然"的价值观指导下，科技应为人与自然的和谐服务，而不再为控制自然以满足人的无限度的物质消费贪欲服务。

解决消费异化问题，解决对地球资源的浪费与生态环境危机等问题，要求我们重新"联系生物圈内其他生物体的需要来实际理解人类的需要；其实这也就是作为整体来考虑人类以外的自然"④。人类的需要与人类的无机身体——自然界始终是不可分割的有机组成部分，人类的消费绝不可能离开自然界这一母体来进行。莱斯指出，需要不仅仅是人类才有的，人类不能局限于自身的需要，还要考虑到"人类以外的自然的需要"⑤，将自然视为平等的主体，用自然的需要调整我们的需要。

---

① 高文武等：《消费主义与消费生态化》，武汉：武汉大学出版社，2011 年版，第 29 页。
② ［美］约翰·贝拉米·福斯特：《生态危机与资本主义》，耿建新等译，上海：上海译文出版社，2006 年版，第 74 页。
③ William Leiss, *Under Technology's Thumb*, Kingston and Montreal: McGill-Queen's University Press, 1990, p.75-76.
④ ［加］威廉·莱斯：《满足的限度》，李永学译，北京：商务印书馆，2016 年版，第 117 页。
⑤ ［加］威廉·莱斯：《满足的限度》，李永学译，北京：商务印书馆，2016 年版，第 134 页。

　　消除消费异化对人与自然造成的不良后果，就必须建立一种新的需要理论，打破需要与物质消费之间的绝对关联，尤其要杜绝将人的文化精神需要完全转移到物质需要中的导向，摒弃现代资本主义社会将需要的满足等同于物质商品消费的消费主义价值观，承担起社会伦理责任，从控制人与自然的观念转向解放人与自然的观念，反思资本主义社会的现代性价值体系，制约人的不合理欲望，寻找一条人与自然和谐共生的文明社会道路。莱斯认为，能实现扬弃消费异化、实现人与自然和谐共处的未来社会的发展方向应是"较易于生存的社会"（conserver society）。在"较易于生存的社会"，个人应当有权利自我定义满足与幸福的标准，而非让资产阶级来为每个人界定满足与幸福的标准。

　　莱斯建立"较易于生存的社会"的观点受到了约翰·穆勒（John S. Mueller）的稳态经济理论的启发。资本主义通过消费来缓和阶级矛盾的做法并不能使资本主义长久地存在下去，反而会加剧贫富分化与社会矛盾，同时加深人与自然之间的矛盾。如此，资本主义越发展，人与自然之间的异化程度就会越深，自然承载力会逐渐逼近极限。同时，资本主义制度对人的本质的压抑也不可能持久维系，因为人们迟早会从消费异化中觉醒。觉醒的无产阶级大众与资产阶级之间的矛盾、自然资源的承载限度与资本无限增值之间的矛盾这两大矛盾的凸显，必将终结资本主义的统治。因此，莱斯认为未来新的社会形态必然是人与自然和谐相处的"较易于生存的社会"，这一社会不追求经济的一味高速发展，其"目标在于降低商品作为满足人的需要因素的重要地位，把人所需要的能源及物质总量降到最低限度"①。在这样的社会中，人们将在生产过程中满足自身的需要、实现自身的价值，人们在消费领域也不再追求消费的数量，而是注重消费的品质。

　　在"较易于生存的社会"，商品消费将不再是满足人类需要的唯一方式，

---

① William Leiss, *The Limits to Satisfaction*, Kingston and Montreal: McGill-Queen's University Press, 1988, p.112.

人的需要可以得到多样化的满足。事实上，人的能力同人的需要一样是多样的，人的多种能力的满足才能带给人们真正的满足。人们通过劳动、歌唱、运动、学习等方式都可以获得满足，根本用不着把对满足的需要单独寄托于资本主义社会大量的商品消费中。只要人们需要满足的手段能够取决于人们自己的能力而非狭隘地依赖于消费商品，那么满足人类需要的手段就可以是多元的。[1] 如此，人类的幸福完全可以不单纯依靠消费而得来，而会更多地体现在人对自身的接纳、和谐的人际交往、自由的劳动和人与自然的和谐相处之中。总而言之，人的满足主要应该来自发挥自身能力与主观能动性的生产劳动，而不是被局限在资本主义社会单一的大量消费活动中。

人们对快乐与幸福等精神层面的追求完全可以被引导到非消费的领域，如生产活动领域，这样就可以缓解由过度消费所造成的对自然生态环境的破坏。人们对精神文化的需要与满足完全不必要仅通过消费这一种方式来获得。但这也并不是说要限制人的一切消费活动，而是说不必把人类的一切物质与精神文化需要都压在消费上。"商品与市场交换并没有任何固有的邪恶，人们也没有理由认为应该把它们彻底根除。只有当商品交换倾向于成为满足需要的唯一方式时，人们才有担心的理由。"[2] 恩斯特·舒马赫（Ernst F. Schumacher）也指出，"人的需要无穷无尽，而无穷无尽只能在精神王国里实现，在物质王国里永远不可能实现"[3]，把需要全部寄托在商品的大量消费中是无法真正使人获得满足的。对物质的追求、对商品的消费总是有限的，而对精神世界的拓展是无限的。需要注意的是，莱斯对"较易于生存的社会"的描述只是他对未来的美好设想，而并不具备求全责备的量化实施标准，他对资本主义消费异化的批判也没有从根本上触及与动摇资本主义制度。

---

[1]　William Leiss, *The Limits to Satisfaction*, Kingston and Montreal: McGill-Queen's University Press, 1988, p.107.

[2]　［加］威廉·莱斯：《满足的限度》，李永学译，北京：商务印书馆，2016 年版，第 124 页。

[3]　［德］舒马赫：《小的是美好的》，虞鸿钧等译，北京：商务印书馆，1984 年版，第 20 页。

三、本·阿格尔基于"生产活动"的消费异化批判

阿格尔（Ben Agger, 1952—2015）是生态学马克思主义学派的早期代表人物。他在代表作《西方马克思主义概论》中首次提出了生态学马克思主义这一概念，系统阐述了生态学马克思主义的基本主张，使生态学马克思主义这一概念及其基本思想在全世界范围内得到广泛认同和传播。"生态学马克思主义者强调，人的满足最终在于生产活动而不在于消费活动。"[①] 然而资本主义现实生活中的人们根本得不到应有的满足，只有退而求其次地将注意力转移到消费领域。消费异化只是人们逃避异化劳动的方式。"劳动中缺乏自我表达的自由和意图，就会使人逐渐变得越来越柔弱并依附于消费行为。"[②]"历史的变化已使原本马克思主义关于只属于工业资本主义生产领域的危机理论失去效用。今天，危机的趋势已转移到消费领域，即生态危机取代了经济危机。"[③] 莱斯的消费异化批判理论是在主要继承马克思的劳动异化批判理论和马尔库塞、弗洛姆、莱斯等的消费异化批判理论的基础上发展而成的。对于消费异化现象，阿格尔从马克思的劳动异化视角切入，提出正是基于劳动异化才进一步导致消费异化的出现。相比于法兰克福学派的代表人物马尔库塞和弗洛姆对消费异化的批判，阿格尔着重从消费异化与生态危机之间的关系的视角来展开批判，运用马克思的历史唯物主义原理分析消费异化的根源，并提出"期望破灭了的辩证法"这一解决消费异化与应对资本主义制度的发展路径。阿格尔对消费异化的理解是：人们通过大量消费商品而为自己在备受压抑、难以发挥主观能动性的异化劳动寻找发泄出口的现象。

（一）消费异化的劳动异化归因及其批判

阿格尔认为，资本主义社会的生态危机已经取代经济危机而成为社会的

---

① ［加］本·阿格尔：《西方马克思主义概论》，慎之等译，北京：中国人民大学出版社，1991年版，第475页。

② ［加］本·阿格尔：《西方马克思主义概论》，慎之等译，北京：中国人民大学出版社，1991年版，第403页。

③ ［加］本·阿格尔：《西方马克思主义概论》，慎之等译，北京：中国人民大学出版社，1991年版，第486页。

主要矛盾，且造成生态危机的根本原因在于资本主义制度、直接原因在于资本主义社会的消费异化。阿格尔将生态危机归结为资本主义制度，指出"不仅资本主义生产过程中存在着根深蒂固的矛盾，而且生产过程据以同整个生态系统相互作用的方式也存在着根深蒂固的矛盾"[1]。资本主义社会的消费异化成为生态环境破坏、自然资源越来越逼近地球极限的直接推动力。"历史的变化已使原本马克思主义关于只属于工业资本主义生产领域的危机理论失去效用。今天，危机的趋势已转移到消费领域，即生态危机取代了经济危机。"[2]

自由的创造性劳动是人的本质需要，马克思早已指明，一切异化的根源来自劳动异化对人的本质的压抑、对人的创造性与主体性的压抑。随着资本主义的不断发展、科技的进步与分工的细化，劳动异化日趋严重，人们在劳动中感到身心负担越来越沉重，因而只能从劳动之外来寻求自我麻醉与逃避的途径。资本主义社会早期，工人阶级会通过打砸机器来发泄不满，进而通过罢工、革命等一系列形式与资产阶级相对抗，张扬内在的自主性力量。二战后，资产阶级改变了对无产阶级的统治策略，通过将无产阶级的不满情绪引导到消费领域的做法来缓解两大阶级之间的对抗。资产阶级的消费社会到来了。从阿格尔对消费异化的定义中，我们可以归纳出他对消费异化的三大批判。

其一，批判商品补偿论。消费之所以出现异化，是因为人们在资本主义社会的劳动过程中得不到应有的劳动享受与体验，从而将对劳动的不满情绪转移到消费当中，期望从消费中获得满足与享受。但事实上，商品消费是不能补偿劳动中的缺失的，因为消费与劳动是两种不同性质的活动，不同质的活动之间是无法进行同质的相互替代的。人们期望从大肆消费中获得在劳动

---

[1] ［加］本·阿格尔：《西方马克思主义概论》，慎之等译，北京：中国人民大学出版社，1991年版，第414页。
[2] ［加］本·阿格尔：《西方马克思主义概论》，慎之等译，北京：中国人民大学出版社，1991年版，第486页。

中所造成的单调乏味之补偿就如同期望从醉酒中获得缓解现实不如意的补偿一样，最终非但不能解决原有的问题，反而会造成新的问题。沉迷于过度消费非但不能解决资本主义社会的劳动异化问题，反而会产生人的异化的新形式——消费异化，使人在资本主义的异化世界中更加沉沦。

其二，批判消费的终极满足观。生态学马克思主义者强调，人的满足最终在于生产活动而不在于消费活动。人的满足体现在生命能动性的充分发挥之中，体现在人的自由全面发展之中，尤其是本真的劳动之中，而非仅仅体现在消费的满足中。在资本主义社会，生产活动中人们得不到应有的满足，只有退而求其次地将注意力转移到消费领域，在消费领域寻求虚假的与麻痹的满足。通过大量消费手段的虚假满足只是人们用以逃避异化劳动的方式，是在劳动中不能发挥人的主观能动作用、缺乏人的主体性而变得被动依赖消费的表现。总之，在消费中人是绝不可能获得终极满足的。

其三，批判劳动—闲暇二元论。资本主义社会中的消费异化现象之所以出现，根本原因在于劳动已经不是享受而成为人的苦役，进而只有通过消费这一休闲方式来逃避。劳动和休闲在资本主义异化盛行的社会被二元化了。这种将人的存在分为劳动和闲暇的二元论是资本主义社会的典型表征，是人的异化的表现。人们劳动不应该仅仅是为了获得更多的消费品，而应当从劳动本身中获得享受，人的任何存在状态与劳动状态都应该是人的本质的体现。当人为了享受某物或某段时间而牺牲自己存在的某段时间时，如忍受单调的工作劳动的时间来换取补偿性消费休闲的时间，这都是人的本质异化的表现。人在有限的生命时长中所度过的每段时间与所从事的每项活动都应该是人自主力量的展现，而不应该牺牲一段时间或活动来换取另一段时间或活动。毫无疑问，这样的人生不是人自主自由的存在的人生，是完全异化而无意义的。真正的人生、人的活动，应当是人完全自由自主、自由全面发展的。如此，在资本主义消费社会，用更久的劳动时间来换取过度的消费享受就是人的异化的典型表现。

（二）批判劳动异化，倡导"劳动—闲暇—元论"

生态危机的直接根源是消费异化，而更为深刻的根源在于背后的劳动异化，归根结底还在于资本主义制度。资本主义追求的是资本的不断增值，而资本不断增值需要大量消费的支撑，大量的消费导致大量的自然资源的攫取与浪费，以致生态危机加深。可见，资本主义是以生态危机为代价来缓解资本主义社会的经济危机而延续资本主义的统治。

消费异化之所以出现，是资本主义社会对人的劳动异化所导致的人的主观能动性受到压抑的补偿，而一切补偿都是不触及问题根本而转移人对问题之注意力的手段。用补偿的方法解决问题，只能是隔靴搔痒，最终助长根本问题的愈演愈烈。以补偿替代问题的解决，实质是不想解决问题、回避问题，将问题复杂化。出现问题时，唯一方案就是直面问题、解决问题，而不是用其他手段转移对问题的注意力，寻求所谓的补偿。既然人在劳动过程中发挥不了自身的创造性，感到压抑、单调乏味，那么唯一正确有效的解决方案就是消除这种劳动异化现象，推翻造成劳动异化现象的根本制度，而非用另一种异化来遮盖、补偿。这种逻辑似乎是说，人们在消费领域消费的商品越多，在劳动领域就会越少地感觉到一些单调与无聊，也就能发挥自身的创造性了。这种补偿无异于掩耳盗铃、自欺欺人，是资产阶级愚弄广大无产阶级的卑鄙手段。此种做法只会将劳动领域凸显的异化现象扩展到消费领域，结果则是扩大了异化的范围。

在资本主义消费社会，资产阶级用过度消费来哄骗广大无产阶级继续从事异化的劳动这一策略取得了成功，消费异化与劳动异化成为相辅相成、相互加强的统一体。人们通过消费异化来补偿劳动异化带来的痛苦体验，但在消费异化的过程中又不自觉地将消费异化当成获得满足的主导方式，进而为了大肆消费获得满足感而重新投入劳动异化当中，反而促进了劳动异化的持续稳固，形成了为逃避劳动异化投身消费异化进而沉溺消费异化而助长劳动异化的恶性循环。为了享受一时的异化消费的快感而心甘情愿地进行异化劳动。

实际上，人的存在不应该被机械地分为劳动和闲暇两个对立的部分。人的存在、人的一切活动都应该是一体的，都应当是人的本质的体现。而在资本主义社会，劳动成为异化的存在，人只能被迫在劳动之余少得可怜的闲暇时间中寻求表现自己本质的方式，可就连这少之又少的释放自我的时间也被资产阶级利用消费异化所占据，人的自我生存空间与时间被压榨殆尽。这种将人的存在分为劳动和闲暇的二元论是资本主义社会的典型表征，是人的异化的显著表现。人们不应该仅仅是为了获得更多消费品而去劳动，应当在劳动本身中获得享受，人的任何存在状态与劳动状态都应该是人的本质的体现，当人为了享受某物或某段时间而牺牲自己存在的某段时间来换取时，都是人本质异化的表现。在资本主义消费社会，用更久的劳动时间来换取物质消费享受就是异化的典型标志。阿格尔认为克服消费异化的关键在于克服异化生产，而生态系统的有限性总有一天会无力支撑异化生产的无限制增长，进而不再能提供给人们丰富的消费品，从而促使人们反思自己的消费观与价值观。

人在消费领域永远也达不到满足的状态，人沉迷于在消费中以求获得满足的行为只能是南辕北辙，最终离真正的满足越来越远，因为"人的满足最终在于生产活动而不在于消费活动"①，消费的满足并不能弥补人在劳动异化中所遭受的压迫。不解决人在生产活动中的劳动异化，不让人在生产活动中发挥自身的主观能动性而得到满足，人就只能陷于资本家设置的消费异化陷阱而不断追求消费满足以麻醉自己。只有彻底推翻资本主义制度，消除劳动异化，才能最终消除消费异化，实现人的满足与自由全面发展。总之，消费

---

① ［加］本·阿格尔：《西方马克思主义概论》，慎之等译，北京：中国人民大学出版社，1991 年版，第 475 页。

异化直接导致了生态危机，而劳动异化又导致了消费异化，劳动异化的背后又是资本主义制度。最终，是资本主义制度为了巩固资本增值、获取更高利润并同时缓和阶级矛盾才造成了劳动异化、消费异化以至于生态危机。阿格尔把这一时期的资本主义社会定义为"快速资本主义社会"，意味着异化的范围之广与速度之快。

阿格尔在继承法兰克福学派对消费异化的阶级批判的基础上，认为人的消费行为在资本主义社会甚至被培养为人的"第二天性"（second nature）[1]。资产阶级对人们的消费主义意识灌输如此之成功，使人们在潜意识当中已经将消费作为除工作之外的主要活动方式，因为如果人们不这么做的话资本主义社会就会停滞不前。与此相对应，阿格尔还看到在资本主义社会丰裕的消费主义文化主导下，世界上还有大多数人依旧生活在贫困当中，他们的消费明显不足，甚至不能保障最基本的需要。非但资本主义社会内部有一部分人的消费还严重不足，相当多的发展中国家的人民也存在严重的消费不足。富裕的资本主义社会是以为其提供原材料和廉价劳动力的广大发展中国家人民的贫困为代价而发展起来的。消费异化不仅使人们在被诱导的情况下消费了大量人们本身其实并不需要的无用品，更为严重的是在这一过程中还浪费了大量的自然资源，给生态环境造成了巨大负担。

资产阶级为了获取利润，非但操纵人们大量消费，还剥夺了人们原本稳固生长于其中的社区身份，利用电视、广播和网络空间等手段引导人们重建自身的形象。阿格尔将这种自我建构的、被操纵下的身份定义为"网络自我"（cyberself）。[2] "网络自我"是外部灌输给个人的虚假的自我，如同马尔库塞对"虚假需要"的定义，是外部强加给个人的虚假投射。在网络中，自我身份是可以通过购买而重新建构的。例如，通过购买健身器材你可以买到

---

① Ben Agger, *The Virtual Self—A Contemporary Sociology*, Oxford: Blackwell Publishing, 2003, p.14.

② Ben Agger, *The Virtual Self—A Contemporary Sociology*, Oxford: Blackwell Publishing, 2003, p.100.

一个全新的"自我"。资产阶级想要传达的统治信息以各种易于大众接受的媒体形式，通过各种传媒手段，轻松地传递到每个人的日常生活中的一切领域。人们可以直接通过电视、广播、广告等途径获取资产阶级传达出的"一手信息"，学习如何在资本主义社会生存与满足欲求。阿格尔指出，在资本主义社会早期乃至之前的社会，人们除了对基本的食物和居所的需要外，还没有出现如今资本主义消费社会所宣扬的个体需要一说，消费者也没有至高无上的地位与被概念化的一系列的需要。[1] 正是二战后资本主义消费社会的出现，才使人发展出一系列的需要与被资产阶级意识形态掌控的虚假的"网络自我"这一人格。阿格尔也批判消费中的文化异化，注意到鲍德里亚关于消费社会的符号消费批判理论，但阿格尔认为鲍德里亚关于符号消费的理论尽管注意到文化对现实的建构意义，但否认了"现实"（reality）[2]，也就是过于强调消费的符号文化层面而忽视了消费的物质性。与鲍德里亚不同，阿格尔始终坚持消费的物质性层面，这才有他对消费异化所造成的生态环境严重破坏的生态视角批判。

（三）走向"期望破灭的辩证法"

消费异化的根源在于资本主义制度，那么解决消费异化就必然要变革资本主义制度，使人们能够自由劳动和按照自己个性化的真实需要而消费。"消费异化只不过是真正自由的苍白反应；在一定的生态限制条件下，它必然很快就会中止的；克服这种消费异化的关键是改造生产使其不再异化"[3]，也就是说，消除消费异化的源头在于消除劳动异化。阿格尔认为，资本主义社会对人们的蒙蔽及对自然的永无止境的剥削，总有一天会以人们的觉醒而告终。人们早晚会意识到在物欲主导的消费社会中是得不到真正的满足与幸福的，同时严峻的环境污染与自然资源告急等现实生态危机也会制约资本逻

---

[1]　Ben Agger, *The Virtual Self—A Contemporary Sociology*, Oxford: Blackwell Publishing, 2003, p.101.

[2]　Ben Agger, *The Virtual Self—A Contemporary Sociology*, Oxford: Blackwell Publishing, 2003, p.81.

[3]　[加]本·阿格尔：《西方马克思主义概论》，慎之等译，北京：中国人民大学出版社，1991年版，第497页。

辑的运转，资本主义生产方式总有一天会因受到自然生态承载量的限制而无法再向人们提供充足的消费品，那时人们迟早会从非理性的期待中惊醒，进而从消费异化的迷途中惊醒，来奋起反抗资本主义制度。人们被消费异化所欺骗与淡化的阶级意识会再次觉醒，当这一力量足够强大时就会成为推翻资本主义制度的强大力量，这就是阿格尔所谓的"期望破灭了的辩证法"。"这种辩证法是消费者突然从对资本主义的生产和消费的幻想中清醒过来和可能重新调整对于幸福含义理解的过程。"① 如果人们能在劳动过程中得到自我价值的创造性体现，就不会再在消费领域寻求物质和文化的寄托来冲抵劳动中的压抑与异化，如此，人与自然之间的矛盾也就得以解决。

为了扭转资本主义制度下过度生产和过度消费的模式，阿格尔倡导实行经济的"分散化"和"非官僚化"的具体措施，主张建立一个小型民主的经济生产模式，从而使经济社会稳态发展。稳态经济追求生产的品质而非数量，力图使人们在生产活动中得到自身潜能创造性的发挥，使人们在劳动中得到自主与创造性的享受，实现劳动与闲暇的统一，从而放弃对过度消费的依赖。同时，阿格尔还认为集权化和官僚化的统治会激发人的消费需要，刺激人从消费中获得满足，从而导致消费异化，对此，必须倡导"非官僚化"和"分散化"，恢复消费与生产之间的平衡。"过度生产将通过分散工业生产和降低工业生产的规模来克服；过度消费将用向人类提供有意义的、非异化劳动（这种劳动是小规模的、民主管理的生产者联合体的劳动）的办法来克服。"② 如此，在解决消费异化的同时也就起到了保护环境的作用。阿格尔所倡导的"分散化"与"非官僚化"的"非极权主义的社会主义"将克服消费异化，废除劳动与休闲的二元论，"小规模、非官僚化、集体组织的生产将成为目的本身"③。

---

① ［加］本·阿格尔：《西方马克思主义概论》，慎之等译，北京：中国人民大学出版社，1991 年版，第 420 页。
② ［加］本·阿格尔：《西方马克思主义概论》，慎之等译，北京：中国人民大学出版社，1991 年版，第 421 页。
③ ［加］本·阿格尔：《西方马克思主义概论》，慎之等译，北京：中国人民大学出版社，1991 年版，第 507 页。

　　阿格尔认为，消费异化所导致的生态危机会迫使资产阶级和无产阶级都做出相应的改变。资产阶级面对生态危机将不得不减少生产，而无产阶级在生态危机面前也将通过"期望破灭的辩证法"来改变自身的过度消费行为，树立起正确的消费观和价值观。而这一变革的起点是从调整分工和克服官僚主义开始的。当环境资源的限度导致用于生产的自然资源不能充分供应时，市场上的消费品供应也必然减少，这时工人必定会感到失望与不满，因为他们忍受异化劳动就是为了能够更多地消费，在过度消费中寻求所谓的补偿，而消费品供应减少的现状将会使工人感到失望，他们会对掌控日常生活一切方面的资本主义专家和权威产生不满，由此，抗拒资本主义权威和专家的控制而走向自决将成为解放的开端。[①]

　　"我们不是主张把生产资料归还给工人（虽然不排除这是一种可能的政治目标），而是主张把创造理性和自我指导性交还给长期生活在专家奴役之下的工人。我们首先抨击官僚统治，然后转向全面批判资本主义。"[②]阿格尔期望在不将生产资料归还给工人的前提下批判资本主义，这对资本主义的批判显然是不彻底的，没有触及资本主义的本质，说明阿格尔并不是彻底的马克思主义者，他对资本主义的批判还流于表面，不明白不进行经济层面的彻底变革，他的将创造理性和自我指导性归还给工人的设想只能是留存在头脑中的空中楼阁。阿格尔甚至还设想将民粹主义与马克思主义相结合，这更加凸显了其马克思主义的不彻底性。"民粹主义（破灭了的消费者期望）和马克思主义（对资本主义的激进批判）可以通过正确评价企图解决资本主义生态危机的努力所开辟的社会主义前景而结合在一起。"[③]

　　总之，阿格尔的消费异化批判理论既不是要拉历史倒车退回到前工业化时代，也不是要指出何种"真正"的消费需要才能不造成环境和道德的恶化，

---

① ［加］本·阿格尔:《西方马克思主义概论》，慎之等译，北京：中国人民大学出版社，1991年版，第512页。

② ［加］本·阿格尔:《西方马克思主义概论》，慎之等译，北京：中国人民大学出版社，1991年版，第515页。

③ ［加］本·阿格尔:《西方马克思主义概论》，慎之等译，北京：中国人民大学出版社，1991年版，第519页。

他的目的仅仅是描述资本主义社会的消费异化现实，分析当资本主义社会不能给人们提供丰富的物质消费时会出现什么样的状况。他认为，当资本主义社会由于环境破坏与资源超载而不再能给人们提供逃避异化劳动的丰富消费品时，人们将从受广告操作的消费异化中惊醒并寻求新的期望和途径。"随着人们对自己应过什么样的生活形成新的期望，依附以广告为媒介的消费并把这种消费看作是人的满足的唯一手段的现象就会消失。"[①] 而现实是，人们沉浸在过度消费之中，被资本主义的消费主义价值观所洗脑，认为要享有丰富的物质商品，就必须以异化劳动为代价。阿格尔所期待的解决消费异化问题的"期望破灭了的辩证法"实际上是一种被动的等待，等待资本主义因为消费异化而把地球资源浪费与生态环境破坏到一定限度，使人们在生存面临严峻威胁时被倒逼着进行改变，这是一种消极拖延的、不可取的应对态度。

四、安德烈·高兹围绕"经济理性"的消费异化批判

高兹（Andre Gorz, 1923—2007）是法国存在主义的马克思主义和生态学马克思主义的主要代表人物，《生态政治学》一书的出版标志着高兹生态学马克思主义的转向。高兹所理解的消费异化就是人们在资本主义社会经济理性的指导下而不断追求高消费的行为。高兹对资本主义丰裕社会下的消费异化进行了生态批判，揭示了资本主义生产和消费的本质，阐述了资本主义社会基于经济理性下的盲目追求利润的动机必然通过大量生产和大量消费而对生态环境造成破坏。他指出，资本主义的危机本质上就是生态危机，应对策略是以社会主义的生态理性取代资本主义的经济理性、以社会主义的生态和谐来取代资本主义的生态危机，最终实现人的自由解放。

（一）劳动沦为过度消费的手段

高兹继承了马克思的劳动异化理论，认为消费异化是劳动异化的必然结

---

① ［加］本·阿格尔：《西方马克思主义概论》，慎之等译，北京：中国人民大学出版社，1991 年版，第 496 页。

果。资本主义资本无限增值的要求必然导致对消费不断扩大的要求，造成消费异化的原因还在于资本主义的生产方式和劳动异化。资本主义社会中，工作如同"保护壳"（protective shell）①，是人们生活中的既定程序。人们在资本主义社会中生存，已经不需要自主掌控与规划自己的生活了，生活的意义早已被资本逻辑设定为劳动挣钱与休闲消费的循环，人们忍受异化的劳动就是为了更多地消费。那么劳动在资本主义社会是如何沦为过度消费的手段的呢？

鉴于人在资本主义社会异化的工作中备受压抑，转移人们的工作压力、给人们提供消费上的放松需要具备两个条件：其一，要给人们提供物质补偿，那么社会首先必须十分富裕；其二，工人要将工作视为获得这一补偿的手段，这就是说，工人将工作完全视作为了获得工资而进行消费的手段。如此，工人就形成了对工作的工具理性态度，即完全将工作视为一种满足消费的手段而非目的，工作只是一种用来消费与谋生的手段。对物质和服务的消费则成为工作的目的与成功的象征。不将作为生产者的工人（worker/producer）改造成作为消费者的工人（worker/consumer），二战后资本主义社会大众消费得以繁荣之"福特制调节"（Fordist regulation）就不可能加以施行。②

处在后"福特制调节"下的工人阶级已经不再是马克思所定义的工人阶级了。资本主义制度下的付薪劳动与人的自主劳动之间的差别正如商品的交换价值与使用价值之间的差别，人的自主劳动与物的使用价值是和人与物的产生相伴随的属性，而人的付薪劳动与物的交换价值则是人类历史发展的产物，尤其以资本主义社会的到来发展到极致。在资本主义社会，生产出商品

---

① Andre Gorz, *Critique of Economic Reason*, Translated by Gillian Handyside and Chris Turner, London and New York: Verso, 1989, p.118.

② Andre Gorz, *Critique of Economic Reason*, Translated by Gillian Handyside and Chris Turner, London and New York: Verso, 1989, p.44.

使用价值的工人阶级却无法掌控商品的交换价值，同理，具有自主能动劳动能力的工人阶级也无法掌控属于自身的劳动力。在劳动异化的基础上，广大工人的物质需要也只能以异化的形式表现出来，那就是对商品的需要、对购买的需要和对金钱的需要。无产阶级所消费的一切都必须通过购买得来，同理，他们所生产的一切都要被销售。生产与消费之间被割裂开来。①

异化劳动中的工人服从于既定资本与机器设备的安排，他们的劳动与其自身的主体性是分离的。工人在工作中丝毫不能充分发挥自身的能动作用，因而他们唯一期待从工作中得到的只是工资而已。正是由于劳动异化导致了人们不直接生产他们所消费的东西或消费他们所生产的东西，人们的生产劳动只是获得工资的手段，进而用取得的工资购买自己所需要的商品。而生产出的商品也只有通过顺利出售才能收回成本甚而盈利，否则就一文不值，为此，必须促进大众进行消费。值得一提的是，在作为生产者的工人成功转向作为消费者的工人的过程中，广告功不可没。商业广告的出现宣扬了消费对劳动异化的补偿与基于消费所带来的幸福观。

大量消费归根到底还是为了服务于资本主义的生产与盈利，为了使生产出的商品顺利实现其利润。"资本主义的企业管理首要关注的并不是如何实现生产与自然相平衡、生产与人的生活相协调，如何确保所生产的产品仅仅服务于公众为其自身所选择的目标，来使劳动变得更加愉快。它所关注的主要是花最少量的成本而生产出最大限度的交换价值。"②"越来越多的资本必须能有利可图，这要求消费越来越多的商品和商业服务。因此，必须诱使整个人口通过最大量消费而满足需要，必须创造出对商品消费的最大需要。"③从"创造出"三个中字足见消费成为服务于资本主义资本增值的手段。

---

① Andre Gorz, *Farewell to the Working Class—An Essay on Post-Industrial Socialism*, Translated by Michael Sonenscher, London and Sydney:Pluto Press, 1982, p.38.

② Andre Gorz, *Ecology as Politics*, Boston: South End Press, 1980, p.5.

③ Andre Gorz, *Capitalism, Socialism, Ecology*, London and New York: Verso, 1994, p.94.

（二）批判经济理性与"越多越好"的消费主义价值观

高兹认为，马克思对消费异化的资本主义生产方式的批判就是对资本主义经济理性（economic rationality）的批判。经济理性并不是人类与生俱来的理性形式，而是资本主义发展的必然产物，是资本主义社会的主导理性形式。在经济理性统治下的资本主义社会中，人们工作、休闲、生活的方方面面都自觉或不自觉地遵循着经济理性的行事原则。以消费领域为例，经济理性统治下的消费是服务于资产阶级资本积累的消费。对消费的控制成为极为隐蔽的资本主义政治行为，成为人在资本主义社会丧失主体性的情况下唯一可以感受到些许虚假自主自由的领域。经济理性将人与人之间的关系变为赤裸裸的金钱关系，将人与自然之间的关系变为主体与客体之间的工具关系。

在前资本主义社会，人们的生产和消费都遵循着"够了就行"（enough is enough）的原则，人们的劳动只需要满足自己必要的生活用度消费。但随着资本主义社会的到来，人们的劳动与消费就不再仅受自己的支配而更主要地服务于市场的调度，这时人们就需要学习计算，产生了经济理性，进而在生产和消费中追求绝对数量的增加，人们的生产和消费的原则就从"够了就行"转变为"越多越好"（the more the better）。[1] 一方面，当人们有权决定自己的需要水平和劳动程度时，经济理性还是不存在的。这时人们可以自主降低需要水平以相应减少个人的劳动，劳动的产品够用也就满足了，这也就是俗话所说的"知足常乐"（enough is as good as a feast）。[2] 另一方面，人们有限的需要也造成了资本主义经济理性运行的障碍。因为人的需要具有满足的限度，但经济理性下的利润增长却没有满足一说，资产阶级对利润的追求永远也不会嫌多，其对利润的追求是无止境的。这样，资产阶级就必然要将大

---

[1] Andre Gorz, *Critique of Economic Reason*, Translated by Gillian Handyside and Chris Turner, London and New York: Verso, 1989, p.109.

[2] Andre Gorz, *Critique of Economic Reason*, Translated by Gillian Handyside and Chris Turner, London and New York: Verso, 1989, p.111-112.

众的需要无限放大，让大众接受"越多越好"的消费观与消费主义的价值观，如此，资本增值才能得以顺利进行，资本主义社会才能长久存在下去。

在经济理性的指导下，劳动者的劳动只是为了赚取更多金钱的手段而并非目的。高兹对经济理性指导下劳动仅仅为了赚取更多金钱的批判，就是他的劳动异化批判，只不过高兹批判的角度是资本主义意识形态层面的经济理性而非马克思批判的资本主义社会中更为根本的私有制。经济理性不但导致仅为了获取更多工资报酬的劳动异化，还带来了追求大量消费的消费异化。因为资本主义社会生产出来的商品必须被消费才能获得收益，否则将一文不值。如此就必须使人们不断地扩大消费的需要，使奢侈品不断变成必需品。在资本主义消费社会，人们生活的目的和意义仿佛就是大量消费。资本主义生产的首要目的是获得利润，而利润的取得必然要通过商品从生产到消费的顺利过渡，对资本主义生产制度来说，不能得到顺利消费而实现盈利的生产是毫无意义的。因而在利润动机的驱使下，资本主义社会必然推崇消费主义而不惜浪费自然资源与破坏生态环境。无止境的利润驱动下的消费主义必然造成日益严峻的生态压力。资本主义利润动机的思想根源在于资本主义的主导思维方式——经济理性。

经济理性基于计算与核算，伴随着资本主义社会的出现而产生并泛化到一切社会领域。在前资本主义社会，理性是多元的，并没有经济理性统摄一切社会领域的现象出现，人们更关心的是自己的生活。然而，当人们生产劳动的目的变成为了获取交换价值而成功在市场上出售商品时，人们就开始关注自己获得的多少，人的理性就被窄化为经济理性，理性的多元维度就被遮蔽了。经济效益成为衡量一切的目标。经济理性就是工具理性中的一种形态，即为了经济效益而将一切视为手段，致使价值理性沦丧的思维逻辑。在经济理性对人的支配下，人异化为经济核算的计算器，丧失了人的文化维度与情感维度的考量，化身为冰冷的只知计算利益得失的工具。为了获得更多的利润，资本家可以采取提高单位商品价格以提高利润率或在单位商品利润率不变的情况下扩大消费数量两种方法。然而，广大消费者尤其是工人阶级的收入水平的提高是十分有限的，通过提高商品价格来提高单位商品利润率的方法显然会失去大量的消费者，加上单位商品的价格也不可能无限提升，因而这一方法难以持续使利润扩大化。出于利润能够持续扩大化的考量，扩大商品消费数量无疑是另一有效的方式。人们消费得越多，资本家的利润就越高。经济理性就是用计算与核算的总方针来衡量社会一切领域的理性态度。生产领域的利润最大化原则、消费领域的"越多越好"原则都是经济理性的表现。经济理性在本质上就是资本主义社会生产方式所内含的理性思维模式，对资本主义生产方式的批判就内含着对经济理性的批判。

在人与人之间的关系上，经济理性表现在为了利润而支配与控制人。在人与自然之间的关系上，经济理性表现在为了利润而控制自然，对自然的控制是为控制人服务的。控制自然不是目的，通过控制自然来驱使人按照资本主义经济理性的原则生产与消费才是目的。不控制自然，控制人就失去了物质依托，控制人要以控制自然为前提，失去了自然提供的物质原材料，资本主义的经济运行就成为空中楼阁。鉴于经济理性对人与自然造成的双重危害，高兹认为应该摆脱经济理性对人与自然的控制，在消费上摒弃"越多越好"的消费观，树立"越少越好"的消费观，提高消费的品质而非消费的数量，用生态理性取代经济理性。与经济理性相反，生态理性是以生态环境保护为动机的理性。

在经济理性的驱使下，资本主义社会的商品生产与消费都围绕利润的最大化而展开，大量生产与大量消费正是利润最大化的有效手段之一，由此培育人们追求消费"越多越好"的高消费观就成为获得高额利润的必然，人在资本主义的生产和消费领域都成为服务于资本追求利润最大化的工具。高兹考察了从前资本主义社会到资本主义社会的消费观的变化情况，指出人们经历了一个由知足常乐的"够了就好"到贪得无厌的"越多越好"的渐变过程。消费观的转变是社会巨变在消费领域的反映，资本主义对利润的无限度追求在社会中形成了以金钱来衡量一切得失的新标准，人的价值感与幸福感、人与人之间的关系、人与自然之间的关系都由金钱来衡量。由此，高兹认为消费异化是在资本主义经济理性的作用下产生的。人的成功、价值与意义都由消费金额来衡量，能花费更多的金钱来购买更多商品的人生才是成功的、有价值的、有意义的，反之则是失败的、无价值的、无意义的。在经济理性的作用下，资产阶级之间衡量人生价值与成功的标准是资本占有量的多少，而广大无产阶级没有资本，只能将购买商品的多少当作人生价值与成功的衡量标准。这里，虽然无产阶级与资产阶级衡量自身的人生价值与成功的标准表面看都以金钱为指标、以经济理性为导向，但本质上有天壤之别。资产阶级的经济理性是以不断增值的资本为单位，而无产阶级的经济理性是以不再增值的商品为单位；资产阶级的经济理性让自身在资本积累中越来越富有，而无产阶级被资产阶级灌输的经济理性让自身在消费异化中越来越贫穷。看似是经济理性这一统一标准在起作用，其结果对于资产阶级与无产阶级而言却是完全不同的。资产阶级成功地利用经济理性蒙蔽了广大无产阶级的双眼，掩盖了背后起实质作用的资本力量，而将社会打造成消费的乐园。消费成了人融入社会的一种手段，在资本主义工业社会，消费不再是个人主体性需要的表达，而成为社会挟制下的表达，社会的流行趋势和标准同化了人的个性化需要。消费不再是个体化的呈现而成为大众化和标准化的表达，如同人们在生产流水线上生产大众化和标准化的产品，在消费领域人们被要求统一购买这些标准化和流行化的商品。人们大量购买商品是为了融入社会，与社会整体价值观保持一致，从而得到他人的认同，不至于脱离时代而被视为另类。人们的个性化审美被机器大工业的生产和供应所掩盖，很少有人会像古人那样自己做衣服、制胭脂，人们如今为了穿着打扮所购买的商品都是在大工业体系下批量生产的，丧失了个体化特色。

高兹指出，消费异化导致消费主义价值观的形成。所谓消费主义，就是将消费视为人生的目的，将更多种类与数量的消费当作人生追求的价值。消费主义价值观的形成与资本主义消费异化紧密相连，是资本主义价值观的一种表现形式。消费主义的形成是诸多因素作用的结果，但究其根源还在于资本主义制度。消费异化与消费主义的价值观会导致人们的生活平衡不断被打破，不断被资本掌控的广告媒介所宣扬的流行趋势所引诱，人们的生活被不断更新的多样化商品所牵引，各种广告充斥着人们的生活空间，人们宁静的生活不复存在，人们生活于喧嚣的商品广告中无处可逃。资本家通过各种手段刺激人们的购买欲，并通过越来越多样的超前消费方式为人们的大量消费提供便利。

（三）实现消费从"越多越好"到"够了就好"的转变

在高兹基于经济理性对劳动异化和消费异化的理解下，人们正常的"劳动的权力"和"消费的权力"演变成为异化的"挣钱的权力"和"花钱的权力"。"劳动"与"消费"异化为"挣钱"和"花钱"，人类满足自身创造力与维持自身生存与发展的自由自主的活动沦落为以金钱的获取与挥霍为中心的活动。如此，人服务于金钱，而非金钱服务于人。

高兹认为，消除消费异化需要对资本主义进行生态学重构。资本主义制度本质上就是以浪费为基础来进行资本增值的，永不停歇的大量生产与大量消费伴随着对自然资源的大量浪费与消耗，生态危机将不可避免。消费异化的资本主义社会只不过暂时以生态危机为代价延缓了作为其根本矛盾的经济危机的大爆发。工人阶级在消费中确实获得了暂时的物质满足，然而生态危机的到来会使工人阶级付出更为惨痛的代价，在生态危机中最先受害的就是广大无产阶级。资产阶级看似给人们创造了物质极大丰富的消费天堂，但这一天堂建立在资源几乎枯竭、环境污染肆虐的基础上，工人以生命健康为代价而被麻痹于消费异化之中。要创造健康的生活环境，维护地球生态的可持续性，就必须改变资本主义大量生产和大量消费的经济运作方式。

在生产领域，"存在着一种普遍的混淆，就是'劳动'与'工作'或'就业'的混淆，'劳动的权利'与'挣钱的权利'以及'得到收入的权利'的混淆"①。区分"劳动的权力"和"挣钱的权力"，需要限制一味追求经济增长的经济理性，倡导"更少地生产，更好地生活"的理念，引导人们在生产中寻求满足。"尽可能地提供最低限度的、具有最大使用价值的和最耐用的东西，用花费少量劳动、资本和资源就能生产的东西。"②

在消费领域，区分"消费的权力"和"花钱的权力"，抛弃"越多越好"的消费观，树立"越少越好"的消费观。人的本质是从自由自觉的劳动中显现的，消费只是人的基本需要，而非人的本质需要。消费应该是为了人更好地发挥自身的创造性、主观能动性服务的，而不是相反。人不应该把主要精力投入消费中，而应该在生产劳动中创造性地实现自身的价值。

在观念领域，摒弃经济理性，弘扬生态理性。提倡生活的丰富化，而非狭隘地沉浸在消费中。"特别是当人们发现更多的并非必然是更好的，发现挣得越多、消费得越多并非必然导向更好的生活，从而发现还有着比工资需要更重要的需要之时，也就逃脱了经济理性的禁锢。"③"生态理性可以归结为一句口号——'更少但更好'，它的目标是建立一个我们在其中生活得更好而劳动和消费更少的社会。"④经济理性与生态理性的区别就在于经济理性驱使人从消费领域获得满足而生态理性倡导人从生产领域获得满足，生态理性倡导人们进行有限的必要消费而把大部分时间用在自由自觉的创造性生产活

① Andre Gorz, *Critique of Economic Reason*, Translated by Gillian Handyside and Chris Turner, London and New York: Verso, 1989, p.221.

② Andre Gorz, *Capitalism, Socialism, Ecology*, London and New York: Verso, 1994, p.32.

③ Andre Gorz, *Critique of Economic Reason*, Translated by Gillian Handyside and Chris Turner, London and New York: Verso, 1989, p.116.

④ Andre Gorz, *Capitalism, Socialism, Ecology*, London and New York: Verso, 1994, p.33.

动之中，克服经济理性所推崇的无止境的消费异化与无止境的劳动异化，强调生命的意义与价值应该体现在劳动创造而非过度消费的过程中。

在生活领域，要改变消费主义主导人的生活方式的局面，树立勤俭节俭的消费观念，节制自己的消费行为。在日常生活中注意使用可再生能源，不购买过度包装的商品，少购买一次性商品，少开私家车、多乘坐公共交通工具出行，等等。从这些日常生活中的小事做起，人们也就为保护环境贡献了自己的一份力量。同时，人们还可以通过购买更多的耐用消费品而节约沉迷于过度消费中所浪费的时间，进而留出更多的时间给自己。通过换一种消费方式，人们完全可以消费得更少而生活得更好。

五、从生态视角批判消费异化的新意与不足

生态学马克思主义对消费异化的批判，理论光芒与理论缺陷并存。生态学马克思主义在经典马克思主义和法兰克福学派对消费异化批判的基础上，创造性地深化了对消费异化的生态视角批判，将消费问题从人的自我和人与社会的关系维度拓展到人与自然的维度，看到了消费异化对自然环境的消极影响，判定消费异化必然导致生态危机。但是生态学马克思主义学派所提出的"生态危机已经取代经济危机而成为资本主义社会的主要矛盾"这一观点是失之偏颇的。资本主义私有制和社会化大生产之间的矛盾依然是资本主义社会的基本矛盾，这一矛盾才是生态危机的根源所在。

为了解决资本主义社会的消费异化问题，莱斯、阿格尔和高兹都提出了自己的设想。莱斯提出"较易于生存的社会"，主张用社会发展的质之标准取代社会发展的量之标准，放弃一味追求高速发展的经济模式，而转向在资源合理配置的过程中稳步发展。阿格尔提出"期望破灭的辩证法"，期望当有一天自然资源被消耗殆尽、生态环境被严重破坏而不能再提供给人们大量消费品时，人们被动觉醒并开始反思与批判资本主义制度，进而改变大量消

费的消费模式。高兹则提出用生态理性取代经济理性，主张用"够了就好"的消费理念取代"越多越好"的消费主义价值观，树立"更少地生产，更好地生活"理念。这些应对方案都具有理论突破性和创新性，但太过理想化，不具备可行性，因而只是一种理论层面的美好设想。

生态学马克思主义对消费异化批判的缺陷还在于，其将由消费异化所导致的过度消费与生态环境之间的矛盾程度作为人们是否会奋起革命来反对资本主义社会的条件，仿佛反对资本主义社会的革命完全依赖于自然环境的恶化程度，这无疑否定了无产阶级革命的主动性，将对资本主义社会的反抗完全归结为被动的生态因素，完全背离了马克思对革命根源与动力的科学论述。同时，人与自然的矛盾是伴随人类社会发展始终的一对矛盾，只有在特定的社会制度下这一矛盾才会激化并表现为生态危机，生态危机归根结底还是社会制度危机的外在表现。由资本主义制度所导致的生态危机最终还要通过对资本主义制度的扬弃才能得以解决。对消费异化所造成的生态危机的批判不能取代对消费异化的资本主义制度根源的批判，只有彻底变革资本主义制度才能从根本上解决消费异化问题以及带来的生态危机。

第五章

视角融合：根据"有机思维"
对消费异化的整体性批判

消 费 异 化 批 判 ： 西 方 视 角 与 中 国 理 念

一、"有机思维"的中西思想来源

"有机思维"是一种有别于近代西方机械思维的整体性思维方式。来源于西方怀特海哲学、以倡导事物之间内在联系的有机整体性为特征的"有机思维"，以及中国传统中以"天人合一"思想为主流的"有机思维"，是本书"有机思维"的中西方两大思想来源。二者相互契合、相互印证，超越了近代西方机械论重部分、重分解的机械思维模式，基于"有机思维"可以实现对西方马克思主义消费异化批判理论之从人的存在出发——人与自我、人与社会、人与自然三大批判视角的融合，有利于寻求克服消费异化的整体性实践理念，并探讨西方马克思主义的消费异化批判理论以及对中国在全球化时代条件下应对消费问题所具有的启示。

（一）西方怀特海哲学的"有机思维"

经典马克思主义的产生建立在启蒙运动的现代机械论科学观的基础上。然而，当代科学的发展已经超越了现代机械论科学观而进入了后现代的有机科学阶段，相应的科学哲学思维也应进入"有机思维"的发展阶段。有机科学的产生建立在各门具体科学发展的基础上有其深厚的自然科学基础。具体来说，当今物理学已经超越了牛顿"机械论"物理学对封闭空间物理对象以时间为维度的单向度研究。爱因斯坦的狭义相对论揭示了时空相关联，广义相对论又把几何空间与物体群联系起来，从而证明了世界上万事万物之间的相互关联性。量子物理学和微观物理学的发展同样证明了物质之间的内在关联，这是传统物理学难以想象的进步。从生物遗传规律的微观生物学到系统生物学的发展，生物学领域的研究也进一步证明了系统的内在关联，更加注重对有机体的整体研究。生态系统学同样证明了生物圈存在互惠的有机联系。心理学当中有关意识的研究也证明了身心一体的规律。总之，自然科学的发展一致性证明了当今科学已经步入有机科学的新阶段。

有机马克思主义（the Organic Marxism）基于当代科学的新发展，是"结合怀特海的机体哲学和马克思的政治理想并嵌入中国传统文化而诞生的一种新观念"①。有机马克思主义作为新近出场的国外马克思主义新范式，其理论体系才初现雏形、不甚完善，甚至存在理论盲点、争议与问题。但其依据马克思主义整体性的辩证法、怀特海的"机体哲学"并充分挖掘中国传统文化中"天人合一"的有机整体性思维所提炼出的"有机思维"（the organic thinking）是值得关注的。"有机思维"倡导事物间基于内在联系的整体性思维，在对待消费问题上，明确反对西方资本主义社会盛行的消费主义价值观，提倡惜物主义。

有机马克思主义的思想基础在于有机的思维方式。"有机马克思主义的引人瞩目之处，在于其'有机的'（organic）标识，它是基于怀特海哲学而产生的一种'有机思维'（organic thinking）：基于机体原理的嵌入式思维和基于过程原理的建构式思维。"② 首先，"有机思维"秉持事物与其周围环境的内在共存性，真实的事物是嵌入周围环境的事物，是与其他事物内在关联的存在。一切事物都是在其所处的更大的整体中存在与发展的。这就是说，任何事物只要存在，就一定意味着有支持与供养这一事物的机体环境，如果支持与供养这一事物的机体环境不复存在，那么这一事物也就面临着消逝的

① 黄铭等：《有机马克思主义的有机思维及其生态治理》，《国外社会科学》，2016年第1期，第11页。
② 黄铭等：《有机马克思主义的有机思维及其生态治理》，《国外社会科学》，2016年第1期，第12页。

结局。"有机思维"就是事物间相互内在关联、互为环境的整体思维。其次，处于有机环境中的事物彼此间必然发生相互作用的内在关系，从而推动着事物的变化与发展，这就意味着事物的存在不单是在有机整体中的存在，还是变化发展中的存在过程。"有机的"就是过去到现在的动态发展过程，是过去与现在共同"建构"的结果。

怀特海哲学是有机马克思主义的"有机思维"的哲学基础，其强调现实是"机体"不断发展进化的过程。从横向的角度来理解怀特海哲学，我们称之为机体哲学，这一角度侧重从相互联系的"事件"而非孤立的"物体"来理解世界。从纵向的角度来理解怀特海哲学，我们称之为过程哲学，这一角度侧重从"事件"动态而非静态的发展来理解世界。作为"有机思维"哲学基础的怀特海哲学之所以重要，主要体现在以下两个方面：一方面，正如《易经》说服中国哲学家承认过程是科学和人类经验的中心一样，怀特海说服了20世纪的西方思想家这一观点；另一方面，怀特海哲学对现代政治思维的挑战为后现代马克思主义的产生打开了大门。[1] 同时，在现代性批判视域下，怀特海哲学倡导建设性后现代发展道路，即以传统文化的精神价值整合现代工业文明的物质成就来建设生态文明。

基于怀特海哲学的"有机思维"具体体现在四个方面。其一，坚持联系的观点（a relational view of reality）。每一个真实的物体都存在于与其他真实物体的联系之中，事物之间存在普遍的内在联系。所有生物的存在与身份都是通过与其他生物的联系而显现的，都在一定程度上是由其生活的物质和文化环境所决定的。每一事物都基于先在的事物发展而来，并通过现实的环境塑造与发展自身，同时每一事物又会让位于后续产生的事物。每一个事物都是承上启下的存在。其二，坚持开放影响而非决定论（influence without

---

[1] Philip Clayton and Justin Heinzekehr, *Organic Marxism: An Alternative to Capitalism and Ecological Catastrophe*, Claremont: Process Century Press, 2014, p.157.

determinism）。发展的未来是彻底开放并包含多种可能性的。"有机思维"是一种创造性思维，因为只有在开放的系统中创新才可能得以实现。[1] 其三，坚持美学价值（aesthetic value）。每种事物对其自身、他物和整体都具有价值。没有美学就无法理解价值，没有和谐就无法理解美学，没有整体观就无法理解和谐。[2] 因此，强调整体观和内在价值的"有机思维"必然是注重事物内在美学价值的。其四，坚持个人与公众的平衡（balance between private and public）。"有机思维"还强调整体的观点，个体的存在离不开整体，个体与整体即个体与环境是相互依存的。具体到人类社会，个人与公众同样是休戚相关的命运共同体。因此，从根本上看，"有机思维"本质上是一种生态思维。

中国传统文化博大精深，与怀特海哲学内蕴的"有机思维"有诸多契合之处，因而能够和怀特海哲学一同成为"有机思维"的思想来源。例如，《易经》中内蕴着过程的思想，以孔子为代表的儒家内含着以"仁"为特征的整体观，以老子为代表的道家内含着以"道"为根本的变化思想，中国的佛教思想中内含着联系的整体观，等等，这些思想与怀特海哲学是可以互为印证的。怀特海的机体哲学正在于强调每个事物都能够在与其他联系的其他事物中显现出来，一切事物都与其他一切事物同在，不存在孤立的事物，事物之间是相互联系、相互成全的存在。

（二）中国传统文化的"天人合一"

有机马克思主义的"有机思维"与中国传统思维具有相似性，两者都强调对整体和过程的把握，不同于西方注重个体与局部的实体思维与机械思维传统。西方以分析为主的"一分为二"的思维模式在近代工业革命中发挥了

---

① Philip Clayton and Justin Heinzekehr, *Organic Marxism*: *An Alternative to Capitalism and Ecological Catastrophe*, Claremont: Process Century Press, 2014, p.162.

② Philip Clayton and Justin Heinzekehr, *Organic Marxism*: *An Alternative to Capitalism and Ecological Catastrophe*, Claremont: Process Century Press, 2014, p.164.

重大的作用，取得了改造自然的巨大进步，然而造成了自然资源几近枯竭、环境污染全球蔓延的灾难性后果。直面这一事实，必然要以东方的有机整体思维模式补充西方的分析思维模式。"中国古代的思维模式，最有特色的是整体思维、类比思维、辩证思维。"①《易经》是中国传统思维方式的代表，其思维方式具有整体思维的特点，将宇宙作为一个整体进行思考，主张"天人合一"。与西方注重分析的思维模式不同，"天人合一"的思想反映出东方的思维模式更重综合、整体的特点。

"天人合一"是中国哲学的基本理念，为中国人处理人与自然的关系奠定了和谐的基石，也为应对当今的生态危机提供了智慧之源。中国古代对人与自然关系的理解是"一而二、二而一"的辩证统一关系，但本质上追求的是"天人合一"的和谐状态。"'天人合一'这一《易》所阐发的命题，是中国儒家思想的重要基石。儒家哲学认为，在'天'和'人'之间存在着一种'内在关系'，两者是相即不离的。因此，研究其中之一时不可能不牵涉另一个。"② 在这点上，中国传统"天人合一"的哲学理念与怀特海哲学之间是契合的，都将事物视为由内在关系牵连在一起的有机整体。"'人'离不开'天'，离开'天'则'人'无法生存；'天'离不开'人'，离开'人'则'天'的活泼泼的气象无以彰显。这种存在于'天'和'人'之间的内在关系正是中国哲学的特点。"③

具体来看，"天人合一"的朴素有机整体世界观包含以下两层含义：首先，从人与自然的本源来看，"天人合一"意指人与自然同源。人的出现是自然孕育的结果，世间万事万物都是自然的产物。《易传》有云："有天地，然后万物生焉"（《序卦》）；"天地之大德曰生"（《系辞》）。从"天"与"人"的本源来看，正是自然孕育了包括人在内的万事万物。"天"是"人"之根

---

① 王宁：《中国文化概论》，长沙：湖南师范大学出版社，2000年版，第213页。
② 汤一介：《论"天人合一"》，《中国哲学史》，2005年第2期，第9页。
③ 汤一介：《论"天人合一"》，《中国哲学史》，2005年第2期，第10页。

源，"人"与"天"同质。《老子》中还将自然与人类的关系比拟为母与子的关系，即所谓"天下有始，可以为天下母。既得其母，已知其子；既知其子，复守其母，没身不殆"（第 52 章）。其次，从人与自然的现状来看，"天人合一"意指人主动与自然和谐相处。"天人合一"还意指作为具有主观能动性的人应该主动了解自然、顺应自然，在自然许可的范围内改造自然，主动扛起"为天地立心，为生民立命"（《西铭》）的责任，站在自然之内而非自然的对立面思考与行动，主动与自然万物合而为一，顺乎天时。

以更直观的方式来理解《周易》，我们可以借助于太极图。"易"乃变易，其变易的根据在于阴阳二爻的不同内在叠合，阴阳并非二元对立的存在，而是阴中有阳、阳中有阴，并可以在一定的条件下相互转化。正所谓"一阴一阳之谓道"（《系辞下》），阴阳的观念体现出整体联动而生成演化的有机整体世界观。"太极图是中国古代概括阴阳易理和反映世界发生、发展变化规律的图式。"[①] 太极图能够直观地让人们感受到中国传统思维模式的有机整体性特征。以阴阳鱼图为例，图形整体呈圆形，象征宇宙万物，是谓太极。圆内被一根 S 形曲线一分为二，其中一半为黑色一半为白色，黑色一半中间有一白点、白色一半中间有一黑点，白色代表阳、黑色代表阴，白中有黑、黑中有白象征着阴阳相互内在、互为一体。太极图很好地表达了中国古代传统思维的万物一体的整体思维。

中国传统思维方式中最根本的特征在于"有机思维"的整体性。思维的外壳是语言，而语言的书面载体就是文字。思维与文字之间互为条件、相互依存，不同的文字往往表达了其背后不同的思维方式。汉字和欧洲字母文化的差异也反映出中西方思维方式的不同。汉字的字形与物象之间具有形似性，可以直观物象，而字母文字与物象之间缺乏形似性，具有很大的抽象性。西方人重视对组成整体的各个部分的把握，体现在字母文字中就是对文

---

① 韩玺吾：《中国传统思维的典型范式》，《河北师范大学学报（哲学社会科学版）》，2009 年第 6 期，第 47 页。

字的分析细致到最小的音素单位，分析到辅音、元音、半元音的音素体系，而汉字则是一个字形表达一个意义，形成音、形、意统一的整体。汉字的造字法就体现了中国传统的整体性思维方式，古汉字尤其"以缩影的方式展示出中国传统思维的方式特征"[1]。汉字是一种象形字，是对所表达的对象物进行综合概括的结果。汉字的产生离不开中国传统注重整体性的思维方式，反过来，通过汉字的使用又传承和强化了中国人民的这种思维方式。"不仅人与自然和谐统一，而且人的肉体与心灵和谐统一，人与人和谐统一。人是所有社会角色的总和，人与世界息息相关，这样一种人文主义和主体思维方式在中国文化的典型样式——汉字中都得到了充分的体现。"[2]

中医与中国画则更能说明中国传统"有机思维"方式的实际运用。中医很好地继承了有机整体的思维模式，在医病时不但会考虑到整个人的身体，还会将医治方法与自然时令节气联系起来，考虑天气、地域对人身体的影响。同时，中医在用药时还特别关注人的心情，常常嘱咐病人调节心情，认为好的心情有利于疾病的康复和人的身体健康，这是真正从人、社会、自然有机整体的角度关爱人的身心健康。中国画同样体现出中国人有机整体的思维模式，以中国山水花鸟画的构图来分析，中国山水花鸟画常常只在画中画出山水树木的其中一部分，从而让人联想到画外更大的自然空间，营造出一种画里画外浑然一体之整体感。同时，中国水墨画还常常从画纸的四周向中心构图，在画中心留白，营造出更大的空间感，让画内与画外紧密联系。这与西方绘画着力于在画纸中心画图，中间实、四周虚的构图模式截然不同。

此外，中国人的生活方式也是中国传统"有机思维"注重整体性的一方面体现。中国人的生活是以集体为中心的，中国人历来重视家庭的观念，家庭就是每个中国人生活最密切的小集体，可以说，中国人的自我认同是以

---

① 郭优良：《汉字与中国传统思维方式》，《汉字文化》，1997年第2期，第11页。
② 申小龙：《汉字构形的主体思维及其人文精神》，《学术月刊》，1994年第11期，第10页。

认同自己的家庭为起始的。从家庭这个每个人生命的最初起点的集体单位开始，人就会随着自身的成长逐渐融入学校、单位等更大的社会集体中，从而一步步塑造了中国人的集体观念与生活方式。这种整体性、关联性的思维方式已经成为中华民族性格的有机组成部分，是中华民族代代传承的思维基因。这与西方生活方式以个人为中心，强调个人主义的观念是截然不同的。由人的生活方式的表现更加可以领会中国人的思维方式以内在关系的整体思维为主导、西方人的思维方式以个体为中心的显著差异。

二、根据"有机思维"的多重视角融合

（一）批判西方资本主义社会的消费主义价值观和机械论思维

资本逻辑的运演必然导致消费主义的盛行，因为资本逻辑的根本目的就在于不断通过生产与消费的循环来使资本增值进而获取更多的利润，这就必然要求商品的顺利出售与大量的消费市场保障。消费主义是现代社会的产物，要根除现代性的弊端，必然要否定消费主义。消费主义还是一种资本主义制度下个人主义价值观的体现，表现在消费中只考虑个人的占有，而不考虑消费对社会、自然的影响。这种消费主义的价值观完全是非有机整体视域的价值观，而采取了个人主义的孤立价值取向。消费主义的文化是被资本增值逻辑所驱使的文化，"这种文化引诱人们将周围的世界思考仅仅成为一个自我增容个体的附属物，从而将人们从相互增强的关系中分离开来"[1]。

资本主义消费社会的过度消费将人的首要本质抽象为"消费人"，使人在过度消费中丧失了掌控自己的能力，变得受困于消费而不会对消费说"不"。同时，消费成为衡量人自身价值的首要标准，成为表征个人在社会中的地位的风向标，消费越多就证明个人的价值越大、地位越高、实力越强。消费不是满足个体真实生活需要的活动而成为个人与个人之间攀比竞争

---

① ［美］杰伊·迈克丹尼尔:《走向一种温和的苦行主义》，董慧译，《求是学刊》，2009年第6期，第28页。

的活动，消费主义是个人主义价值观在消费中的体现，是人与人之间对立的体现。消费主义是对人与人之间平等关系的割裂与破坏，是社会不平等的体现。消费主义不但破坏了人自身物质追求与精神追求之间的需求平衡，给人自身造成心理负担，还破坏了人与人之间的温情，是对家庭、社区乃至国家、社会、自然等共同体的损害。

之所以说资本主义制度下的消费主义价值观具有个人主义的孤立价值取向，主要有四个原因。其一，这种过度消费更多的是在资本主义价值观念的引导下对物欲的追求与满足，沉溺于物质享受而忽视了精神需求，缺乏对心灵的关怀，没有做到"身心一体"。其二，这种过度消费只考虑到自身在消费中的满足，无视他人的需要是否得到满足。尤其在消费的符号化日益显著的当代社会，人们往往只关心利用消费提升自己的社会地位，获得社会等级上的优越感，而忽视人与人之间真诚平等的交往，聚焦于消费活动本身而缺乏对人本身的真心关注。这种消费主义的现实导向往往导致人与人之间的隔膜与疏离，造成人与人之间的真实关系被消费主义所割裂。其三，这种过度消费会给自然造成沉重的负担，没有将自然视为与人休戚相关的命运共同体与人的无机身体，对自然采取他者的态度，肆意索取与损害，是典型的人类中心主义表现，无视人与自然之间的有机统一性。其四，这种过度消费将消费的对象物看作死物质，没有和消费物建立真正的内在关系，对消费物买之即来、扔之即去，毫不珍惜。人与消费对象之间是外在脱节的关系，没有建立起相互内在的真实联系。同时，人在过度消费的过程中也难以投入任何真情，对消费对象缺乏珍惜感。

消费主义在资本逻辑占主导地位的社会必然成为主流价值导向。消费主义主张人生的根本意义在于不断消费，消费的层次越高、消费的物品越多，则人生就越具有价值、越成功。消费主义宣扬只有消费才能体现出一个人的价值与社会地位，不进行高消费的人生是失败的、没有价值的。在消费主义的世界观里，消费就是人生的意义，没有消费则人生就失去了意义。资本逻辑推动下的消费主义价值观显然是对人生意义的贬低，使之狭隘化、单一化、畸形化。归根结底，消费主义的流行是为了达到资本无限增值的目的而形成的意识形态，消费大众在这一过程中不过是被资本逻辑利用的无知棋子，被资本增值的需要所洗脑、所裹挟，失去了独立思考自身意义的能力，在消费主义铺天盖地的洪流中逐渐迷失了自我而随波逐流。

其实，人生的价值可以通过多种途径得以体现，远不只现代资本主义社会所推崇的消费主义价值观。消费只是满足人们健康生活的手段，而非人生的目的和意义。消费的多寡也不能体现一个人的社会价值与道德品质。二战后资本主义社会不断宣扬消费主义的价值观，刺激人们进行消费，其并不是为了提升人们的生活质量，而是为了满足资本家资本不断增值的资本逻辑要求。原本在人的生活中只占一小部分的消费被现代资本主义社会提升到首要位置，工作的乐趣、品德的修养、闲暇时光的享受、亲近自然的陶冶等丰富多彩的生活被淡化了，"消费为王"才是战后资本主义消费社会生活的显著表现。事实上，人对消费的需求是非常有限的，"简单说：吃不饱，影响大；但在吃饱的条件之外，来提高吃的标准，那可没有很大的意义与价值了。穿不暖，影响大；但在温暖的要求之外再来提高穿的标准，那它的意义与价值也便降低了。……你若增高收入到一相当限度，此后的再增高，可以说对你私人生活，实际上将全无意义，全无价值。不仅如此，它将发生反作用。多金为累，使你生活反而不正常，不愉快。私人如此，集体亦如此"[1]。人生对物质的需求其实是很少的，人们应当追求适度而非过度的物质消费。适度消费就是要把消费主义强加给人的正常消费之外的一切附加消费驱逐出去，追求消费的本真价值而非其附加价值。消费的本真价值就是消费用来满足人正常的生活需要的价值，而消费的附加价值就是消费用来满足人的虚荣心、体

---

① 钱穆：《文化学大义》，北京：九州出版社，2012年版，第34—35页。

现人的身份等级等服务于资本增值需要的那些价值。

此外，在整体观上，我们需要区分两种不同的整体观，即机械论的整体观和"有机思维"的整体观。西方的经典整体论思想是以牛顿和笛卡儿为代表的机械论整体观。这种整体观将整体简单地等同于部分之和，认为只有了解了部分才能了解整体，因而这种整体观在实质上是以部分为导向的整体观。机械论的整体观对整体的理解是基于部分之间的外在关系而组合成的整体，其中的部分与部分之间可以不依赖于彼此而独立存在。与西方机械论的整体观不同，基于"有机思维"的整体观是秉持内在关系的有机整体观，也就是基于部分之间密切的内在关系而有机组成的整体，部分与部分之间相互内在，你中有我、我中有你，整体大于部分之和，部分只有在整体中才能存在、才有意义。有机整体不同于机械整体，机械整体是不具备内在关系的部分所组成的整体，机械整体中的部分被替换并不影响整体的运转；而组成有机整体的部分之间则是内在关联的，任何部分的变动都会影响到整体机能作用的发挥。

任何事物只要存在，就不可能是孤立的存在，存在就意味着联系，只有在联系中才能生存。个体与整体永远都是相对的存在，个人相对于人类是个体，而个人相对于身体器官则是整体。整个世界就是一个相互内在关联的大网，如此看来，没有任何事物可以小视，任一事物在宇宙中都同等重要，它的生成与发展会影响到整个世界。因此，保护个体的利益就是保护整体的利益，保护整体的利益就是保护个体的利益。在相互联系的世界中，任何独善其身、自私自利的做法都是空想。通过普遍的相互内在联系，任何行为都会反作用于自身。

世界上任一事物的受损都会通过整体内在联系之网扩散开来。人类不是外在于世界内在联系网络之外的存在，不是世界的主宰或看客，而是置身其中的重要一员，世界上任何事物的变动都会通过这一内在联系网络的层层传递，或多或少地影响人类的生存与发展。同理，人类的任何举动也会不同程度地影响整个世界中的其他事物。人与自然之间的机械二元论这一观点正是把人类外置于自然，割裂了人与自然之间的内在联系，如此，产生人类中心主义的观念也就不足为奇了。但是，仅从人类的角度出发来行事最终往往事与愿违，只有把人类纳入世界整体的内在网络之中，充分考虑人类行为对周围事物的整体影响时，只有这一行为是为了地球的共同福祉时，才能达到最终也有利于人类的目的。

用"有机思维"的整体观来看待人自身，就不会忽视心灵而过度追求物质享受，也不会忽视必需的物质需要而空洞地追求心灵鸡汤。用"有机思维"的整体观来看待人与社会，就不会片面地将个人和社会分离与对立，在处理人与社会的关系时就会考虑兼顾双方的利益，维护社会公平正义。因为人是社会中的人，人与社会内在关联，对社会公平正义的损害最终会传递到个体身上，而对个体利益的损害也会危及社会整体的公平正义。用"有机思维"的整体观来看待人与自然，就不会将自然看成人类征服与索取的对象与客体，而能体会到人与自然的生命休戚与共，是一荣俱荣、一损俱损的命运共同体。基于内在关系的"有机思维"的整体观实质上就是一种共同体思维，可以说，人自身就是"身心共同体"、人与社会就是"人类命运共同体"、人与自然就是"地球生命共同体"。从作为人自身的共同体到整个地球的生命共同体，共同体从小到大如同俄罗斯套娃一般层层嵌套，休戚与共，牵一发而动全身。正是在共同体中个人才得以成为特定的个人，在与特定的共同体的互动中才能塑造与发展出特定的个人，没有人是一座孤岛。特定的个人是他所处共同体的创造性综合体。

总之，西方的机械思维注重细节、局部、个体价值、分析推理，是一种科学的因果思维模式；东方的整体思维注重全局、整体、集体价值和归纳综合，是一种超前的"有机思维"模式。东西方思想需要多元互补，人文与科学之间也需要多元互补，如果说西方机械思维方式与科学主义的思维方式更接近，那么东方的"有机思维"方式则与人文主义的思维方式更接近。中国文明的哲学基础主要体现为宇宙观，与西方近代以来机械论的宇宙观相比，古代中国文明的哲学宇宙观是强调连续、动态、关联、关系、整体的观点，而不是重视孤立、静止、实体、主客二分的自我中心的哲学。从这种有机整体主义出发，宇宙的一切都是相互依存、相互联系的，每一事物都是在与他者的关系中显现自己的存在和价值的，故人与自然、人与人、文化与文化应当建立共生和谐的关系。[①]

（二）批判消费异化忽视人本身及其与周围环境的有机整体性

资本主义社会中的"经济人"在过度消费以追求利益最大化之时是不会考虑到这一行为对自身心理、他人、自然环境的影响的。"经济的人是从对他人或对自然界的所有关系中抽象而来的，他像一个物质原子，并不受其环境的影响，从一种环境运动到另一种环境并没有从内部改变他。"[②]可见，资本主义社会中"经济人"的设定是将人视为原子实体的存在，而不是将人视为会随着环境的改变而改变同时也会影响周围环境的有机体的存在。"经济人"追求经济利益的最大化，渴望最大限度地占有与消费，忽视经济利益最大化对周遭共同体产生的影响，即是说"经济人"只关注自身的物质利益最大化而不关心自身的心理与周围社会、生态共同体的利益。而人在本质上是社会关系的产物，离开了社会关系的人是不存在的，人的一切行为都是在社会与自然环境的支撑下展开的。如此，个人的任何行为都不仅仅是关乎个人的事情，还会影响到他人、社会以及生态环境。个人的消费行为也就不单单只对自己产生影响，同样会影响到他人、社会及生态环境。个人的过度高消费行为不但会给自身造成一系列的负面后果，还会给所在的共同体——社

[①]　陈来：《中国文明的哲学基础》，《中国高校社会科学》，2013年第1期，第37页。

[②]　［美］小约翰·B.科布：《后现代公共政策——重塑宗教、文化、教育、性、阶级、种族、政治和经济》，李际等译，北京：社会科学文献出版社，2003年版，第144页。

会、生态圈造成不良的后果。总之，基于过度消费的消费异化忽视其会给人本身及其周围环境带来负面影响。

就消费这一特定事件来看，消费必然包括消费者和消费对象两个方面。消费者是具有情感、思维的身心统一体，同时消费者不是孤立存在的，他本身还处于特定的社会关系之中，受到周围人的影响，他不但生活在特定的社会环境之中，还生活在特定的自然环境之中，是特定的自然环境、社会环境与自身身心特点所共同塑造的有机整体。同理，消费对象之所以能够成为消费对象，必然需要从自然界获取这一消费对象的物质来源并通过人的劳动加工与创造，进而通过社会交换来到消费者手中。由此可见，消费是特定场域发生的综合性事件，是一种经验过程，这"一瞬间的经验就是各种关系的综合"①。如此，消费就不单单是机械的买卖关系，从"有机思维"的整体观出发看待消费这一特定事件，就会看到其方方面面的影响与联系。

经济应当是为共同体服务的，同理，消费也应当是为共同体服务的。"共同体的意义主要是根据其内在关系来解释的"②，人类的福祉寓于与更大的自然的共同福祉之中。消费异化却造成了消费与人本身、社会和自然的疏离，这种疏离使得消费成为控制人、社会与自然的力量，造成人的各种心理负担、社会符号等级化和自然生态破坏的后果。基于共同体的有机整体思想并不反对人的消费，而反对过度的消费异化，反对消费异化对人、社会、自然所造成的整体性破坏后果。每个人都应该拥有足够的生活物品与服务，进行满足自身需要的适度消费，但是不应当让消费掌控人，不应当将消费作为在人与人之间进行区隔和等级划分的工具，也不应该为了奢侈的过度消费而损害自然环境。消费异化无疑对人本身、人类共同体及更大的生态共同体都造成了损害性后果。

---

① ［美］小约翰·B.柯布：《有机马克思主义与有机哲学》，吕夏颖等译，《江海学刊》，2016 年第 2 期，第 32 页。
② ［美］小约翰·B.科布：《后现代公共政策——重塑宗教、文化、教育、性、阶级、种族、政治和经济》，李际等译，北京：社会科学文献出版社，2003 年版，第 174 页。

现代人的消费行为往往不把物当回事，想买就买、想扔就扔，有些东西往往一时心血来潮就买回家而一次不用就又丢进垃圾箱。这种行为非但不珍惜劳动者的劳动成果，也不珍惜自身的劳动成果，更不把自然资源浪费与环境污染考虑在内，是一种不负责任的行为。因而需要倡导关爱人自身、社会与自然的健康消费。健康消费就是要倡导人们消费满足自身健康需要的商品，不为了其他目的而进行消费，不将消费作为情绪发泄与地位攀比等的工具。健康消费更不是让人们以危害自身健康为代价而节衣缩食，而是在保障自身健康的前提下爱惜物品。资本主义社会的贫富分化是由资本逻辑运作造成的，一方面是商品的极大丰富与富人的享受和浪费，另一方面却是穷人的节衣缩食与艰难生计。要知道，在世界上还有 1.2 亿人一天的生活费不到 1 美元，30 亿人一天的生活费不到 2 美元，还有众多的贫困人口在消费匮乏下艰难度日。为此，要从人与自我的视角、人与社会的视角和人与自然的视角之人的存在的全方位视角进行消费异化批判，从而树立正确的消费观。

从人与自我的视角出发，树立正确的消费观，就要批判过度消费对人本身所造成的影响。过度的物质消费使人沉迷于物质享受，不但会使人们忽视对自我能力的提升与情操的培养，还会消解传统社会一代代传承下来的诸如勤俭节约、艰苦奋斗、理想信念等优良作风。这种使人沉迷于物质商品消费的错误导向必然是我国坚决予以反对的。物质文明和精神文明的协调发展、人民物质消费的质的提升和精神追求的质的提升的同步发展才是社会主义的中国所追求的目标。只有实现物质消费与精神消费、实物消费与服务消费、生存消费与发展消费的平衡发展，才能充分发挥消费在经济发展中的基础和导向作用，让消费成为我国经济社会持续发展的不竭动力。

从社会的视角看待树立正确的消费观，消费就应是满足人民群众公平、自由地获得自己所需要的正当消费品的过程，而不是通过消费来展示身份地位、划分人的等级差异的过程，因为消费事关社会公平正义问题，不应让消费成为展示人与人之间不平等以及某些人奢侈炫富的手段。党的十九大报告提出要深化供给侧结构性改革，为此，应当提供给广大人民群众更多高品质、高质量的消费品，并积极利用"互联网+"、大数据、云计算、人工智能等科技的发展改造传统消费模式，迎接智能化消费时代的到来，为满足人民群众日益增长的对美好生活的需要营造更公平、更便捷的消费体验。同时，还要积极应对消费供给结构失衡的问题，对低品质的不符合广大人民群众需要的商品进行降库存、去产能，由对供给数量的追求转向对供给质量的追求，使广大人民群众都能享受到国家发展带来的获得感，在消费中切实感受到共享、自由、公平与正义。

从生态环境保护的视角看待树立正确的消费观，就要从消费的社会正义问题过渡到消费的环境正义问题，考虑到人的消费与更广阔的生态环境之间的关系。党的十九大报告明确提出要"倡导简约适度、绿色低碳的生活方式，反对奢侈浪费和不合理消费"，使人的消费与生态环境保护之间形成良性互动关系。要使广大人民群众深刻领会只有绿色消费才能保障消费的健康永续发展，自觉践行绿色低碳的消费模式与生活方式，抵制过度消费与奢侈消费。同时，国家也要在政策导向和法律制度等层面完善对民众绿色消费的规范与指导，努力构建人的消费与自然生态之间的良性互动模式。

（三）批判网络时代消费主义价值观向网络空间蔓延及后果

随着网络消费市场的逐步完善，我国网络消费的发展也迈入快车道，增长势头强劲。通过网络，人们的消费越来越丰富和便捷，能享受到更高效的消费服务、更多样的生活消费方式。但是，网络消费也是一把双刃剑，其在给大众带来消费便利的同时，也助长了网络消费主义价值观的蔓延。如果没有与之配套的法律法规和制度规范，没有对网络消费价值观的有效引导，消费主义就会占领网络空间，产生诸多社会问题。

网络普及之前，人们的消费多受制于自身生活的地理空间与社会关系。

网络的普及释放了以往因为地理空间的限制而制约的消费潜力。网络时代，人们可以通过网络来了解全球的消费信息与时尚发展，足不出户就可以参与世界消费潮流，刺激自身消费需求。各种购物 App、购物群、自媒体、直播等网络消费途径全面布局网络空间，在便利民众消费的同时，也给网络消费主义的蔓延提供了更大的平台。通过网络，人们可以更为方便快捷地交流商品信息，从而极大地简化了消费流程，很大程度上释放了人们的消费欲望。

网络消费与传统消费最大的不同在于其消费的"脱域机制"（disembedding mechanism）[①]。所谓"脱域"，是指"社会关系从彼此互动的地域性关联中，从通过对不确定的时间的无限穿越而被重构的关联中'脱离出来'"[②]。网络消费破解了一切时空条件的限制，瓦解了私人领域与公共领域的界限，使消费成为一种无边界的消费，给人带来了更大的消费空间。人们往往容易在无边界的网络消费空间恣意消费，很容易弱化自身自制力与判断力而陷入网络消费主义陷阱。网络的无边界特征还"意味着信息消费存在着难以预测的风险，各种色情、垃圾文化并没有经过网络的过滤，并且极具消费性和诱惑力，往往使消费者陷入其中而不能自拔"[③]。

网络消费环境比日常消费环境更充斥着各式各样广告的诱惑。起初，关于消费的广告还是以文字的形式通过报纸进行传播，随后彩色插图、杂志、广播、电视也都加入了广告的行列。进入互联网时代，网络广告更是异军突起，在诱导消费者大量消费中后来者居上。五花八门的网络购物广告占据着各大网站页面，让人无处可躲。网络广告中的商品信息越来越丰富和复杂，人们对商品信息的准确理解也越加困难。网络广告除了推销商品的功能外更增加了教育和引导消费者如何消费的功能，用影音、声像等多种手段来凸显

---

① 与传统消费方式需要人们到实体店铺进行面对面交易不同，网络消费方式省去了传统消费方式的必要时空条件、人际面对面沟通等诸多中间环节，使消费者可以摆脱一切传统因素的干扰即刻作出消费决定。

② ［英］吉登斯：《现代性的后果》，田禾译，南京：译林出版社，2011 年版，第 18 页。

③ 蒋建国：《论网络消费文化的特征》，《贵州社会科学》，2010 年第 12 期，第 50 页。

广告中的消费信息。在网络环境中，网络广告变得如同空气般无所不在，时刻教育着人们应该如何欲求、该如何消费。

同时，互联网媒介技术的发展使得人们的网络消费被全面监视①，因为只要大众在网上进行消费，其个人信息就会暴露在众多网络商家的监视之下，随之各种网络消费信息会源源不断地推送给网络消费者，使其在无意识状态下被规训，不自觉地进行消费。网络消费者被牢牢掌控在普通网络商家和更高层级的网络交易平台手中。网络交易平台数据库中"多维数据的有机组合会呈现出一个具有逻辑性的文本，或者绘制出一张用户消费习惯结构图，网络交易平台再通过这些文本对用户进行细分并制定营销策略，用户的个人信息在它的数据库里无限增加，在其消费逻辑里无限循环"②。

借由网络，实物消费更加便捷高效，不再受时间和地域的限制，同时虚拟消费也开始走红，诸如网络游戏消费、网络娱乐消费等新型消费模式异军突起。网络消费对消费的拉动作用不断增强。但网络消费空间一旦被消费主义价值观所填满。网络消费的优势也将转化为劣势，使网络消费者沦为受消费主义价值观驱使的非理性消费者。事实表明，消费主义价值观已经蔓延至网络。网络消费在给大众带来便利的同时，也加剧了网络消费主义的蔓延。

网络消费主义蔓延的背后依然是资本增值的需要结合网络新技术、新平台对人们消费意识的刺激，致使消费主义价值观植入人们的头脑，窄化了人们的生活关注领域，诱导人们依赖消费获得价值满足并以炫耀分享自己的消费为乐，最终致使一些人的消费观发生扭曲。网络消费主义"就在消费者无意识的状态下，消费社会的权力作用机制乘虚而入，通过对用户隐私的不

---

① 在福柯全景监狱理论的基础上，马克·波斯特（Mark Poster）提出超级全景监狱理论。这一理论对新媒体进行了全面反思和系统批判，认为互联网媒介技术的发展，尤其在对大众社会信息收集的基础上建立的庞大数据库，形成了对大众的间接监控，将大众纳入超级全景监狱的网络传播回路，从而将大众的私人信息转化为公共信息。

② 朱杰等：《网络消费社会对个体意识的建构研究》，《西北民族大学学报（哲学社会科学版）》，2018年第6期，第167页。

断抽离而一步一步瓦解用户的传统消费意识，重新建构用户的互联网消费意识"[①]。这种由西方传入的消费主义价值观借由网络消费在我国传播得更广泛，会对我国主流价值观造成消解。

消费主义不仅向消费者推介消费品和消费观念，更是向人们传达一种价值观、一种信仰、一种生活方式。网上无所不在的消费广告不断诱导着人们进行大量消费，使网络消费者在不知不觉中购买大量自己并不需要的商品、大量盲目消费，同时网络消费的便捷化也使人们更迷恋于用外物来标示自身的存在，从而不断攀比消费，忽视自身的心理建设，更易于陷入以消费定义自我的消费主义文化陷阱。消费主义推崇人生的根本意义在于不断消费，消费的层次越高、消费的物品越多，则人生就越具有价值、越成功。消费主义价值观宣扬消费是人生的意义，没有大量消费的人生就失去了意义。

"网络消费主义所提倡的消费至上观念，将网络点击工具异化为'永恒的当下'，淫浸于消费主义的人既不关注未来，也不关注历史，而是眼睛紧紧盯着'当下'，历史意识隐退，记忆娱乐化。"[②]沉迷于网络消费中的人们往往还会被带入历史虚无主义与信仰缺失的泥潭，沉浸在眼前肤浅的消费乐趣中，逐渐忘记了国家发展至今所经历的恢弘厚重的历史画卷，丧失了对国家未来发展的责任担当与历史使命，也消磨了关心民生疾苦、社会公平正义与自然生态环境的崇高价值。以简单肤浅的娱乐和物质性的满足为主导的网络消费主义文化，还会侵蚀人们的独立判断能力和深度思考能力。消费主义的流行势必会产生大量马克思所谓的"片面的人"、卢卡奇所谓的"物化的人"以及马尔库塞所谓的"单向度的人"。

消费主义对人们欲望的极大刺激，动摇了我国传统文化中勤俭节约的消费价值观，通过激发与放纵人们的消费欲望扰乱了人们的心灵秩序、放大了

---

① 朱杰等：《网络消费社会对个体意识的建构研究》，《西北民族大学学报（哲学社会科学版）》，2018 年第 6 期，第 171—172 页。

② 蒋建国：《网络消费主义、网络成瘾与日常生活的异化》，《贵州社会科学》，2014 年第 5 期，第 35 页。

贫富差距、破坏了生态平衡。任由网络消费主义的负面效应发酵，会对个人、社会和生态造成不良后果。资本逻辑下的消费主义价值观诱导人们将消费作为实现美好生活与自身价值的唯一手段，并将消费异化为人存在的目的，以此来实现资本增值。但实际上，消费本身并不是目的，消费的目的在于服务人的美好生活与自由全面发展，实现人与自身、社会和环境的和谐发展。为此，加强对网络消费主义的引导，抵御西方消费主义意识形态通过网络消费的渗透，对我国消费文化的健康发展与国家文化安全尤为重要。网络消费主义价值观需要被重塑，必须加以规范和引导，网络消费主义需要道德和价值观层面的深刻反省。

简言之，利用网络的便利条件满足人们的正当消费需要不但无可厚非，还是网络信息时代更好地服务与满足人们美好生活需要的体现。但是，任何自由都是有限度的，不存在无限度的自由。"自由无疑对人来说是应当尊重的东西，然而对人性中哪些方面给予自由恰恰是一个很重要的问题。给欲望以无限制的自由，就等于压制了崇高的精神自由。因为欲望必然要破坏崇高的精神。"① 网络消费环境就相当于给予了人们无限制的消费自由，带来人们消费欲望的无限膨胀，以致对节俭美德的遗忘。

为此，必须给网络消费自由划定必要的界限，用理性精神规约网络消费。使人们在网络数字化空间中接触更为多元的生活，而非仅仅拘泥于网络消费。网络空间可以多维度地拓展人们的生活体验，网络消费只是其中的一个方面，人们还可以利用数字图书馆与博物馆、网络课堂、云旅游等多种方式来丰富自身。网络消费自由的限度与边界要以不超过消费者自身的承受能力、不损害他人利益和生态环境为限度。深刻反思网络消费主义文化、规范人们的网络消费行为、引导人们树立正确的网络消费观势在必行。

---

① ［英］A.J. 汤因比、［日］池田大作：《展望二十一世纪：汤因比与池田大作对话录》，荀春生等译，北京：国际文化出版公司 1985 年版，第 57 页。

三、根据"有机思维"克服消费异化的实践理念

（一）弘扬中华优秀传统文化中的节俭美德和消费智慧

资源匮乏与环境污染已经成为现代社会难以回避的现实问题。资本逻辑无限度追求增长的资本主义社会制度与现代性导致的负面效应都难辞其咎。面对现代文明与自然的疏离，应当倡导自然与文明的重新统一，并深入挖掘前现代的生态智慧，恢复自然的主体地位，使自然从文明的他者复归文明的主体，建设生态文明。"绝不能说农业文明只有落后性的一面，而工业文明只有先进性的一面。现代文明如果不能很好地继承农业文明的积极成果，其后果将是不堪设想的，事实已经证明了这一点。"[1]现代工业文明的增长模式在积聚了巨大财富的同时，也给生态环境造成了难以挽回的严重破坏，并且它自身难以克服其造成的人与自然的对立状态。如此，回溯农业文明时代的生态智慧，并将其与现代科学技术结合起来以应对现代消费问题所造成的生态灾难，就成为人类文明发展的必然选择。面对资本主义社会的消费异化问题，回溯古代寻找消费智慧是势在必行的选择，中华优秀传统文化中的消费智慧对解决当代资本主义消费异化问题可以提供一定的借鉴与启示。"中国人摸索出的生活方式已沿袭数千年，若能够被全世界采纳，地球上肯定会比现在有更多的欢乐祥和。……若不借鉴一向被我们轻视的东方智慧，我们的文明就没有指望了。"[2]

从作为我国传统文化之源、群经之首的《易经》到儒释道，无不秉承"天人合一"的理念，体现出中国传统文化中的生态智慧。所谓"天人合一"，也就是要认识到人与自然的内在一致性，认识到人并非脱离于自然之外的主宰，而是内在于自然中的一部分，是一体化的存在。没有自然，人类不可能凭空产生；没有人类，自然也就没有了生气。中国哲学在根底上就是生

---

① 蒙培元：《人与自然——中国哲学生态观》，北京：人民出版社，2004年版，第143页。

② ［英］罗素：《中国问题》，秦悦译，上海：学林出版社，1996年版，第7—8页。

态的，秉持人与自然之间的有机整体世界观。在现代化发展的今天，"如果能够将中国的生态文化与现代社会结合起来，必将产生新的有生命力的现代化"[1]。汲取传统智慧并重视人与自然的关系并非否定现代化进程，恰恰相反，是为了现代化能够更好地发展。人类的文化是相连续而不断发展的，汲取前现代文化中的有益成果是必然的进程。我们必须突破将现代性与前现代性之间完全二元对立的思维模式，而应"恢复文化生命的连续性"[2]，用前现代性中的智慧尤其是生态智慧来补充现代性智慧并克服现代性中的弊端，必将更有助于现代社会的和谐发展。现代科学技术与传统生态智慧的结合必将开创更加可持续的社会。但是，传统生态智慧毕竟是前现代语境下的产物，与现代发展的需求存在时间上的断裂，需要将之与现代科学技术结合，实现传统生态智慧现代化。两者的融合发展不是一朝一夕就能完成的，还需要更长时间以及更为具体的理论与实践探索。

尚俭的消费思想是中国古代传统文化中的主流价值观。这一消费价值观的形成与中国古代"天人合一"的终极价值规范一脉相承。"天人合一"的境界一直是中华文化的追求，其中体现出人与自然和谐共存的人生智慧。就消费来说，中国古代的消费观必然以不违背"天人合一"这一根本价值观为准则，倡导遵循自然规律、适度的消费与生态保护。可以说，中国传统文化中的节俭消费观是当时消费的主流价值观。

以儒家和道家为例，儒家的消费思想以崇尚勤俭消费为主要特征，认为过度的消费会刺激人的消费欲望，使人在消费中难以把控自己。荀子倡导人不应该仅仅因为物质财富匮乏才崇尚节俭，在物质财富丰裕的时候也需要勤俭节约、有备无患，保持消费的可持续性。"节用御欲，收敛蓄藏以继之也"（《荀子·荣辱》），提示人应当有储蓄意识，为长远打算，不应该图一时的过度消费而忽视未来可能面临的消费风险。这种可持续的消费观对维护人与

---

[1] 蒙培元：《人与自然——中国哲学生态观》，北京：人民出版社，2004 年版，第 19 页。

[2] 蒙培元：《人与自然——中国哲学生态观》，北京：人民出版社，2004 年版，第 19 页。

自然的良性互动与可持续发展具有深远的启示意义。与对物质消费的节制知足观相对应的，是儒家对精神生活和文化的重视，推崇"君子忧道不忧贫"《论语·卫灵公》。这种重视精神境界提升而安于简朴的物质生活的精神，激励着中国历代仁人志士攀登学问和精神的高峰，为我们留下了丰富而宝贵的精神财富。

　　道家崇尚自然、清净无为的思想决定了其对物欲与过度消费的否定态度，其同样倡导知足节俭的消费观。老子强调知足常乐，降低欲求，过知足节欲的生活，所谓"祸莫大于不知足，咎莫大于欲得；故知足之足，常足矣"[1]。体现在消费观念上，道家强调知足适度，认为消费应当以满足人的需要为限度，过度的消费将给人和自然造成不良的后果。道家反对奢侈浪费的高消费，主张遵循自然的朴素生活与消费，尤其反对造成自然生态破坏的浪费性高消费。节俭是道家倡导的美德之一，简朴的生活有利于人内心的平静与充实，而过度追求物质消费会蒙蔽人的心灵智慧。

　　当今的现实情况是，互联网的发展愈加日新月异，"互联网+"这一新型模式的提出与运用在促进经济社会发展、通过互联网技术带动传统产业发展方面会发挥更大的作用。"互联网+"的发展模式、移动支付的普及极大地改变了人们的消费方式。人们只需要在电子设备上动动手指就可以随时随地地消费，飞速发展的快递物流使得在极短的时间内将人们所购买的商品送到家门口成为常态，极大降低了人们消费的时空成本，让人们摆脱了消费的时空限制，升级为名副其实的指尖消费。"买买买"成为人们的口头禅与生活方式，高兴的时候要"买买买"，不高兴了还要"买买买"。商家甚至创造出消费狂欢的全民节日，成为大众发泄消费欲望的集中场域。支付宝、微信等电子交易App的便捷化、电子化，信用卡、蚂蚁花呗、京东白条等众多赊账与分期付款的超前消费渠道更助推了大众消费的热情。网络生活已经全面占领

――――――――――

[1]　林安梧：《〈老子〉译评》，北京：商务印书馆，2013年版，第130页。

了日常生活，成为人们日常生活中不可或缺的一部分。网络生活中很大的一部分就是通过网络进行购物消费。消费的浪潮在网络时代被无限放大，甚至营造出中国的"双 11"、美国的"黑色星期五"这样的消费狂欢节，同时其他诸如春节、中秋节、重阳节等传统节日和五一劳动节、国庆节等具有政治意义的节日也都逐渐与消费促销联系在一起，呈现出商业化的消费氛围。这些新型消费方式和消费现象的出现需要引起我们的重视，加强监管和引导，避免助推民众的不理智消费。

西方资本主义社会基于过度消费的消费异化也经由全球化的浪潮传入中国，对我国造成了不小的冲击，使相当一部分国人沾染了过度消费的不良消费习惯。而在形成这种过度消费行为的过程中也就不知不觉接受并内化了资本主义社会的消费主义价值观，甚至还会受到西方资本主义借由消费手段施加的政治控制与意识形态控制。对此，必须予以高度重视与警惕，引导民众提高政治觉悟、树立正确的消费观，深刻认识到过度消费的不良后果，不被西方资本主义社会的消费主义价值观所腐蚀。我国是社会主义国家，社会主义的本质要求就是要消除贫困、改善民生，实现全体人民共同富裕。在消费领域，我国的消费发展要始终坚持以人民为中心的发展理念，消费发展的目的就是满足人民群众日益增长的美好生活需要。美好生活需要不仅是物质上的满足，更重要的是精神上的满足。在满足人民群众的消费需要上，就不应只是追求对数量的满足，更重要的在于对消费质量的提升，也就是不应只重视为人民群众供应充足的物质消费品，还应注重在消费过程中满足人民群众的精神需要，努力实现从追求消费数量向追求消费品质的转变。注重消费品质的消费应是能实现人的身心健康、人与社会共享、人与自然和谐的消费，是健康、公平、绿色的消费。

（二）在满足人民美好生活需要中树立明智的消费理念

人们应当树立明智的消费理念。消费不单单是个人的行为，其还会关系到社会的公平正义及生态系统的良性循环。明智的消费理念就是人们自主而非被外在的社会力量所控制（如资产阶级通过广告等大众传媒所鼓吹的消费观），根据自身的需要出发进行的按需而健康的消费。本书根据人的存在的三大维度，将明智的消费理解为物质与精神相平衡的健康适度消费、人与人之间的公平消费和人与自然之间的绿色消费三大组成部分。真正健康的消费是明智的消费，这种消费方式珍惜物质财产。相比过度消费，明智的消费方式像珍惜自身一样珍惜消费对象，是必要的从自我出发即内生性的而非被外在蛊惑或强迫的消费。

　　健康的消费观是指人们内心中明确消费是为了作为主体的人的身心健康服务的，一切消费都要以人的身心健康为前提，不应为了其他目的的达成而通过消费损害人的身心健康。凡是有损人的身心健康的消费都是消费异化的表现。人们在消费中要考虑到物质消费与精神消费的平衡，按需适度消费。适度消费就是既不匮乏也不过度而基于自身实际需要的消费，同时适度还表现在物质消费与精神消费之间的平衡适度，不厚此薄彼、有所偏废。适度消费要求人们不可沉迷于物质消费中，追求少而精、高品质耐用的物质消费品；在物质消费能够满足人的健康生活之后，应当把对消费的追求放在精神文化层次的提升与享受上，通过消费书籍、音乐、艺术等文化商品来提升自己的精神境界与审美层次。精神层面的追求才是人区别于动物的更高层次的追求，同时也是永无止境的追求。适度消费就是要以自我的满足及实现为界限，不占有超出自我满足范围之外的更多的商品。

　　同时，要倡导发展非物质经济，即"注重满足人们的精神需要或非物质需要，降低对物质的需要和依赖，生产和消费精神价值和非物质价值的经济"①。物质经济虽然与非物质经济是相对的，但倡导非物质经济并非要取消物质经济，而是在二者之间谋求一种平衡。近些年来，过度的物质消费给人

---

① 卢风：《非物质经济、文化与生态文明》，北京：中国社会科学出版社，2016年版，第144页。

的身体造成了极大的负担，肥胖症、营养过剩等健康问题纷至沓来，在医学中甚至出现了"病因消费主义"这一名词用来专门指过度消费或不良消费所造成的人体疾病现象。[①]"非物质经济活动就是生产和消费（抑或欣赏、收藏）非物质产品（或服务）的经济活动，书籍、影视、戏剧、书画、电脑软件、游戏、金融产品、旅游、保健按摩等产品和服务的提供和消费都属于非物质经济范畴。"[②]在物质经济中，人们重视的是对产品物质属性的享用，而在非物质经济中，人们看中的是产品的非物质性如精神等方面的享受。

公平消费也是需要关注的消费问题。符号商品在本质上也是一种文化商品，但符号商品与书籍、音乐、艺术等文化商品不同，符号商品不是为了满足消费者文化学习与精神提升的需要，而是为了体现消费者的社会等级地位，现代社会出现的炫耀型消费跟符号消费有着千丝万缕的联系，是需要加以纠正和引导的不良消费行为。符号消费所造成的社会等级的强烈反差往往容易导致社会矛盾的激化，不利于社会的公平稳定与可持续发展。当然，人们可以通过一定的对消费文化符号意义的追求来表达自己的个性及以及寻求社会认同感、归属感，可以选择高品质耐用的文化符号商品，但不应将对文化符号意义的追求演变为对拜金主义、符号地位崇拜与奢侈腐化等不良社会风气的追求。

明智的消费不但要考虑到消费对人与社会的影响，还要考虑到对生态环境的影响，做到绿色消费。绿色消费要求人们自觉在消费时考虑到自身消费对环境造成的影响，在消费中树立环保绿色的理念，选用生态环保的消费品，不过度消费，妥善处理消费废弃物，为保护健康的生态环境贡献力量。要让每个人都树立绿色消费的理念，不仅需要大众深刻领会绿色消费的本质，还要借助生产行业、政府机构、大众传媒、社会组织等方方面面力

① 温春峰等：《道家哲学对医学消费主义的校正》，《中国卫生事业管理》，2010年第7期，第498页。
② 卢风：《非物质经济、文化与生态文明》，北京：中国社会科学出版社，2016年版，第144页。

量的共同努力。唯有将社会力量同个人力量都动员起来，营造出绿色消费的社会氛围，才能将绿色消费的理念真正落在实处。20 世纪 70 年代初提出的 IPAT 模型（又称埃尔里希方程式）是用以分析人类对环境造成影响的公式，它试图解释环境问题产生的复杂社会动力机制该公式考察了人口数量（population）、富裕程度（affluence）和技术水平（technology）三者对环境的影响（impact）。从该公式可知，在其他因素不变的情况下，人口数量的增加、人均消费水平的增加或资源消耗程度的升高，以及支持消费水平与资源消耗的技术的提升，都会导致对环境破坏的加剧。

我国的国内生产总值自 1990 年以来不断攀升，并于 2010 年成为仅次于美国的第二大经济体，与美国之间的经济差距还在不断逼近中，这表明中国制造业大国的地位已毋庸置疑。与我国生产的高速发展相比，我国的消费水平却与发达国家相去甚远。2017 年党的十九大报告明确指出中国特色社会主义进入了新时代，将我国社会的主要矛盾界定为"人民日益增长的美好生活需要和不平衡不充分的发展之间的矛盾"。生产的不平衡不充分也意味着消费的不平衡不充分。一方面，一部分人的消费已经迈向西方马克思主义者所批判的过度消费的消费异化层面；另一方面，还有一部分人处于消费不足的贫困状态。我国在某些群体和地区中显现出过度消费苗头的同时，最主要的矛盾还是要努力满足广大人民群众对美好生活的需要，对人们基本消费需要的满足是我国目前努力的重点。因而我国在目前的发展阶段，不能拒斥资本，而必须处理好限制资本逻辑与利用资本逻辑之间的张力，也即处理好生态环保与现代化发展之间的张力、处理好发展生产与扩大消费之间的张力，在保护生态环境的同时进行社会主义现代化建设。但从长远来看，在利用过资本逻辑之后还要超越资本逻辑，建设社会主义生态文明，如此才能从根本上解决生态危机、革除消费异化产生的根源。但在现阶段，为了发展与满足全体人民对美好生活的需要，"我们不仅要把利用资本与限制资本结合在一起，还要把利用资本与超越资本结合起来"①。超越资本的长远目标与利用资本的眼前目标要同时兼顾，不能沉溺于眼前目标而忘记长远目标，也不能因为长远目标而忽视眼前目标。

总之，我国目前一方面要为人民群众提供充足必要的能提升生活品质的消费品，另一方面也要警惕初见苗头的一部分群体的过度消费对社会所造成的负面影响。我国还是社会主义发展中国家，还面临着诸多发展问题，还有一些群众的消费水平远未达到美好生活应有的消费水平。我国近些年进行的供给侧结构性改革，正是为了向人民群众提供其真正所需要的商品，满足人民群众日益增长的对美好生活的需要。然而，消费主义的价值观已经受到部分中国人的追捧，过度消费现象在中国也可见端倪。对此我国不能不加以重视，对已显现的过度消费现象进行调控，引导广大人民群众树立健康合理的需求观与明智的消费观，在正确的消费理念指导下将主要精力放在追求人生理想与价值的实现上，共同为实现中华民族的伟大复兴事业而不懈奋斗。

（三）积极寻求消费以外满足人多样化需要的生活方式

1. 跳出消费与人的全部需要相绑定的陷阱

消费的终极意义是满足人的需要，但人的需要全部可以通过消费来实现吗？正如人都是现实的人、不存在脱离社会与历史的孤立的个人，人的需要也都是现实的需要、不存在脱离社会与历史的抽象需要。人的现实需要是在一定的社会环境与历史发展阶段能够满足人的生存与发展的需要。超过人的现实需要、强加给人过多的需要所造成的满足超负荷状态，或不能满足人的现实需要、压抑人的现实需要所造成的相对贫乏状态，皆非现实的合理需要。

资本推动下的消费是为满足资本增值需要而非人的现实合理需要的消费，因而人的现实合理需要必将也只能被异化为"虚假需要"后，资本增值

---

① 陈学明：《谁是罪魁祸首——追寻生态危机的根源》，北京：人民出版社，2012 年版，第 37 页。

的需要才能顺利得以实现。基于"虚假需要"的异化消费在虚假满足自身之时，却真正满足了自身之外的资本占有者。资本在逐利本性的驱使下，通过广告等大众营销手段，将消费与幸福、成功、地位等概念绑定，将大量消费的消费主义理念植入大众的头脑，使人们将消费置于日常生活的核心。

消费主义宣扬人生的目的与价值必须通过消费来实现，将人生终极意义与消费和占有更多社会财富相关联，以消费来表征社会身份和地位，视消费为人生终极追求。消费主义将人的需要与消费全面绑定，不论人的物质需要还是精神需要、生存需要还是发展需要、低层次需要还是高层次需要，均需借由消费实现。

实际上，人的一部分需要必然要通过消费获得，但人的全部需要并非都要通过消费获得。人的需要是多样的、多层次的，消费并不能满足人的全部需要，而要在丰富的生活领域寻求多样化的需要满足。要破解消费主义价值观对人的绑架，就要重新思考消费与幸福、成功、地位等价值之间的关系，就要将人的一切需要与消费深度绑定的逻辑进行解绑。

譬如，中国传统以单位表征身份的制度被商业制度逐渐取代后，消费就成为人们重新界定自身社会地位的主流途径。在传统社会的共同体当中，人们会相互帮助而节制自己的欲望，但在脱离了共同体之后，人就不再对自己的欲望进行节制。[①] 由于社会的快速流动、变迁，传统共同体的功能逐渐弱化，人们把绝大部分的信任和安全感都放在了金钱与消费上。努力工作之后，拼命消费成为人们舒缓压力的一种生存哲学。消费成为人们获得生活安全感的重要方式。消费被打造成为获得美好生活的标准。对家庭、邻里、社区等共同体观念的重塑是应对消费欲望的方式之一。如果让人们能够在家庭、邻里、社区等共同体中找到存在感、安全感、荣誉感，那么人们通过消

---

① Zygmunt Buman, *Does Ethics Have a Chance in a World of Consumers*, Cambridge:Harvard University Press, 2008, p.151.

费来满足安全感、成就感的动机就会相应减弱。如此有助于消费回归其本质，将附加在消费上的安全需要与身份需要祛除。

再譬如，现代生活中人们大部分休闲时间都被用来从事消费相关的娱乐购物活动。"时间是人类发展的空间"①。资本主导下的闲暇是将人们诱导到消费中的闲暇，是表面的消费闲暇和实质上被控制的闲暇。难道工作之余的闲暇时间只能被用于消费吗？答案当然是否定的。但大部分人在资本主导的消费社会都不自觉地将自己的闲暇时间用于消费购物。资本逻辑的发展有自身的规律，我们不可能一下子跳出资本逻辑，但当下我们却可以认清资本逻辑的消费主义陷阱，拒绝闲暇时间的消费主义化。在闲暇时间主动投入于自我提升，掌握闲暇时间的主导权，才能在资本逻辑主导的消费社会中争取一点真正属于自己的自由时间。而这真正属于自己的宝贵自由时间正是自身创造性得以展开的生长点，也是我们在消费主义价值观流行的当下能为自己争取的一方净土。

总之，要让人们在生产和生活的各个环节获得价值感与幸福感，使人们意识到生活的幸福不仅仅体现在消费上。不论在现实生活空间还是在网络生活空间，都要积极推动非消费性活动。除了消费，我们更应追求自身德行和高尚人格的建构，不断丰富自我精神世界，树立崇高的理想信念，向着人的自由全面发展而迈进。消费只是实现人的自由全面发展的基础和途径，我们当然不能沉迷于此而止步不前。

2. 扩展消费之外的快乐模式与幸福体验

人的需要不必全部与消费绑定，有些需要根本不必也不可能通过消费来得到满足。人的衣食住行等基本需要离不开消费，必然要通过消费来得到满足，否则人无法维持基本的生存，但如爱、愉悦、成就等更高层次的需要仅通过消费并不能真正得到满足。消费了钻石就真的拥有了爱情吗？消费了奢

---

① 《马克思恩格斯文集》(第3卷)，北京：人民出版社，2009年版，第70页。

侈品就真的拥有了成功吗？消费了化妆品就真的拥有了美丽吗？未见得。

大量消费并不能满足人的全部需要，大量消费给人带来的负面效应人们或多或少都有所了解，可为什么还是会落入消费主义的陷阱呢？其中一个很重要的原因在于背后的奖励机制，如通过消费得到快乐。消费确实能使人心情愉悦。购物场所的华丽建筑、绚丽灯光、彩色招牌、欢快音乐等营造出一种童话般的愉悦氛围。浏览装饰一新的假日橱窗、买到一件心心念念的限量款包包或享受一顿向往已久的美食似乎会开启大脑的奖励机制，刺激大脑化学物质——多巴胺的释放，使人达到兴奋的状态。多巴胺对我们的身心健康有着至关重要的作用，同时还跟愉悦和满足感有关，当我们经历新鲜、刺激或具有挑战性的事情时，大脑中就会分泌多巴胺。

越来越多的大脑研究结果显示，消费能够刺激大脑的主要区域，改善情绪，让购物者心旷神怡——至少暂时如此。多巴胺会刺激消费者的购买欲望。它就像行动的催化剂一样，但一旦购买行为完成后，其浓度就会下降。"购物已经不仅仅意味着购置生活必需品的交易那样冷冰冰、毫无情调。在橱窗里按照一定之规摆放着的精美商品似乎拒绝了传统而粗鲁的购物方式。顾客需要做的不仅是掏钱。观看、品鉴、挑选、购买，这一整套与商品'调情'的消费流程才是购物文化的真谛。"[①] 消费已经不只是消费本身，消费成为代表着闲暇与时尚的生活乐趣。消费就是一种现代的生活方式，这种生活方式将人们的物质需要、安全需要、社交需要、娱乐需要、成就需要、情感需要等完美地统一到消费中。

以色列社会学家伊娃·易洛思（Eva Illouz）在其著作《资本主义情感》中论述了随着资本主义的发展，为扩大商品生产与消费，进而冲破实物商品消费的限制，商品被赋予越来越多的情感价值，致力于情感商品的生产与销售。情感与商品消费的绑定显著提升了人们的消费欲望，促进了资本循环。

---

① 孙骁骥：《购物凶猛：20世纪中国消费史》，北京：东方出版社，2019年版，第242页。

人们在消费的过程中往往把情感投射其中，在消费的同时表达着自身的情感需求，但"人们把情感的需要投射到商品中，增强的是人与商品的联结，而非人与人的真实情感联结"①。孤独中的人更可能通过消费来缓解孤独情绪，通过购物来分散注意力、释放压力。一定程度的购物消费确实可以缓解人的压力和悲伤，但过度的消费最终反而会增加压力和悲伤，因为人们依赖消费成功转移注意力后，又会再一次陷入对自己失控的自责和憎恨之中。这种转移只是一时的，治标不治本，消费购物的发泄过后，焦虑抑郁的情绪还会再次袭上心头，甚至更甚。

此外，广告的投放进一步强化了消费的吸引力。通过广告，仿佛全世界都在告诉你，消费就能满足你的一切需要，让你心生憧憬。可视化（visualization）是心理治疗中的一个术语，广告商利用这一心理现象，通过将快乐、幸福、成功等非可视化的内在体验投射到可视化的商品上，给人们一种视觉暗示，仿佛购买了某种商品就拥有了某种存在状态。人们通过想象创造出精神上的感官体验，想象着实现某件事、完成某个任务，从而达到放松的效果，并在这一过程中心甘情愿地掏腰包。消费让人们自然而然地开始想象拥有了这些物品之后的生活样态，是将未来生活可视化的过程，它既能帮助人们为转变之后的生活做好心理准备，也能构筑起海市蜃楼来诱人沉迷。

了解消费在我们大脑中引发的实际变化有助于作出更好的消费决策，避免在多巴胺带来购买冲动时过度支出。比如，从想购买的物品前走开，第二天再来选择将会消除购物冲动，更加清醒地作出决策。此外，我们还可以通过进行运动、社交等体验活动来更多地经历新鲜、具有挑战性的事情，拓展真实的社交体验、与周围的亲人朋友多交流互动，如此也可以促进大脑中多

---

① 林滨等：《情感资本主义的审视：消费主义逻辑与情感何以日益纠缠》，《东南大学学报（哲学社会科学版）》，2020年第2期，第23页。

巴胺的分泌而获得快乐。要学会为自己的情感建立真实而持久的链接，不执着于仅仅通过消费来获得快乐与情感需要。

近年来，极简主义（minimalism）与"断舍离"的生活方式受到越来越多人的认可，预示着人们生活态度与消费理念的转变，不少人在践行极简主义生活的同时逐渐改变了大量消费的生活方式与价值理念，将更多的时间和精力放在自我提升和社会公益上。安静地看一本好书，与家人好友聚会聊天，去大自然散散步、锻炼身体或者只是享受午后阳光，在这些非消费性的活动中人们同样可以体验快乐、幸福与满足。

3. 践行为了美好生活需要的消费方式

消费不单是社会经济运行中的重要一环，还是满足人的需要的基本保障，故而，人们的美好生活需要也必然离不开合理的消费。但消费主义将人们的需要全部导向消费，遮蔽了人们需要满足的丰富性与层次性，诱导人们错误地将美好生活的实现方式与大量消费相绑定，仿佛只有不断提高消费水平才是体现美好生活的唯一标准，只有大量消费才能确证生活的美好。消费主义是同资本主义紧密联系在一起的价值体系，这种价值体系会造成经济、政治、文化、社会、生态等领域一系列与人的生存与发展有关的问题。

中国人民在中国共产党的带领下，经过长期奋斗，"创造了中国式现代化新道路，创造了人类文明新形态"[①]。中国式现代化道路是完全不同于以资本为轴心的资本主义现代化道路的。资本逻辑主导下，消费的作用是为了剩余价值的最大化，为了资本最大限度增值的目的，根源在于资本主义私有制。而作为社会主义的我国，消费的根本目的是通过经济发展提高广大人民群众的生活水平，满足人民群众日益增长的物质文化需要，使人民群众过上幸福美好的生活。消费主义价值观主导下的异化消费有悖于我国"以人民为中心"的发展理念和建设可持续发展的美丽中国的价值取向，必须对非理性

---

① 习近平：《在庆祝中国共产党成立 100 周年大会上的讲话》，北京：人民出版社，2021 年版，第 14 页。

的异化消费行为进行引导，尤其是对泛娱乐化思潮、个人主义思潮与消费主义的融合进行批判与引导。我国作为社会主义国家，秉持"以人民为中心"的发展理念，强调消费对人民美好生活的保障作用。人们的美好生活需要绝不是异化的消费需要。

事实上，美好生活的范围是多层次、多维度的，单一的消费活动只是美好生活的一个侧面，并非美好生活的唯一标准。美好生活是由物质、精神、经济、政治、文化、社会、生态等多维因素协同作用构建起来的，单一因素的超额满足并不能带来真正的美好生活。恰如"短板效应"所揭示的，一个木桶能盛的水量是由构成木桶的最低板决定的，一个水桶无论有多高，它盛水的高度都取决于其中最低的那块木板。只有桶壁上的所有木板都足够高，水桶才能盛满水。只要这个水桶里有一块木板不够高度，水桶里的水就不可能是满的。一定的消费是美好生活的必要条件，但并非充分条件；消费主义将大量消费作为美好生活充要条件的设定是明知前提错误而为之。

需要注意的是，批判当前消费主义价值观及消费异化现象并不是要全面压制消费。2020 年 5 月 28 日，在十三届全国人大三次会议闭幕后的答记者问上，李克强总理提到全国还有 6 亿人的月收入在 1000 元左右，这在一定程度上可以反映出我国仍有大量人群的消费还处于低水平，他们的生活水平与消费水平亟待提升。因而，大力发展经济、提振消费、满足人民群众日益增长的美好生活需要是我们继续奋斗的目标。促进广大人民群众的合理消费与批判消费主义及消费异化现象并不矛盾。

当前，我国人民的整体消费水平还远不能与西方发达国家相比，很多群众的正当消费需求还未得到充分的满足，人民日益增长的美好生活需要和不平衡不充分的发展之间的矛盾依然是我国社会当下的主要矛盾。因而我国仍须全面促进消费，提升广大人民群众在合理消费中的获得感、幸福感。促进消费是为了国家发展和人民幸福，而非对资本无序扩张造成的奢侈浪费、借贷泛滥等不良消费后果不管不顾。我国全面促进消费政策与批判消费主义针对的是不同的消费问题，不能将二者对立起来。

我们要反对的是消费主义价值观及消费异化现象，并不反对人们追求美好生活的消费。当然，美好生活消费的实现不但需要对人们消费观念的积极引导，还需要大力改善公共教育、社会保障制度，丰富人们的精神文化生活，推动全新生活方式的建立。人们在合理的消费需要得到满足的前提下，才能更好地把宝贵的生命时间用于提升自己、成就自己、关心他人、服务社会等更有意义的事情上。

尤其是对 80 后、90 后来说，他们是伴随着改革开放和国际化思潮而成长起来的一代人，在消费理念上受到西方消费主义观念影响较大，体现出更高的边际消费倾向[①] 和更低的储蓄动力。成长在消费社会的青年一代，是社会中最积极、最富朝气与变革力量的生命体，教导他们认清消费主义的逻辑与荒谬，引导他们正确地追求美好生活，将精力放在不断创造与实现理想抱负上，而非将主要精力放在满足偏狭的消费欲望上，才能真正开创属于青年一代的美好生活，在为真正的美好生活奋斗中成就自身。

---

① 边际消费倾向是总量经济学凯恩斯主义消费理论之一，指每增减 1 元国民收入所引起的消费变化。边际消费倾向总是大于 0 而小于 1。

结　语

　　西方马克思主义的消费异化批判理论揭示出二战后资本主义国家在经济
繁荣、消费繁盛表象下异化依旧并表现出新形式的实质，点醒了还被蒙在鼓
里的无产阶级大众，指明了消费一片繁荣背后的资本主义经济与政治控制，
对我们重新认识资本主义社会的消费现象具有启示意义。西方马克思主义对
消费异化的批判在二战后资本主义呈现高速发展态势以及多数西方学者纷纷
称赞资本主义的发展迎来了又一黄金时期的情况下是难能可贵的。但是，西
方马克思主义对消费异化的批判也存在一定的问题。

　　法兰克福学派认为消费异化是资产阶级对无产阶级劳动异化的一种消费
补偿，是为劳动异化中的无产阶级开出的一针麻醉剂，也正是借由消费这一
麻醉剂，资产阶级巩固了统治、加强了对社会的控制。消费在这里已经不
是单纯的经济学范畴的概念，而成为社会学、政治学范畴的概念。法兰克福
学派对消费异化给人的心理造成的戕害进行了深入的批判，但是将消费异化
看作资本主义社会一切问题的根源，似乎消除了消费异化、资本主义制度就
会终结的观点无疑是天真的。消费异化只是资本主义社会在二战后凸显的现
象，表现为当时社会的显著矛盾，但并非资本主义社会的根本矛盾。就算消
除了消费异化，资本主义制度所造成的全部社会问题也不可能立刻得到解
决，资本主义制度更不可能立刻终结。资本主义社会的根本矛盾在于生产的
社会化与生产资料的私人占有之间的矛盾，消费异化只是这一根本矛盾在资
本主义社会发展的特定阶段的显著表现。同时，法兰克福学派对消费异化的

批判也容易给人造成在资本主义社会每个人都一样能过度消费的错觉，忽视了对处于失业状态等社会贫困人口的关注。

后现代马克思主义学派对资本主义社会符号消费异化的批判将符号在社会消费中的作用扩大化，将人的需求和消费都简化为纯粹的对符号追逐的主观过程，尤其是鲍德里亚的符号政治经济学批判更落入了符号唯心主义的陷阱。事实上，商品的使用价值虽然并非人们在资本主义社会消费中所追求的全部意义，但并非像后现代马克思主义学派所批判的——物的功能已经完全零度化为符号而排除在人们消费时的考虑之外。人们不可能完全脱离对物质的依赖而生活在想象的真空之中。人们可能在某次具体的消费行为中完全是为了追求商品的符号价值，也可能在某次具体的消费行为中完全是为了追求商品的使用价值。但从人类生活的整体来审视，商品的使用价值和符号价值都是人在消费中考虑的因素，两者在人们消费时所占的比重是根据人的需要之具体情形而不断变化的，商品的使用价值始终是人们消费时所要考虑的基础，因为符号总是要基于一定的载体。在现实生活中，物的使用价值还是人们的基础追求，马克思关于商品使用价值及劳动创造价值的观点仍然是社会政治经济运转遵循的基本原理。

生态学马克思主义对消费异化批判的缺陷在于，其将消费异化与生态环境之间的矛盾程度作为人们是否会奋起革命来反对资本主义社会的条件，仿佛反对资本主义社会的革命完全依赖于自然环境的恶化程度，这无疑否定了无产阶级革命的主动性，将无产阶级对资本主义社会的反抗动机完全归结为被动的生态因素，从而有背离马克思对革命根源与动力的科学论述之嫌疑。同时，人与自然的矛盾是伴随人类社会发展始终的一对矛盾，只有在特定的社会制度下这对矛盾才会激化并表现为生态危机，生态危机归根结底还是社会制度危机的外在表现。资本主义制度所导致的生态危机最终还要通过对资本主义制度的扬弃才能解决。对消费异化所造成的生态危机的批判不能取代对消费异化的资本主义制度根源的批判，只有彻底变革资本主义制度才能从根本上解决消费异化及其造成的生态危机。

总之，西方马克思主义学者对消费异化的批判正是基于大众的过度消费而展开的。起始的法兰克福学派主要批判商品实物消费对人本身所造成的伤害，之后的后现代马克思主义学派则将批判的目光从商品实物消费转向符号消费，批判了符号消费造成的负面社会后果，而生态学马克思主义学派将批判视角转向基于符号与商品实物的双重性消费对生态环境所造成的破坏。本书基于"有机思维"，对消费异化进行了包括人与自身、人与社会、人与自然的全方位的整体性批判。这些西方马克思主义不同流派的消费异化批判理论从不同的视角推进了对马克思消费异化批判理论的研究，拓展了马克思主义消费异化批判的研究视域，但遗憾的是，这些西方马克思主义的学者都没有明确将对消费异化的批判归结于资本主义私有制这一根源。实质上，正是资本主义私有制下资本逻辑的演变导致了消费异化的演变及其造成的各种后果，对消费异化的批判最终还要落脚于对资本主义私有制及其资本逻辑的批判。二战前资本主义社会中广大工人阶级的匮乏消费是为了资本积累的需要，二战后资本主义社会中大众普遍的过度消费同样是为了资本增值的需要，这两种消费异化的表现都服从于资本逻辑的需要，只不过表现形式根据时代的发展有所不同罢了。消费异化与劳动异化一样，都是资本主义社会的产物，都根源于资本主义私有制。匮乏的消费与过度的消费都是消费的非正常状态，都会阻碍人的解放与发展，禁锢人的本质力量的发挥与人的自由全面发展。

用马克思主义的观点和方法来分析消费异化问题，我们可以明晰二战后消费异化出现的根源。经济危机是二战后资本主义社会消费异化出现的导火索。因为经济危机的前夕总是存在普遍的生产相对过剩，正是工人阶级有支付能力的消费需求不足导致了资本主义社会的生产相对过剩，因为资本生产的目的不是满足人的需要，而是为资本家创造利润。由此，马克思批判了资本主义生产方式中所特有的无法摆脱的经济危机现象，指出资本主义必然灭亡的历史趋势。二战后资本主义社会推行的促使大众积极消费的政策正是为了解决生产相对过剩的经济危机问题，然而这一依靠大众过度消费的政策并不能从根本上解决资本主义社会所固有的内在矛盾与问题，仅治标而不治本，至多起到延缓资本主义制度危机的作用，却不能从根本上解决资本主义最大限度追求利润的生产矛盾。相反，基于过度消费的消费异化引发了一系列问题，因而受到西方马克思主义从多视角切入的长期不懈地批判。

马克思早已指出："认为危机是由于缺少有支付能力的消费或缺少有支付能力的消费者引起的，这纯粹是同义反复。……商品卖不出去，无非是找不到有支付能力的买者……但是，如果有人想使这个同义反复具有更深刻的论据的假象，说什么工人阶级从他们自己的产品中得到的那一部分太小了，只要他们从中得到较大的部分，即提高他们的工资，弊端就可以消除，那么，我们只需指出，危机每一次都恰好有这样一个时期做准备，在这个时期，工资会普遍提高，工人阶级实际上也会从供消费用的那部分年产品中得到较大的一份。按照这些具有健全而'简单'（！）的人类常识的骑士们的观点，这个时期反而把危机消除了。因此，看起来，资本主义生产包含着各种善意或恶意无关的条件，这些条件只不过让工人阶级暂时享受一下相对的繁荣，而这种繁荣往往只是危机风暴的预兆。"[1] 由此可见，马克思一针见血地指出想依靠提高工人工资、提高工人相对购买力与消费力来缓解资本主义社会经济危机的做法只不过延缓了危机爆发的时间，并不能解决资本主义生产方式内部的根本矛盾。二战后资本主义社会表现出的消费繁荣现象是资产阶级为缓解经济危机、转移工人阶级在生产中被剥削与压迫的注意力而制造的烟幕弹，工人阶级被压迫与被剥削的本质并没有改变，这种压迫与剥削在消

---

[1] 《资本论》（第 2 卷），北京：人民出版社，2004 年版，第 456—457 页。

费社会甚至更鲜明地表现在过度消费中。西方马克思主义学者对二战后资本主义社会消费异化的批判尽管从心理、文化、生态等多角度进行了深入剖析，但没能直击资本主义生产方式的剥削本质与资本主义私有制这一要害，这是我们在研究西方马克思主义各流派对消费异化的批判时需要注意的。

其实，不论是马克思所着重批判的劳动异化还是西方马克思主义者所着重批判的消费异化，其根本都是人的本质的异化。马克思将劳动异化分为相互联系的四个方面，相应地，也可以把消费异化分为相互联系的四个方面，即人在消费中与其消费对象相异化、与其消费活动相异化、与其类本质相异化、与他人相异化。首先，囿于资本主义私有制，人的消费首要是为资本增值服务的，而非是为了满足人本身的消费需要服务的。不论人消费的对象是商品还是符号，消费首先是为了资本家赚取利润服务的。人的消费体验、使用价值的满足只是手段，是为资本家获取交换价值与符号价值这一目的服务的。其次，人的消费活动也不是个人自主自由的活动过程，而是在广告等大众传媒工具诱导下的非自由活动。人的消费活动受到资本逻辑的控制，是在"虚假需求"和社会符号地位追求推动下的消费。再次，作为"类存在物"的人是具有主观能动性的，不但能够自主劳动，还能够自主消费。然而在资本主义社会，人的"类本质"受制于资本，自主劳动与自主消费都不复存在而沦为资本逻辑的牺牲品。最后，消费异化还破坏了人与人之间的关系，通过商品消费使人与人之间的关系呈现出缺乏真实情感交流的物化与利益化状态，通过符号消费使人与人之间的关系呈现出等级化与分化状态。

在马克思主义时代，消费匮乏的是广大工人阶级，因为资本主义生产方式生产出的大量商品是服务于资本增值的消费，而非服务于人们正常的消费，因此形成了资本主义制度下表现为庞大的商品堆积的生产相对过剩与工人阶级的极度贫穷和基本消费需求难以得到满足之间的尖锐对立。在自由资本主义制度下，人的消费活动不是为了满足人的生存和发展的手段，而是为了资本逻辑再生产出劳动力的必要手段。这时的消费就是马克思所批判的基于匮乏消费的消费异化。不论是马克思在自由资本主义时代所主要批判的表现为匮乏消费的消费异化，还是西方马克思主义在二战后垄断资本主义时代所批判的表现为过度消费的消费异化，消费异化的本质都是为了资本逻辑的需要而非为了人本身的需要所进行的消费。如此看来，西方马克思主义对消费异化的批判不论是法兰克福学派的心理视角批判、后现代马克思主义学派的文化视角批判，还是生态学马克思主义学派的生态视角批判，都没有超越马克思的资本主义本质批判。同时，我们也不能忽视西方马克思主义学者对消费异化批判研究的推进，肯定他们从多维视角对二战后消费社会中不同于马克思自由资本主义时代的、基于过度消费的消费异化的深入批判研究，他们的研究有利于我们深入认识当代资本主义消费社会及其造成的不良后果，也有利于启示我们加强对我国当前消费现状的认识与研究，反思当前我国社会中出现的消费问题并积极寻求解决方案。

参考文献

经典原著

《马克思恩格斯选集》（第1—4卷），北京：人民出版社，2012年版。

《马克思恩格斯文集》（第3卷），北京：人民出版社，2002年版。

《马克思恩格斯文集》（第5卷），北京：人民出版社，2009年版。

《马克思恩格斯全集》（第4卷），北京：人民出版社，1958年版。

《马克思恩格斯全集》（第8卷），北京：人民出版社，1961年版。

《马克思恩格斯全集》（第30卷），北京：人民出版社，1995年版。

《马克思恩格斯全集》（第32卷），北京：人民出版社，1998年版。

《马克思恩格斯全集》（第42卷），北京：人民出版社，1979年版。

《马克思恩格斯全集》（第45卷），北京：人民出版社，2003年版。

《1857—1858年经济学手稿》，北京：人民出版社，2009年版。

《资本论》（第1、2、3卷），北京：人民出版社，2004年版。

《1844年经济学哲学手稿》，北京：人民出版社，2000年版。

《德意志意识形态》，北京：人民出版社，1961年版。

[匈] 卢卡奇：《历史与阶级意识》，杜章智等译，北京：商务印书馆，1999年版。

[德] 黑格尔：《精神现象学》（上卷），贺麟等译，北京：商务印书馆，1997年版。

[美] 赫伯特·马尔库塞：《单向度的人：发达工业社会意识形态研究》，刘继译，上海：上海译文出版社，2014年版。

[美] 赫伯特·马尔库塞：《审美之维》，李小兵译，桂林：广西师范大学出版社，2001年版。

[美] 赫伯特·马尔库塞：《爱欲与文明》，黄勇等译，上海：上海译文出版社，1987年版。

[美] 赫伯特·马尔库塞：《工业社会和新左派》，任立编译，北京：商务印书馆，1982年版。

[美] 埃里希·弗洛姆：《逃避自由》，刘林海译，北京：国际文化出版公司，2002年版。

[美] 埃里希·弗洛姆：《弗洛姆文集：我相信人有实现自己的权利》，冯川等译，北京：中国改革出版社，1997年版。

[美]埃里希·弗洛姆:《人的呼唤——弗洛姆人道主义文集》,王泽应等译,上海:上海三联书店,1991年版。

[美]埃里希·弗洛姆:《弗洛姆著作精选——人性·社会·拯救》,黄颂杰主编,上海:上海人民出版社,1989年版。

[美]埃里希·弗洛姆:《占有还是生存》,关山译,北京:生活·读书·新知三联书店,1989年版。

[美]埃里希·弗洛姆:《健全的社会》,欧阳谦译,北京:中国文联出版公司,1988年版。

[美]埃里希·弗洛姆:《寻找自我》,陈学明译,北京:工人出版社,1988年版。

[美]埃利希·弗洛姆:《逃避自由》,陈学明译,北京:工人出版社,1987年版。

[美]埃里希·弗洛姆:《在幻想锁链的彼岸——我所理解的马克思和弗洛伊德》,张燕译,长沙:湖南人民出版社,1986年版。

[美]埃里希·弗洛姆:《人能占优势吗？》,黄颂杰主编:《弗洛姆著作精选》,上海:上海人民出版社,1989年版。

[加]本·阿格尔:《西方马克思主义概论》,慎之等译,北京:中国人民大学出版社,1991年版。

[加]威廉·莱斯:《满足的限度》,李永学译,北京:商务印书馆,2016年版。

[加]威廉·莱斯:《自然的控制》,岳长龄等译,重庆:重庆出版社,2007年版。

[法]亨利·列斐伏尔:《马克思的社会学》,谢永康等译,北京:北京师范大学出版社,2013年版。

[法]让·鲍德里亚:《符号政治经济学批判》,夏莹译,南京:南京大学出版社,2015年版。

[法]让·波德里亚:《消费社会》,刘成富等译,南京:南京大学出版社,2006年版。

[法]让·鲍德里亚:《象征交换与死亡》,车槿山译,上海:译林出版社,2006年版。

[法]巴尔特、[法]让·鲍德里亚等:《形象的修辞——广告与当代社会理论》,吴琼等编,北京:中国人民大学出版社,2005年版。

[法]让·鲍德里亚:《生产之镜》,仰海峰译,北京:中央编译出版社,2005年版。

[法]布希亚:《物体系》,林志明译,上海:上海人民出版社,2001年版。

[美]菲利普·克莱顿等:《有机马克思主义:生态灾难与资本主义的替代选择》,孟献丽等译,北京:人民出版社,2015年版。

Herbert Marcuse, *The New Left and the 1960s*, Collected Papers of Herbert Marcuse, Volume Three, Edited by Douglas Kellner, London and New York: Routledge, 2005.

Herbert Marcuse, *Towards a Critical Theory of Society*, London and New York: Routledge, 2001.

Herbert Marcuse, *Reason and Revolution*, London and New York: Routledge, 1986.

Herbert Marcuse, *Eros and Civilization: A Philosophical Inquiry into Freud,* Boston: Beacon Press, 1974.

Herbert Marcuse, *Counterrevolution and Revolt*, Boston: Beacon Press, 1972.

Herbert Marcuse, *Five Lectures: Psychoanalysis Politics and Utopia*, London: Allen Lane, 1970.

Erich Fromm, *Marx's Concept of Man*, New York: Bloomsbury Academic, 2004.

Erich Fromm, *Beyond the Chains of Illusion: My Encounter with Marx and Freud*, New York and London: Continuum, 2002.

Erich Fromm, *The Sane Society*, London and New York: Routledge, 2001.

Henri Lefebvre, *Dialectical Materialism*,Translated by John Sturrock, Minneapolis and London: University of Minnesota Press, 2009.

Henri Lefebvre, *Key Writings*,Edited by Stuart Elden, Elizabeth Lebas and Eleonore Kofman, New York and London: Continuum Collection, 2006.

Henri Lefebvre, *Rhythmanalysis: Space, Time and Everyday Life*, Translated by Stuart Elden and Gerald Moore, London and New York: Continuum, 2004.

Henri Lefebvre, *Critique of Everyday Life*, Volume 2, Translated by John Moore, London and New York: Verso, 2002.

Henri Lefebvre, *Introduction to Modernity—Twelve Preludes*,September 1959- May 1961, Translated by John Moore, London and New York: Verso, 1995.

Henri Lefebvre, *Critique of Everyday Life*,Volume 1, London and New York: Verso, 1991.

Henri Lefebvre, *Everyday Life in the Modern World*, London: The Penguin Press, 1971.

Henri Lefebvre, *La Revolution Urbaine*,Paris: Gallimard, 1970.

Jean Baudrillard, *The System of Object*, Translated by Jemes Benediet, London and New York: Verso, 1996.

Jean Baudrillard, *For a Critique of the Political Economy of the Sign*, Translated by Charles Levin, New York: Telos Press, 1981.

William Leiss, Modern *Science, Enlightenment, and the Domination of Nature: No Exit?*, Toronto: Toronto University Press, 2011.

William Leiss and Christina Chociolko, *Risk and Responsibility*, Kingston and Montreal: McGill-Queen's University Press, 1994.

William Leiss, *The Domination of Nature*, Kingston and Montreal: McGill-Queen's University Press, 1994.

William Leiss, *Under Technology's Thumb*, Kingston and Montreal: McGill-Queen's University Press, 1990.

William Leiss, *C.B.Macpherson—Dilemmas of Liberalism and Socialism*, Montreal: New

World Perspectives, 1989.

William Leiss, *The Limits to Satisfaction*, Kingston and Montreal: McGill-Queen's University Press, 1988.

Ben Agger, *The Virtual Self—A Contemporary Sociology*, Oxford: Blackwell Publishing, 2003.

Andre Gorz, *Reclaiming Work: Beyond the Wage-Based Society*, Cambridge: Polity, 1999.

Andre Gorz, *Capitalism, Socialism, Ecology*, London and New York: Verso, 1994.

Andre Gorz, *Critique of Economic Reason*, London and New York: Verso, 1989.

Andre Gorz, *Paths to Paradise: On the Liberation from Work*, Boston: South End Press, 1985.

Andre Gorz, *Farewell to the Working Class—An Essay on Post-Industrial Socialism*, Translated by Michael Sonenscher, London and Sydney: Pluto Press, 1982.

Andre Gorz, *Ecology as Politics*, Boston: South End Press, 1980.

Andre Gorz, *The Division of Labour: The Labour Process and Class-Struggle in Modern Capitalism*, Brighton: Harvester Press, 1976.

Philip Clayton and Justin Heinzekehr, *Organic Marxism: An Alternative to Capitalism and Ecological Catastrophe*, Claremont: Process Century Press, 2014.

Zygmunt Buman, *Does Ethics Have a Chance in a World of Consumers*, Cambridge: Harvard University Press, 2008.

研究著作

习近平:《在庆祝中国共产党成立100周年大会上的讲话》，北京：人民出版社，2021年版。

孙骁骥:《购物凶猛：20世纪中国消费史》，北京：东方出版社，2019年版。

卢风:《非物质经济、文化与生态文明》，北京：中国社会科学出版社，2016年版。

宋德孝:《符号政治经济学批判——鲍德里亚早期思想研究》，上海：上海社会科学院出版社，2016年版。

罗建平:《破解消费奴役：消费主义和西方消费社会的批判与超越》，北京：社会科学文献出版社，2015年版。

沈月:《生态马克思主义价值研究》，北京：人民出版社，2015年版。

温晓春:《安德烈·高兹中晚期生态马克思主义思想研究》，上海：上海人民出版社，2014年版。

杜早华:《主体的张扬与退隐：现代文化场域中的消费主义研究》，南昌：江西人民出版社，2014年版。

夏莹:《拜物教的幽灵——当代西方马克思主义社会批判的隐性逻辑》,南京:江苏人民出
　　版社,2014 年版。

万希平:《生态马克思主义理论研究》,天津:天津人民出版社,2014 年版。

谢保军:《生态学马克思主义名著导读》,哈尔滨:哈尔滨工业大学出版社,2014 年版。

韩欲立:《马克思政治经济学批判的哲学意义——鲍德里亚的批判及其回应》,上海:复旦
　　大学出版社,2013 年版。

刘召峰:《拜物教批判理论与整体马克思》,杭州:浙江大学出版社,2013 年版。

郑湘萍:《生态学马克思主义的生态批判理论研究》,北京:中国书籍出版社,2013 年版。

林安梧:《老子译评》,北京:商务印书馆,2013 年版。

钱穆:《文化学大义》,北京:九州出版社,2012 年版。

张一兵:《当代国外马克思主义哲学思潮》,南京:江苏人民出版社,2012 年版。

鲍金:《消费生存论——现代消费方式的生存论阐释》,北京:中央编译出版社,2012 年版。

陈学明:《谁是罪魁祸首——追寻生态危机的根源》,北京:人民出版社,2012 年版。

闫方洁:《西方新马克思主义的消费社会理论研究》,上海:上海人民出版社,2012 年版。

高文武等:《消费主义与消费生态化》,武汉:武汉大学出版社,2011 年版。

孙正聿等:《马克思主义基础理论研究》,北京:北京师范大学出版社,2011 年版。

汤建龙:《在萨特和马克思之间:安德瑞·高兹早中期哲学思想解读》,南京:南京师范大
　　学出版社,2011 年版。

高文武等:《消费主义与消费生态化》,武汉:武汉大学出版社,2011 年版。

陈士部:《法兰克福学派批判理论的历史演进》,合肥:安徽大学出版社,2010 年版。

夏基松:《现代西方哲学》,上海:上海人民出版社,2009 年版。

王雨辰:《生态批判与绿色乌托邦:生态学马克思主义理论研究》,北京:人民出版社,
　　2009 年版。

吴先伍:《现代性境域中的生态危机——人与自然冲突的观念论根源》,合肥:安徽人民出
　　版社,2008 年版。

李惠斌、薛晓源、王治河主编:《生态文明与马克思主义》,北京:中央编译出版社,
　　2008 年版。

孔明安等主编:《鲍德里亚与消费社会》,沈阳:辽宁大学出版社,2008 年版。

张天勇:《社会符号化——马克思主义视域中的鲍德里亚后期思想研究》,北京:人民出版
　　社,2008 年版。

郑祥福:《文化批判与后现代马克思主义》,北京:中国社会科学出版社,2008 年版。

傅永军:《法兰克福学派的现代性理论》,北京:社会科学文献出版社,2007 年版。

吴宁:《日常生活批判:列斐伏尔哲学思想研究》,北京:人民出版社,2007 年版。

夏莹:《消费社会理论及其方法论导论——基于早期鲍德里亚的一种批判理论建构》,北
　　京:中国社会科学出版社,2007 年版。

范晓丽：《马尔库塞：批判的理性与新感性思想研究》，北京：人民出版社，2007 年版。

尤战生：《流行的代价：法兰克福学派大众文化批判理论研究》，济南：山东大学出版社，
　　2006 年版。

莫少群：《20 世纪西方消费社会理论研究》，北京：社会科学文献出版社，2006 年版。

刘怀玉：《现代性的平庸与神奇：列斐伏尔日常生活批判哲学的文本学解读》，北京：中央
　　编译出版社，2006 年版。

蒙培元：《人与自然——中国哲学生态观》，北京：人民出版社，2004 年版。

罗钢等：《消费文化读本》，北京：中国社会科学出版社，2003 年版。

俞吾金、陈学明：《国外马克思主义哲学流派新编》，上海：复旦大学出版社，2002 年版。

王宁：《中国文化概论》，长沙：湖南师范大学出版社，2000 年版。

陆俊：《马尔库塞》，长沙：湖南教育出版社，1999 年版。

陈学明等：《痛苦中的安乐——马尔库塞、弗洛姆论消费主义》，昆明：云南人民出版社，
　　1998 年版。

罗荣渠主编：《从"西化"到现代化——五四以来有关中国的文化趋向和发展道路争论文
　　选》，北京：北京大学出版社，1990 年版。

陈学明：《"二十世纪的思想库"——马尔库塞的六本书》，昆明：云南人民出版社，1989
　　年版。

黄颂杰：《弗洛姆著作精选》，上海：上海人民出版社，1989 年版。

徐崇温：《"西方马克思主义"论丛》，重庆：重庆出版社，1989 年版。

徐崇温：《西方马克思主义》，天津：天津人民出版社，1982 年版。

[英]乔纳森·沃尔夫：《21 世纪，重读马克思》，范元伟译，北京：清华大学出版社，
　　2015 年版。

[美]丹尼尔·贝尔：《资本主义文化矛盾》，严蓓雯译，南京：江苏人民出版社，2012
　　年版。

[英]阿纳托莱·卡列茨基：《资本主义 4.0：一种新经济的诞生》，胡晓娇译，北京：中信
　　出版社，2011 年版。

[英]吉登斯：《现代性的后果》，田禾译，南京：译林出版社，2011 年版。

[美]瑞安·毕晓普等：《波德里亚：追思与展望》，戴阿宝译，开封：河南大学出版社，
　　2008 年版。

[美]约翰·贝拉米·福斯特：《生态危机与资本主义》，耿建新等译，上海：上海译文出版
　　社，2006 年版。

[美]凡勃伦：《有闲阶级论》，蔡受百译，北京：商务印书馆，2005 年版。

[美]道格拉斯·凯尔纳：《波德里亚：批判性的读本》，陈维振译，南京：江苏人民出版社，
　　2005 年版。

[德]弗里德希·亨特布尔格等：《生态经济政策：在生态专制和环境灾难之间》，葛竟天等

译，大连：东北财经大学出版社，2005年版。

[美] 道格拉斯·凯尔纳：《媒体文化》，丁宁译，北京：商务印书馆，2004年版。

[美] 苏塔·杰哈里：《广告符码》，马姗姗译，北京：中国人民大学出版社，2004年版。

[德] 霍克海默：《霍克海默集》，曹卫东编选，渠东等译，上海：上海远东出版社，2004年版。

[美] 瑞泽尔：《后现代社会理论》，谢立中等译，北京：华夏出版社，2003年版。

[美] 小约翰·B.科布：《后现代公共政策——重塑宗教、文化、教育、性、阶级、种族、政治和经济》，李际等译，北京：社会科学文献出版社，2003年版。

[英] 齐格蒙特·鲍曼：《流动的现代性》，欧阳景根译，上海：上海三联书店，2002年版。

[英] 罗宾·科恩、保罗·肯尼迪：《全球社会学》，文军等译，北京：社会科学文献出版社，2001年版。

[英] 迈克·费瑟斯通：《消费文化与后现代主义》，刘精明译，南京：译林出版社，2000年版。

[美] 弗雷德里克·詹姆逊：《文化转向》，胡亚敏等译，北京：中国社会科学出版社，2000年版。

[英] 罗素：《中国问题》，秦悦译，上海：学林出版社，1996年版。

[英] A.J.汤因比、[日]池田大作：《展望二十一世纪：汤因比与池田大作对话录》，荀春生等译，北京：国际文化出版公司，1985年版。

[德] 舒马赫：《小的是美好的》，虞鸿钧等译，北京：商务印书馆，1984年版。

[英] 佩里·安德森：《西方马克思主义探讨》，高铦等译，北京：人民出版社，1981年版。

Space, Difference, Everyday Life—Reading Henri Lefebvre, Edited by Kanishka Goonewardena, Stefan Kipfer, Richard Milgrom and Christian Schmid, New York and London: Routledge, Taylor and Francis Group, 2008.

Andy Merrifield, Henri *Lefebvre—A Critical Introduction*, New York: Routledge, Taylor and Francis Group, 2006.

Fred Hirsch, *Social Limits to Growth*, Revised edition, Taylor and Francis e-Library, 2005.

Stuart Elden, *Understanding Henri Lefebvre*, London and New York: Continuum, 2004.

Tibor Scitovsky, *The Joyless Economy—The Psychology of Human Satisfaction*, New York: Oxford University Press, 1992.

期刊论文

林滨等：《情感资本主义的审视：消费主义逻辑与情感何以日益纠缠》，《东南大学学报（哲学社会科学版）》，2020年第2期。

朱杰等：《网络消费社会对个体意识的建构研究》，《西北民族大学学报（哲学社会科学版）》，2018 年第 6 期。

李怀涛：《鲍德里亚"象征交换"思想解析》，《新视野》，2017 年第 6 期。

陈学明等：《论莱斯对人的生存方式批判与重构的理论特征——兼论其对马克思历史唯物主义的当代重建》，《广西大学学报（哲学社会科学版）》，2016 年第 4 期。

孙爱真：《消费异化回归生态本位的逻辑解读》，《自然辩证法研究》，2016 年第 12 期。

邹之坤：《弗洛姆的消费异化思想及启示》，《内蒙古民族大学学报（社会科学版）》，2016 年第 2 期。

钟兴菊、龙少波：《环境影响的 IPAT 模型再认识》，《中国人口·资源与环境》，2016 年第 3 期。

项荣建等：《马克思对商品拜物教的批判及其当代启示——对〈商品的拜物教性质及其秘密〉的文本学再解读》，《学习与探索》，2016 年第 8 期。

包庆德等：《消费异化理论的发展进程及其借鉴价值》，《南京林业大学学报（人文社会科学版）》，2016 年第 3 期。

王鹏：《从劳动异化走向符号消费异化——对鲍德里亚符号政治经济学批判的再批判》，《学术交流》，2016 年第 4 期。

宋德孝：《西方马克思主义消费异化批判的三个维度解析》，《创新》，2015 年第 1 期。

王治河等：《有机马克思主义及其当代意义》，《马克思主义与现实》，2015 年第 1 期。

吴迪等：《消费异化理论的生成路径探析》，《理论月刊》，2015 年第 12 期。

陈士勇等：《威廉·莱斯的消费异化思想及其当代价值》，《科学社会主义（双月刊）》，2014 年第 6 期。

蒋建国：《网络消费主义、网络成瘾与日常生活的异化》，《贵州社会科学》，2014 年第 5 期。

仰海峰：《商品拜物教：从日常生活到形而上学》，《马克思主义与现实》，2014 年第 2 期。

罗莹等：《从消费异化到生态消费》，《北方论丛》，2014 年第 4 期。

郇庆治：《从批判理论到生态马克思主义：对马尔库塞、莱斯和阿格尔的分析》，《江西师范大学学报（哲学社会科学版）》，2014 年第 3 期。

胡贤鑫：《资本与消费异化——论马克思的消费异化理论》，《哲学动态》，2013 年第 9 期。

赵义良：《消费异化：马克思异化理论的一个重要维度》，《哲学研究》，2013 年第 5 期。

王欢等：《阿格尔消费异化理论及其对我国生态文明建设的启示》，《北京化工大学学报（社会科学版）》，2013 年第 3 期。

常宴会：《消费模式的绿色转向——本·阿格尔生态学马克思主义理论的启示》，《河海大学学报》，2013 年第 3 期。

陈来：《中国文明的哲学基础》，《中国高校社会科学》，2013 年第 1 期。

徐秦法等：《论消费异化的道德向度》，《甘肃社会科学》，2012 年第 3 期。

包庆德：《评阿格尔生态学马克思主义消费异化理论》，《马克思主义研究》，2012 年第 4 期。

刘晓芳：《高兹的消费异化批判理论评析》，《学术交流》，2012 年第 9 期。

闫方洁：《技术理性、大众文化与虚假需求——马尔库塞消费社会批判的现代性维度》，《东方论坛》，2012 年第 2 期。

刘同舫等：《人的本质解放：马尔库塞的艺术与审美之解放美学》，《华南师范大学学报（社会科学版）》，2011 年第 1 期。

曹芸：《从异化劳动到消费异化——西方马克思主义社会批判视角的转变及启示》，《山西师大学报（社会科学版）》，2011 年第 5 期。

张皛：《生态学马克思主义视域下的消费异化问题》，《自然辩证法研究》，2011 年第 7 期。

方立峰：《对消费社会的文化剖析与价值评价——从商品拜物教到符号拜物教》，《西北大学学报（哲学社会科学版）》，2011 年第 4 期。

韩玉霞：《鲍德里亚对消费意识形态的批判》，《广西师范大学学报（哲学社会科学版）》，2011 年第 1 期。

王锟：《张岱年对怀特海哲学的绍述及融会——兼论张岱年与怀特海哲学之异同》，《中国哲学史》，2011 年第 3 期。

蒋建国：《消费时代的大众传媒与物欲症传播》，《马克思主义研究》，2010 年第 11 期。

郝峰等：《控制自然与消费异化——威廉·莱斯的生态危机理论述评》，《内蒙古大学学报》，2010 年第 3 期。

李辉：《鲍德里亚：消费社会的符号批判》，《山东师范大学学报（人文社会科学版）》，2010 年第 1 期。

刘同舫：《西方马克思主义的理论性质与中国意义》，《中国社会科学》，2010 年第 5 期。

陈永森等：《更少地生产与消费，更好地生活——一个西方马克思主义观点析解》，《贵州社会科学》，2010 年第 1 期。

蒋建国：《论网络消费文化的特征》，《贵州社会科学》，2010 年第 12 期。

王雨辰：《论西方马克思主义消费伦理价值观》，《陕西师范大学学报（哲学社会科学版）》，2010 年第 6 期。

张剑：《消费主义批判的生态之维——基于马克思主义视角的一种解读》，《南京社会科学》，2010 年第 4 期。

温春峰等：《道家哲学对医学消费主义的校正》，《中国卫生事业管理》，2010 年第 7 期。

郝峰等：《控制自然与消费异化——威廉·莱斯的生态危机理论述评》，《内蒙古大学学报（哲学社会科学版）》，2010 年第 3 期。

吴宁：《消费异化·生态危机·制度批判——高兹的消费社会理论析评》，《马克思主义研究》，2009 年第 4 期。

仰海峰：《列斐伏尔日常生活批判理论的逻辑转变》，《学术月刊》，2009 年第 8 期。

徐琴：《鲍德里亚消费社会理论的意义与局限》，《哲学研究》，2009 年第 5 期。

韩玺吾：《中国传统思维的典型范式》，《河北师范大学学报（哲学社会科学版）》，2009

年第 6 期。

王治河：《别一种生活方式是可能的——论建设性后现代主义对现代生活方式的批判及启迪》，《华中科技大学学报（社会科学版）》，2009 年第 1 期。

陈英敏、高峰强：《过程、整体与和谐——后现代语境中过程哲学与中国传统文化的碰撞及启示》，《华东师范大学学报（教育科学版）》，2009 年第 3 期。

郑春生等：《论马尔库塞对消费社会的批判》，《求索》，2008 年第 3 期。

陈玉霞：《马尔库塞对"发达工业社会"消费异化的批判及其当代价值》，《理论探讨》，2008 年第 3 期。

李辉：《弗洛姆：异化的消费》，《山东师范大学学报（人文社会科学版）》，2008 年第 5 期。

陈翠芳：《科技与消费异化》，《科学社会主义》，2008 年第 5 期。

祁海军：《劳动异化与消费异化——兼评让·鲍德里亚的〈生产之镜〉》，《理论界》，2008 年第 7 期。

陈永森：《弗洛姆消费异化理论及其启示》，《兰州学刊》，2008 年第 3 期。

吴宁：《列斐伏尔论现代社会的异化》，《湖南文理学院学报（社会科学版）》，2007 年第 1 期。

梅琼林等：《符号消费构建消费文化——浅论鲍德里亚的符号批判理论》，《重庆社会科学》，2006 年第 4 期。

张美君等：《论消费异化有悖于人的全面自由发展》，《云南社会科学》，2006 年第 6 期。

刘怀玉：《消费社会批判：西方马克思主义的一次重要转向——以列斐伏尔为主线的研究》，《理论探讨》，2005 年第 2 期。

杨晓俊等：《居民消费行为与城市休闲、娱乐场所的空间关系》，《西北大学学报（哲学社会科学版）》，2005 年第 6 期。

汤一介：《论"天人合一"》，《中国哲学史》，2005 年第 2 期。

李世雁等：《论过程哲学》，《清华大学学报（哲学社会科学版）》，2004 年第 2 期。

解保军：《弗洛姆对资本主义社会病理的批判——〈健全的社会〉析评》，《马克思主义研究》，2001 年第 1 期。

王若水：《"异化"这个译名》，《学术界（双月刊）》，2000 年第 3 期。

郭优良：《汉字与中国传统思维方式汉字文化》，1997 年第 2 期。

骆沙舟：《"西方马克思主义"消费异化论评析》，《厦门大学学报（哲学社会科学版）》，1995 年第 4 期。

申小龙：《汉字构形的主体思维及其人文精神》，《学术月刊》，1994 年第 11 期。

[美] 小约翰·B. 柯布：《有机马克思主义与有机哲学》，吕夏颖等译，《江海学刊》，2016 年第 2 期。

刘同舫：《象征交换：鲍德里亚超越符号消费社会的解放策略》，《广东社会科学》，2016 年第 4 期。

黄铭等：《有机马克思主义的有机思维及其生态治理》，《国外社会科学》，2016 年第 1 期。

[美]P. 克莱顿:《有机马克思主义与有机教育》, 孟献丽译,《马克思主义与现实》, 2015年第 1 期。

[美] 杰伊·迈克丹尼尔:《走向一种温和的苦行主义》, 董慧译,《求是学刊》, 2009 年第 6 期。

Francoise Gollain, Andre Gorz, Wage labour, free time and ecological reconstruction. *Green Letters*: *Studies in Ecocriticism*, Vol.20, No.2, 2016.

Gavin Grindon, Revolutionary romanticism: Henri Lefebvre's revolution-as-restival, *Third Text*, Vol.27, No.2, 2013.

Richard Sobel, Necessity and liberty in the communist utopia: Andre Gorz's rereading of Marx,*Rethinking Marxism*, Vol.23, No.2, 2011.

Andy Merrifield, A reviews of: "Henri Lefebvre: A Critical Introduction",*European Journal of Housing Policy*, Vol.7, No.2, 2007.

Douglas Kellner, Jean Baudrillard after modernity: Provocations on a provocateur and challenger, *International Journal of Baudrillard Studie*s, Vol.3,No.1,2006.

Sut Jhally, *Image-Based Culture*: *Advertising and Popular Culture*. from *The World and I* <http://www.worldandlibrary.com> article 17591（July 1990）.

报 纸

王馥芳:《新技术发展人类"异化"症候乍现?》,《社会科学报》, 2017 年 4 月 6 日, 第 6 版。

学位论文

罗莹:《当代中国消费异化问题研究——基于马克思主义理论的分析》, 博士学位论文, 吉林大学, 2015 年。

关健:《西方马克思主义异化理论研究》, 博士学位论文, 东北师范大学, 2012 年。

董立清:《消费社会人的价值观的偏失与重建》, 博士学位论文, 北京交通大学, 2012 年。

胡慧华:《符号化: 当代消费社会批判的一个维度——鲍德里亚"符号政治经济学批判"研究》, 博士学位论文, 首都师范大学, 2011 年。

张晓鹏:《从控制走向解放——莱易斯"生态学马克思主义"理论探析》, 博士学位论文, 复旦大学, 2007 年。

李辉:《西方马克思主义消费文化理论研究》, 博士学位论文, 山东师范大学, 2007 年。

夏莹:《作为一种批判理论的消费社会理论及其方法论导论》, 博士学位论文, 清华大学, 2005 年。

张兴桥:《消费异化与消费伦理》, 博士学位论文, 吉林大学, 2004 年。